D1849626

Der Rentenplan

Ulrich Grasberger

Der Rentenplan

Mehr Rente
Früher in den Ruhestand
Privat vorsorgen
Richtig dazuverdienen

Weltbild

Die veröffentlichten Ratschläge wurden mit größter Sorgfalt von Verfasser und Verlag erarbeitet und geprüft. Eine Garantie kann jedoch nicht übernommen werden. Ebenso ist eine Haftung des Verfassers bzw. des Verlages und seiner Beauftragten für Personen-, Sach- oder Vermögensschäden ausgeschlossen.
Sollte diese Publikation Links auf Webseiten Dritter enthalten, so übernehmen wir für deren Inhalte keine Haftung, da wir uns diese nicht zu eigen machen, sondern lediglich auf deren Stand zum Zeitpunkt der Erstveröffentlichung verweisen.

Es ist nicht gestattet, Abbildungen und Texte dieses Buches zu digitalisieren, auf digitale Medien zu speichern oder einzeln oder zusammen mit anderen Bildvorlagen/Texten zu manipulieren, es sei denn mit schriftlicher Genehmigung des Verlages.

Impressum
1. Auflage 2019
Copyright © 2019 Weltbild GmbH & Co. KG, Werner-von-Siemens-Str. 1, 86159 Augsburg
Konzeption und Text: Ulrich Grasberger
Innenlayout: Dr. Alex Klubertanz
Umschlaggestaltung: Medienprojekte München
Umschlagmotiv: Medienprojekte München
Druck und Bindung: Neografia, a.s. printing house, Martin
Printed in the EU
978-3-8289-5630-8

Alle Rechte vorbehalten.

Einkaufen im Internet:
www.weltbild.de

Gedanken zum Anfang

Rente – dieses Thema ist entweder ganz weit weg oder plötzlich da. Es betrifft Menschen in der gesetzlichen Rentenversicherung ebenso wie Selbstständige und Freiberufler, die sich womöglich um ihre Rente nicht gekümmert oder zu spät vorgesorgt haben. Oft kommt erst wenige Jahre vor dem Erreichen des Rentenalters das große Erwachen.

Tatsächlich ist die Rente kein Selbstläufer und erfordert unser aktives Mitwirken. Das gilt für alle Vorsorgethemen: je früher, desto besser. Nur auf die gesetzliche Rentenversicherung zu vertrauen, wird nicht reichen. Die Pflichtversicherung ist zwar eine sehr wichtige, aber nur eine Säule für die Finanzierung eines sorgenfreien Ruhestandes. Nicht zuletzt deshalb ist die Rente mittlerweile ein brisantes und elementar wichtiges Thema in der Gesellschaftspolitik. Wer nicht von seiner Rente leben kann, nachdem er 35 oder 40 Jahre gearbeitet hat, und im Alter Grundsicherung beantragen muss, hat natürlich Fragen an die Politik. Niedrige Renten haben ihren Ursprung in niedrigen Löhnen und Rentenbeiträgen. Dennoch sind alle pauschalen Parolen differenziert und individuell zu betrachten. Aber die Rente ist unzweifelhaft ein Thema, das soziale Sprengkraft besitzt und uns in der Zukunft noch ausgiebig beschäftigen wird. Es berührt das Gebiet der sozialen Gerechtigkeit – viele haben das Gefühl, dass unsere Gesellschaft hier in eine Schieflage geraten ist. Jeder spürt das und kann dazu Fakten nennen. Die einen wollen Privilegien und Vorteile behalten, die anderen wollen nicht zu den Verlierern gehören. Die Rente wird zum Prüfstein für eine soziale Gesellschaft und Solidarität.

Versorgungslücke, Altersarmut und weitere Schreckgespenster fallen uns ein, wenn wir an die Rente denken. Dabei sollte der Ruhestand doch eine Belohnung für das Arbeitsleben sein. Die Verantwortung dafür, ob die Rente das Leben im Ruhestand finanzieren wird, hat der Staat an seine Bürger weitergereicht. Jeder muss selbst im Rahmen seiner Möglichkeiten aktiv werden, abwarten ist eine schlechte Lösung.

Fragen über Fragen ergeben sich, denn wer nicht Bescheid weiß, zieht schnell den Kürzeren. Zumal Rentenansprüche, Rentenzeiten, Flexi-Rente, Rente ab 63, Basisrente, Riester-Förderung, Große und Kleine Witwenrente sowie viele weitere Schlagworte oft nur schwer zu durchschauen und mit vielen Fallstricken verbunden sind.

Auch kurz vor und während der Rente gibt es noch Möglichkeiten. Lassen Sie sich dabei niemals unter Druck setzen und kaufen Sie keine Finanzprodukte, von denen Sie nicht überzeugt sind und die Sie nicht verstehen. Der Verkäufer macht vielleicht Angst, erzählt von der Rentenlücke und Inflation, um eine schnelle, unüberlegte Entscheidung herbeizuführen. Er verdient an der Verkaufsprovision, und Sie bezahlen für den Rest Ihres Lebens. Sie brauchen einen Plan, und der sollte gut überlegt sein.

Erschwert wird die Situation durch die andauernde weltweite Niedrigzinsphase. Galt die gesetzliche, umlagegedeckte Rentenversicherung wegen des demografischen Faktors vor vielen Jahre allgemein als Verlierer, so sind das heute eher die kapitalgedeckten, privaten Rentenversicherungsprodukte. Bei einem Renditevergleich schlägt die gesetzliche Rente derzeit die entsprechenden Angebote aus der Finanzwelt. Wer privat vorsorgt und eine bessere Rendite erzielen möchte, muss in Aktienfonds investieren, geht damit aber ein höheres Risiko ein. Ein Rentenanlage-Mix aus umlage- und kapitalgedeckten Produkten mit Aktienanteil scheint momentan der goldene Mittelweg zu sein.

Stellen Sie sich somit folgende Fragen: »Wie ist meine Ausgangssituation?« »Wie hoch wird meine Rente sein?« »Welches weitere Vermögen ist vorhanden?« »Wie hoch ist mein Finanzbedarf in der Rentenzeit?« Klarheit in diesen Fragen vertreibt die Angst, und Sie können in angemessener Weise reagieren. Mit konkreten Zahlen können Sie kreativ umgehen und Ihren Lebensstil gestalten.

Wenn es um Rentenvorsorge geht, bietet der Staat einige interessante Förderungen an. Nicht alle rechnen sich und sind für jeden geeignet. Damit verbunden sind Steuerersparnisse und Zulagen, aber auch heftige Bedingungen, Kosten und Einschränkungen. Wer einen entsprechend langen Anlagehorizont hat, und nur dann macht das Sinn, der kann auch staatlich geförderte, fondsgebundene Versicherungen oder privat finanzierte ETFs (Indexfonds, die einen Aktienindex wie beispielsweise den DAX oder andere Marktsegmente in Teilen oder ganz nachbilden) erwerben. Damit ist aber ein erhöhtes Risiko verbunden, und am Anfang stehen bei den geförderten Versicherungsprodukten zusätzlich Abschlussgebühren und Verwaltungskosten. ETFs haben gute Renditechancen, aber man muss auch mit langen Durststrecken rechnen, denn nicht jedes Jahr steigen die Aktienkurse. Man muss damit umgehen können, wenn der Kurs gerade dann im Keller ist, wenn man das Geld dringend braucht.

Wer bald in Rente geht, sollte sich zu seiner Lebensplanung folgende Fragen stellen: »Wie will ich als Rentner leben?« »Brauche ich einen Zusatzjob?« »Habe ich Spaß daran, weiter zu arbeiten?« Wenn das Geld knapp ist, können Sie einen Minijob annehmen, ein Kleingewerbe anmelden, Dienstleistungen offerieren, Kurse in der Volkshochschule geben und besondere Fertigkeiten vermitteln. Ein Babysitter wird immer gesucht. Arbeiten kann Spaß machen, Sie kommen unter die Leute und bleiben fit und gesund. Über einen Teilzeitjob können Sie sogar weitere Rentenbeiträge bezahlen und Ihren Rentenanspruch ein wenig aufbessern. Begreifen Sie den Übertritt in die Rente nicht nur als Ruhezeit, sondern auch als Startrampe in einen neuen Lebensabschnitt.

Stellen Sie sich diese oder ähnliche Fragen: »Ist meine Wohnsituation noch passend?« Oft sind die Lebenshaltungskosten auf dem Land oder im Ausland günstiger. »Welche Kosten sind überflüssig?« »Welche Dinge und Umstände beschweren mein Leben?« »Welche Pläne beflügeln mich und geben mir Lebensfreude?« Denn Lebensfreude ist der Schlüssel für ein gesundes, langes Rentenalter. Statt zu arbeiten geht es jetzt schließlich darum, zu ernten.

Auf den ersten Blick

Die gesetzliche Rentenversicherung, die Beamtenpension, eine private Basisversicherung und die berufsständischen Versorgungswerke sind die Grundlagen einer jeden Altersvorsorge. Diese Rente wird aber nicht in jedem Fall ausreichen, um ein sorgloses Leben im Rentenalter zu genießen.

Die persönliche Rente lässt sich individuell gestalten. Zwar werden für die Pflichtversicherungen zur Altersvorsorge – ob in einem Versorgungswerk oder in die gesetzliche Rentenversicherung – Beträge vom Bruttoverdienst abgeführt, darüber hinaus gibt es aber Möglichkeiten, die Höhe der Altersversorgung zu optimieren. Sie können sich Ansprüche sichern, Zuschüsse bekommen und ungünstige Faktoren vermeiden.

Je nach der individuellen Lebenssituation sind verschiedene Gestaltungsvarianten bei der Rentenplanung möglich. Erster Schritt wird immer eine Bestandsaufnahme sein. »Wie viel Rente werde ich bekommen?« »Wie hoch sind meine Lebenshaltungskosten?« »Wie viel Geld habe ich für eine zusätzliche Rentenvorsorge zur Verfügung, um eine mögliche Lücke zu schießen?«

Je nach Alter und Erwerbstätigkeit ergeben sich dann verschiedene Fragen: »Lässt sich die Rente durch private Vorsorge steigern?« »Welche Ressourcen stehen zur Verfügung?« »Muss mit der eigenen Rente auch eine Familie abgesichert werden?«

Bei einem vorzeitigen Rentenbeginn besteht womöglich zusätzlicher Geldbedarf. Wer nicht Pflichtmitglied bei der gesetzlichen Rentenversicherung ist, kann dort freiwilliges Mitglied werden. Das lohnt sich derzeit in den meisten Fällen.

Erwarten Sie keine Wunder. Eine ausreichende und zufriedenstellende Altersversorgung ist kein Geschenk des Himmels, sondern beruht auf vorausschauendem und klugem Handeln. Nur wer in guten Jahren selbstverantwortlich Geld zurücklegt, auf Konsum verzichtet und in seine Rente investiert, kann später davon profitieren. Jeder monatliche Rentenbeitrag in der Pflichtversicherung summiert sich. Dazu sollte eine solide zusätzliche private Rentenvorsorge kommen. Der Staat hilft dabei mit Zuschüssen und steuerreduzierenden Effekten, wenn Geld in Rentenprodukte einbezahlt wird. Im Vorteil ist, wer früh anfängt, für das Alter Geld zurückzulegen. Aber oft ist es so, dass in den späteren Jahren des Berufslebens mehr Geld zur

Verfügung steht, das sich in ein Rentenprodukt umwidmen lässt, um eine mögliche Lücke in der Altersversorgung zu schließen.

Die Realität ist eine Herausforderung. Ein Ungleichgewicht in der Alterspyramide gefährdet den Generationenvertrag in der gesetzlichen Rentenversicherung. Jahrzehntelang hat die Politik Niedriglöhne ermöglicht und zugelassen und wundert sich nun, dass daraus auch niedrige Renten resultieren. Dazu soll die verminderte Zahl der Arbeitenden mit ihren Beiträgen die Renten der steigenden Zahl der Ruheständler finanzieren. Deshalb kann die auf den Generationenvertrag beruhende Pflichtversicherung nicht mehr das einzige Standbein in der Altersversorgung sein. Niedrige Zinsen und mögliche Krisen in der Weltwirtschaft erschweren es jedoch, mit privaten, kapitalgedeckten Vorsorgeprodukten eine sichere Altersversorgung zu gewährleisten.

Gut aufgestellt wird der sein, der nicht alles auf eine Karte setzt, sondern es klug verteilt. Der Generationenvertrag ist eine tragende Säule und die vielfältige private Vorsorge eine wichtige Ergänzung. Beamte haben hier eine privilegierte Situation. Sollte der Generationenvertrag in eine Schieflage geraten, könnten aber auch hier Einschnitte und Veränderungen

Wer vorsorgt, lebt später besser

- Die gesetzliche Rente wird in den kommenden Jahren immer weniger den Lebensbedarf decken. Beschäftigte müssen deshalb auch privat vorsorgen. Der Geldbedarf im Alter und die Lebensdauer sind zu beachten.
- Vorsorgemodelle mit staatlicher Förderung haben genaue Regeln mit Vor- und Nachteilen.
- Gefördert werden beispielsweise die betriebliche Altersvorsorge (bAV) und Riester-Verträge für Angestellte sowie Rürup-Renten für Selbstständige und Freiberufler sowie Angestellte. Anleger mit vielen Kindern (höhere Riester-Förderung) und Besserverdiener (wegen der Steuervorteile) profitieren hier.
- Ohne Förderung, dafür flexibel für die Altersvorsorge sparen kann man mit einer privaten Rentenversicherung oder einem langfristigen Aktien-Fondssparplan mit späterer selbst gesteuerter Verrentung als Option und eingeschränkt mit einer fondsgebundenen Lebensversicherung. Wegen der niedrigen Zinsen ist ohne Aktienanteil und höherem Risiko kaum eine vernünftige Rendite zu erzielen. Produkte von Versicherungen sind zwar bequem, aber wegen der hohen Abschlusskosten der Verträge selten rentabel.
- Der Kauf einer eigengenutzten Immobilie schützt vor steigender Miete und vor Kündigung. Wer bereits in jungen Jahren über 20 bis 30 Prozent Eigenkapital für den Kauf verfügt, sollte darüber nachdenken. Auch ein späterer Kauf bei einer günstigen Gelegenheit kann eine gute Sache sein.

möglich sein, da der Staat bei einer weniger guten Wirtschaftslage mehr soziale Pflichten aus Steuermitteln finanzieren muss. Immobilienbesitz schafft oft Sicherheit im Alter, ob geerbt oder selbst erworben. Der Preisunterschied zwischen Stadt und Land ist enorm.

Jedes Leben verläuft anders

Außer Acht gelassen werden oft die persönlichen Lebensumstände. Natürlich kann im Laufe eines Lebens viel passieren. Ein Lottogewinn ist dabei seltener als Scheidung oder zeitweilige Arbeitslosigkeit. Wer krank wird und vorzeitig in Ruhestand gehen muss, hat Abschläge bei der Rente und nicht genügend Zeit, um eine private Vermögensbildung erfolgreich abzuschließen.

Alleinerziehende mit minderjährigen Kindern gehören trotz der Anrechnung von Kindererziehungszeiten oft zu den unteren Lohngruppen. Sie können nur geringe Beiträge zur Rentenversicherung leisten und diese nur selten später noch ausgleichen. Wichtig wird hier sein, eine möglichst lückenlose Beitragszeit für sein Rentenkonto zu erzielen, um die Voraussetzungen für eine Grundsicherung zu schaffen.

Politische Entscheidungen

Gesellschaftspolitisch wird es in der Zukunft unabwendbar sein, für alle langjährigen Beitragszahler eine Grundrente zu garantieren, die über dem Sozialhilfeniveau liegt. Die Arbeitsmarkt Agenda 2010 hat hier tiefe Spuren in unserem Sozialsystem hinterlassen. Niedrige Löhne mit geringen Sozialabgaben und einer Abkopplung von den Lohnsteigerungen ergeben Renten unter dem Grundsicherungsniveau (2019: Alleinstehende 424 Euro zuzüglich Wohnkosten). Der mit der Flexibilisierung des Arbeitsmarktes entstandene Niedriglohnsektor (Jeder fünfte Arbeitsplatz in Deutschland!) hat die Wirtschaft zwar angekurbelt, ist aber für die Rentenkasse nachteilig. Die Quittung dafür sehen wir heute. Ein Mindestlohn wurde erst sehr viel später eingeführt. Das Bemühen um eine Grundrente ist der Versuch, diese Situation zu reparieren. Letztlich ist es also legitim, diese Niedriglohnrenten durch Steuergelder, die aus höheren Unternehmenssteuereinnahmen geschöpft werden, auf ein sozial ansprechendes Maß anzuheben.

Die Steuervermeidungsstrategien global agierender Konzerne laufen daher diesem Bemühen für eine soziale Gesellschaft natürlich zuwider. Steuern sind ein Ausgleich für soziale Ungleichheiten und schaffen die Voraussetzung für eine erfolgreiche Wirtschaft – unter anderem durch die Finanzierung der Infrastruktur, die Ausbildung der Arbeitskräfte und die Rechtssicherheit. Nicht akzeptabel ist der Versuch, eine Grundrente als gesamtgesellschaftliche Aufgabe den Beitragszahlern der gesetzlichen Rentenversicherung aufzubürden. Diese soziale Ausgleichsleistung betrifft alle Bürger, auch Beamte, Freiberufler und Selbstständige.

Legale und illegale Steuerhinterziehung

Die Staaten sind in einem globalen Wettbewerb. Ein Großteil des Kapitals liegt in wenigen Händen, und weltweit agierende Firmen bezahlen durch ominöse Lizenzdeals, verborgene Geldflüsse und Steuertricks kaum Steuern, auch wenn sie die Infrastruktur der jeweiligen Länder, ausgebildete Arbeitskräfte und die Rechtssicherheit ausnutzen.
Das Bruttoinlandsprodukt (BIP) gibt den Wert aller Güter und Dienstleistungen an, die in einem Jahr von der jeweiligen Volkswirtschaft erwirtschaftet werden. Das Pro-Kopf-BIP in Deutschland betrug nach den Zahlen von Statista in 2017 insgesamt 40 800 Euro. In Irland waren es 65 500 Euro und in Luxemburg sogar 96 700 Euro. Irland und Luxemburg sind eigentlich keine Industriehochburgen, aber es ist bekannt, dass große Unternehmen hier einen Briefkasten oder ein Büro unterhalten, wo Lizenzeinnahmen global agierender Firmen vereinnahmt und das in anderen Ländern verdiente Geld zu besonders günstigen Bedingungen versteuert wird. Es gibt noch weitere Länder in Europa, die ganz legal mit günstigen Unternehmenssteuern locken.
Eine Studie der University of London im Auftrag des EU-Parlaments nannte eine Summe von 125 Milliarden Euro, die einem Land wie Deutschland jährlich durch Steuerhinterziehung entgehen. In ganz Europa sind das sogar geschätzte 825 Milliarden Euro.
Den Umsatzsteuerbetrug durch Karussell- und Kettengeschäfte beziffert die EU auf 50 Milliarden Euro, und 14 Milliarden Euro davon betreffen deutsche Finanzämter. Es gibt Experten, die diese Zahl als zu gering einschätzen, wenn man die scheinbar »legalen« und geduldeten Steuertricks dazurechnet.

Allerdings ist hier zu ergänzen, dass hinter der hohen Prozentzahl niedriger Renten in der Deutschen Rentenversicherung nicht in jedem Fall ein soziales Problem steckt. Dahinter verbergen sich auch der Beamte, der für fünf Beitragsjahre in der gesetzlichen Rentenversicherung eine zusätzliche Rente bekommt, die Hausfrau, die über ihren Mann ausreichend versorgt ist, der Freiberufler, der sich zusätzlich zu seiner Rente vom Versorgungswerk eine weitere Rente gesichert hat. In der Statistik der Rentenversicherung ist nur die kleine Rente sichtbar, nicht aber die tatsächliche Altersversorgung. Für eine polarisierende politische Argumentation sind diese Prozentzahlen natürlich publikumswirksam nutzbar. Die Politik weiß vermutlich nicht wirklich, wie viele Menschen und Familien in unserem Land bedürftig sind.

Die Tendenz ist trotzdem deutlich. Die Löhne sind zu gering und in der Folge auch die Renten, und das abgesenkte Rentenniveau verschärft die Situation.

Gerade die unteren Lohngruppen haben auch wenig Spielraum, privat finanziell vorzusorgen. Wer dann nicht erbt, muss sich etwas einfallen lassen. Die Diskussion um die soziale Verantwortung von Eigentum ist in vollem Gange. Leider wird diese polemisch und polarisierend geführt.

Musterbiografien und deren Rentenstrategie

Paul ist 40 Jahre alt und Angestellter

Er arbeitet in einem Konstruktionsbüro, ist ledig, hat keine Kinder und lebt zusammen mit seiner Freundin in einer Mietwohnung. Er hat ein überdurchschnittliches Einkommen. Der Gedanke an einen Rentenbezug scheint noch in weiter Ferne zu liegen.

Gesetzliche Rentenversicherung Er ist Mitglied in der gesetzlichen Rentenversicherung. Die Rentenzeit ist noch weit und das Leben bietet noch alle Möglichkeiten. Es ist aber bereits jetzt ersichtlich, dass die gesetzliche Rente alleine für eine Versorgung im Alter nicht ausreichen wird. Seine Rentenprognose mit vorsichtiger Steigerung von einem Prozent liegt bei knapp 1700 Euro. Das ist weit mehr als der Durchschnittswert.

Betriebsrente Der Arbeitgeber bietet eine betriebliche Altersversorgung an. Die Beiträge dafür kann sein Arbeitgeber unversteuert und sozialabgabenfrei vom Bruttogehalt abziehen. Bei einem späteren Rentenbezug muss Paul die Rente aber versteuern und Abgaben für die gesetzliche Krankenversicherung leisten.

Eigengenutzte Wohnimmobilie Um das Risiko einer steigenden Miete zu vermeiden, plant Paul den Erwerb einer Wohnimmobilie. Startkapital bekommt er aus einer Schenkung seiner Eltern als vorgezogenes Erbe.

Riester-Rente Auf den Abschluss einer staatlich geförderten Riester-Rente mit Zulage und steuerlichem Vorteil verzichtet er, da ihm die finanzielle Belastung zu groß erscheint. Auch ist diese Form der zusätzlichen Altersvorsorge für Alleinstehende ohne Kinder nicht vorteilhaft und zudem unflexibel. Einzig über einen fondsgebundenen Riester-Sparvertrag hat er nachgedacht, falls er einmal Kinder haben sollte.

Privater Vermögensaufbau Da Paul noch ein sehr langes Zeitfenster bis zum Renteneintritt hat, wäre auch ein privater Vermögensaufbau mit einem oder mehreren breit gestreuten ETFs mit geringen laufenden Kosten möglich. Kursschwankungen werden sich über die Jahre ausgleichen. ETFs können an der Börse gekauft und verkauft werden. Bei einem privat und direkt gekauften Fonds sind die Kaufgebühren gering, das Produkt kann selbst ausgewählt werden und jederzeit ohne Auflagen aufgelöst werden.

Pia ist 40 Jahre alt und Ärztin in einem Krankenhaus in Teilzeit

Sie ist alleinstehend und geschieden, hat eine sechsjährige Tochter und lebt mit ihr in einer Eigentumswohnung. Das Geld ist eher knapp. Weitere Vorsorge und einen Vermögensaufbau für das Alter muss sie auf später verschieben, da sie noch nicht weiß, wie ihr Leben verläuft und ob sie noch einmal heiratet.

Typische Renten-Strategien: zusätzliche Möglichkeiten				
	mit 40	mit 50	mit 60	vor der Rente
Gilt für alle	eigengenutzte Immobilie erwerben Krankenversicherung: privat oder gesetzlich Vermögensaufbau ETFs Berufsunfähigkeitsversicherung	Kontenklärung Hochrechnung: Wird die Rente reichen? Immobilienanlage Erziehungszeiten Pflegezeiten Rentenversicherung	früher in Rente Reicht Rente? Vermögenscheck Lebensplan Nachlassplan, Testament Vorsorgevollmacht	Renten- oder Pensionsantrag stellen Sofortrente Risikopositionen aus privater Vermögensbildung Schritt für Schritt auflösen
Angestellte, Pflichtversicherte, Selbstständige	Betriebsrente Riester-Rente	Ausgleich für Abschlag Rente mit 63 oder zusätzliche Rentenpunkte für höhere gesetzliche Rente	Flexi-Rente Vorruhestandsregelung	
Freiberufler	Berufsständisches Versorgungswerk und zusätzlich freiwilliges Mitglied in der gesetzlichen Rentenversicherung für Künstler und Publizisten: Pflichtversicherung über Künstlersozialkasse	Rürup-/Basisrente freiwilliges Mitglied in der gesetzlichen Rentenversicherung	Rürup-/Basisrente freiwilliges Mitglied in der gesetzlichen Rentenversicherung	
Selbstständige	freiwilliges Mitglied in der gesetzlichen Rentenversicherung private Rentenvorsorge über Rürup-Basisrente	freiwilliges Mitglied in der gesetzlichen Rentenversicherung private Rentenvorsorge Immobilie Rürup-Basisrente	Geschäftsverkauf GmbH-Auflösung Nachfolgeregelung Sofortrente	
Beamte	Pensionsanspruch ohne Beitragszahlung Riester-Rente freiwilliges Mitglied in der gesetzlichen Rentenversicherung	Rürup-Basisrente freiwilliges Mitglied in der gesetzlichen Rentenversicherung	früher in Pension freiwilliges Mitglied in der gesetzlichen Rentenversicherung	

Ärzteversorgung Pia hat sich von der gesetzlichen Rentenversicherung befreien lassen und ist Mitglied in der Ärzteversorgung, die sich für die einzelnen Kassenvereinigungen selbst organisiert. Die Leistungsfähigkeit ist je nach einzelnem Versorgungswerk unterschiedlich. Sie erhält dazu eine jährliche Rentenprognose dieser kapitalgedeckten Versicherung.
Gesetzliche Rentenversicherung Da Pia vor ihrem Medizinstudium einige Jahre als Arzthelferin in der Praxis ihres Vaters gearbeitet hat, sind bereits mehrere Beitragsjahre in der gesetzlichen Rentenversicherung zu verzeichnen. Als freiwilliges Mitglied bezahlt sie in dem umlagefinanzierten Rentensystem einen monatlichen Beitrag von knapp 100 Euro. Zusätzlich hat sie weitere Rentenpunkte aus dem Versorgungsausgleich bei der Scheidung von ihrem Exmann erworben.
Gesetzliche Rentenversicherung: Erziehungszeiten Da ihr Versorgungswerk die Kindererziehungszeiten nicht anerkennt, bekommt sie als freiwilliges Mitglied der Rentenversicherung mit mindestens fünf Beitragsjahren drei Rentenpunkte für das nach 1992 geborene Kind für eine spätere Altersrente gutgeschrieben. Das sind knapp 100 Euro Rente mehr – jeden Monat! Die freiwilligen Beiträge können steuerlich zu einem großen Teil geltend gemacht werden.
Eigengenutzte Immobilie Ihre Wohnung ist zwar klein, schützt sie im angespannten Wohnungsmarkt aber vor Mietsteigerungen und gibt ihr für das Alter Sicherheit. Sollte sie doch noch den Mann ihrer Träume treffen, könnte sie die Wohnung verkaufen und als Finanzierungsbasis für eine gemeinsame größere Wohnung oder sogar ein Haus nutzen.
Erben Pia ist das einzige Kind ihrer Eltern, somit wird sie Alleinerbin sein. Das schafft Sicherheit.

Fred ist 30 Jahre alt und Freiberufler

Er hat Mathematik und Wirtschaft studiert und arbeitet freiberuflich ohne Renten- und Krankenversicherung in einem Start-up-Unternehmen – ein typisches Beispiel für die moderne Arbeitswelt 4.0. Wenn es klappt, ist alles gut; wenn nicht, dann fehlen Fred wichtige Beitragsjahre zur gesetzlichen Rentenversicherung. Er muss später private Vorsorge betreiben. Bei seiner Ausbildung hat er diesbezüglich allerdings gute Chancen.
Gesetzliche Rentenversicherung Auch wenn Fred das Geld fehlt und er deshalb wenig Spielraum hat, sollte er wenigstens den Mindestbeitrag zur gesetzlichen Rentenversicherung als freiwilliges Mitglied einbezahlen. Das bringt Beitragsjahre und eine kleine Grundsicherung für das Alter. Dazu bekommt er eine soziale Absicherung für eine mögliche Berufsunfähigkeit.

Max ist 60 Jahre alt und Selbstständiger

Er hat Elektroinstallateur gelernt und seinen Meister gemacht. Bis auf kurze Zeiten der Arbeitslosigkeit und zwei Jahre Selbstständigkeit war Max durchgehend angestellt. Er lebt in einer eigenen Immobilie.

Gesetzliche Rentenversicherung Max war durchgehend Mitglied der gesetzlichen Rentenversicherung. Während seiner Zeiten als Arbeitsloser mit Arbeitslosengeld I hat das Arbeitsamt für ihn 80 Prozent der Beiträge seines letzten Arbeitslohnes an die Rentenversicherung bezahlt. Als Selbstständiger hat er als freiwilliges Mitglied Beiträge bezahlt. Mit 63 Jahren könnte Max mit Abschlägen vorzeitig in Rente gehen, aber nur wenig mehr als ein Jahr später hat er 45 Beitragsjahre voll und kann auch abschlagsfrei in Rente gehen.
Gesetzliche Rentenversicherung: Abschläge ausgleichen Max kann die Abschläge für einen vorzeitigen Rentenbeginn mit 63 Jahren durch Zahlungen ausgleichen, die er auf mehrere Jahre verteilen und steuerlich geltend machen kann. Geht er dann doch nicht mit 63 Jahren in Rente, werden diese Beiträge seinem Rentenkonto gutgeschrieben, was eine deutlich höhere Rente bewirkt. Die Rendite dafür ist gut und wird derzeit von der privaten Versicherungsbranche nicht erreicht.

Ilka ist 67 Jahre alt und bereits Rentnerin

Da sie sich noch fit fühlt und das Geld knapp ist, hat sie über einen Nebenjob nachgedacht. Als Erzieherin war sie trotz ihres Alters auf dem Arbeitsmarkt gefragt.
Gesetzliche Rentenversicherung Da Ilka nicht vorzeitig in Rente gegangen ist, kann sie zu ihrer Rente unbeschränkt hinzuverdienen. Sie arbeitet für drei Tage in der Woche in einem privaten Kindergarten und zahlt weiter Beiträge in die Rentenkasse ein. So verdient sie Geld und steigert dabei ein klein wenig ihre Rente.
Sie hatte sich auch überlegt, über die Regelarbeitszeit hinaus zu arbeiten. Sie hätte dann einen monatlichen Zuschlag von 0,5 Prozent und einen jährlichen Zuschlag von sechs Prozent auf ihre Rente bekommen. Wenn sich Ilka fit hält, dann hat sie ein gutes Auskommen und kann sich auf die kommenden Jahre freuen.

Fragen, die sich stellen

Je nach beruflicher Situation, familiären Bezügen und Lebensalter ergeben sich einige unterschiedliche drängende Fragen zum Thema Rente.

In der gesetzlichen Rentenversicherung ist beinahe jeder Berufstätige in Deutschland Mitglied. Auch Beamte, Freiberufler und Selbstständige sind oft freiwillige Mitglieder oder waren in einem vorherigen Angestelltenverhältnis Pflichtbeitragszahler.

Von den allgemeinen Fragen beziehen sich die meisten speziell auf die gesetzliche Rentenversicherung. »Wann kann ich in Rente gehen, wird die Rente reichen und ist sie sicher?« Mit guten Antworten darauf lassen sich sogar politische Wahlen gewinnen. Verlässliche Auskünfte, die Bestand haben, sind für jeden Einzelnen sehr wichtig.

??? Ist die Rente sicher?

Wenn damit gemeint ist, ob ein Rentner in der Zukunft von seiner Rente leben kann, gilt für den Durchschnittsverdiener, der seine Rente von der Deutschen Rentenversicherung bekommt, dass dies ohne weitere Vorsorge oder Vermögen nur mit Einschränkungen möglich sein wird.

Wie lange der Staat und die Länder für ihre Beamten die Pensionen aus dem Steuerhaushalt finanzieren wollen und können oder diese besser in die Deutsche Rentenversicherung mit einbeziehen und dafür eben Beiträge plus eine betriebliche Altersvorsorge bezahlen, ist die Frage. Auch für Selbstständige wird wie in einigen anderen europäischen Ländern eine Pflicht für eine Rentenvorsorge geplant. Langfristig hat die gesetzliche Rente mit ihren gesamtgesellschaftlichen Aufgaben nur eine Zukunft, wenn alle Erwerbstätigen dort einbezahlen.

Mit welchen Stellschrauben kann der Staat die Situation entschärfen? Jeder zukünftige Rentner wird privat vorsorgen müssen, in Form von geförderten Rentenprodukten oder Privatvermögen. Der Staat kann als Maßnahmen für die gesetzliche Rentenversicherung

- höhere Beiträge einbehalten,
- Rentensteigerungen reduzieren – das Rentenniveau sinkt in der Folge,
- das Renteneintrittsalter entsprechend der erhöhten Lebensdauer anheben,
- mehr Steuergelder in das System geben, um dem Ungleichgewicht der Alterspyramide und zwischen Beitragszahlern und Rentenempfängern entgegenzuwirken.

Um zur Frage zurückzukehren: Ja, die gesetzliche Rente ist sicher, aber keiner weiß, wie hoch diese einmal sein wird. Die gesetzliche Rente ist in Deutschland nur eine Säule, die ohne betriebliche oder private Vorsorge nicht ausreichen wird.

Der wichtigste Tipp dazu: Egal ob Angestellter, Freiberufler, Selbstständiger, Ich-AG oder Hausfrau, versuchen Sie auf alle Fälle 35 Beitragsjahre inklusive der Erziehungszeiten in der Rentenversicherung zusammenzubekommen, auch wenn Sie privat lediglich den Mindestbeitrag einbezahlen. So wahren Sie möglicherweise die Chance auf eine Grundrente, die deutlich über der Grundsicherung liegt, unabhängig von den geleisteten Beiträgen.

??? Wird meine Rente reichen?

Machen Sie den Finanzcheck, bevor Sie sich unbegründete Sorgen machen. Zwar sagt eine Faustregel, dass 70 Prozent des letzten Einkommens in der Rente zur Verfügung stehen sollten. Aber diese Vorgaben hängen sehr von individuellen Faktoren wie dem persönlichen Lebensstil ab. Wohnen Sie in einer eigenen Immobilie, müssen Sie nicht mit Mietsteigerungen rechnen. Sind Sie verheiratet oder leben in einer Partnerschaft, dann teilen sich viele Kosten. Je näher der Rentenbeginn rückt, desto realistischer fällt Ihre persönliche Bedarfsprognose aus. Vergleichen Sie Ihre realen Kosten mit den zu erwartenden Rentenansprüchen, Ihren Ersparnissen und sonstigen Wertanlagen sowie gegebenenfalls den noch zu erwartenden Erbschaften.

??? Die Rente reicht nicht, was tun?

Wenn Sie erkennen, dass es knapp wird mit Ihrer Rente, sollten Sie sich dem Problem mit folgenden Fragen stellen: »Habe ich genügend Geldmittel, um eine zusätzliche private Vorsorge abzuschließen?« »Brauche ich einen Job, um zur Rente hinzuzuverdienen?« »Kann ich über den regulären Rentenbeginn hinaus in meinem Job bleiben?« Länger arbeiten bringt sechs Prozent mehr Rente pro Jahr bezogen auf die erworbene Anwartschaft. Die letzte Möglichkeit ist die Beantragung einer Grundsicherung. Das ist zwar nicht schön, aber Probleme werden gelöst, wenn man sie aktiv angeht.

Auf alle Fälle sollten Sie sicherstellen, dass Sie mindestens 35 Beitragsjahre in der Rentenversicherung nachweisen können. Dazu gehören auch Erziehungszeiten und Zeiten im Arbeitslosengeld I. Der Konsens ist in der Politik sehr breit, dass bei 35 Beitragsjahren die Rentenhöhe unabhängig von den bezahlten Rentenbeiträgen deutlich über die Grundsicherung angehoben wird.

??? Kommt die Rente automatisch?

Sie müssen einen Antrag stellen, um die Rente oder Pension zu bekommen. Es empfiehlt sich, dazu einen Termin bei der Deutschen Rentenversicherung oder Rentenversorgung zu vereinbaren. Die Vorarbeiten können durchaus umfangreich sein, wenn Ihr Rentenverlauf noch Lücken aufweist, die geklärt werden müssen. Bei Problemen sollten Sie sich sechs Monate vor Rentenbeginn damit beschäftigen, sonst genügen auch drei Monate vor Rentenbeginn, um den Antrag zu stellen.

??? Ich will früher in Rente!

Das müssen Sie gut planen und durchrechnen. Wenn Sie 45 Jahre in die Rentenkasse einbezahlt haben, können Sie mit 63 Jahren plus einigen Monaten – je nach Geburtsjahr – abschlagsfrei in die Rente gehen. Haben Sie 35 Beitragsjahre, können Sie mit 63 Jahren in die Rente gehen, haben aber im ungünstigsten Fall bis 14,4 Prozent Abschläge (bei Rentenbeginn mit 67 Jahren) auf Ihre Rente. Sie können diesen Abschlag durch eine Zahlung an die Rentenversicherung egalisieren. Das macht aber gleich mehrere 10 000 Euro aus, auch wenn dieses Geld in mehreren Raten und steuermindernd einbezahlt werden kann. Früher in Rente zu gehen klingt gut, aber heißt auch, den Rest seines Rentnerlebens Abschläge hinzunehmen. Wenn Sie früher in Rente gehen, können Sie bis zu 6300 Euro pro Jahr dazuverdienen. Nach

Eintritt des regulären, individuellen Rentenbeginns gibt es keine Grenze. Achten Sie darauf, ob hier jeweils Sozialabgaben an die gesetzliche Krankenkasse fällig werden!

Die Regelarbeitsgrenze für Beamte wird je nach Bundesland individuell geregelt. Wollen Beamte ab dem 63. Lebensjahr früher in den Ruhestand gehen, müssen auch sie einen Abschlag auf die Pension von 0,3 Prozent pro Monat hinnehmen, den sie früher in Ruhestand gehen.

??? Lohnt sich eine private Vorsorge überhaupt?

Ein Beamter mit vielen Dienstjahren oder ein Manager mit hoher Betriebsrente kann vielleicht auf eine zusätzliche private Vorsorge verzichten, für normale Rentenanwärter ist sie ein Muss. Eine kapitalfinanzierte Anlage ist wegen der anhaltenden und politisch gewollten Niedrigzinsphase schwierig geworden. Eine Riester-Rente kann sich für Familien mit mehreren Kindern wegen der Zulagen und der Steuerersparnis lohnen.

Es kommt aber auf das Produkt an, und die Anlage muss von unabhängigen Fachleuten genau durchgerechnet werden. Sofern realisierbar, ist eine selbst genutzte Immobilie immer eine gute Wahl und gibt Sicherheit. Basisrente und Betriebsrente sind wegen der Steuerersparnis für Besserverdiener eine Möglichkeit. Da die gesetzliche Rente und oft auch das Versorgungswerk keine ausreichende Altersversorgung ausschütten, ist eine private Vorsorge unumgänglich.

Umgekehrt ist für Selbstständige oder Freiberufler zusätzlich zur privaten Vorsorge oder einer Rente aus einem Versorgungswerk eine freiwillige Mitgliedschaft in der gesetzlichen Rentenversicherung eine gute Möglichkeit. Oft ist diese Personengruppe privat krankenversichert. Wer einen Rentenanspruch in der gesetzlichen Rente hat, bekommt zur Rente auch einen Zuschuss (7,3 Prozent bezogen auf Rentenhöhe) für die private Krankenversicherung.

??? Lohnt es sich, für die Rente nach der Kindererziehung im fortgeschrittenen Lebensalter einen Job anzunehmen?

Es ist wichtig, in der gesetzlichen Rentenversicherung mindestens fünf Beitragsjahre nachzuweisen, um überhaupt eine Rente zu bekommen. Besser ist es, 35 Beitragsjahre auf dem Rentenkonto zu sammeln. Und jedes Jahr mehr in einem versicherungspflichtigen Job erhöht die Rentenansprüche. Wer 35 Versicherungsjahre nachweist, kann nach den diskutierten Gesetzesplänen vielleicht mit einer Rente deutlich über der Grundsicherung rechnen. Grundsätzlich ist die Höhe der Rente von der Höhe der Rentenbeiträge abhängig.

Gerade wenn die Kinder groß sind, bringt eine Arbeit neue Sozialkontakte, gibt ein Gefühl, gebraucht zu werden, und vergrößert den finanziellen Spielraum. Nichts ist schlimmer, als als Rentner gelangweilt, ohne Perspektive und mit wenig Geld auf einer Parkbank zu sitzen.

Wie kann ich als Pflichtmitglied der gesetzlichen Rentenversicherung meine Rente steigern?

In der Pflichtversicherung sind Ihre Beiträge vom Bruttoverdienst abhängig. Da ist wenig Spielraum. Eine ergänzende private Vorsorge ist deshalb sehr wichtig. Zusätzliche Rentenpunkte können Sie über Kindererziehungszeiten oder durch die Pflege von Angehörigen erwerben. Eine weitere gute Möglichkeit ist es, sich ab dem 50. Lebensjahr die Rentenabschläge für einen vorzeitigen Rentenbeginn ab dem 63. Lebensjahr in der Rentenberatung ausrechnen zu lassen. Sie können diesen Abschlag durch steuerlich absetzbare zusätzliche Beiträge, die Sie über mehrere Jahre verteilen können, egalisieren. Arbeiten Sie aber trotzdem bis zum regulären Rentenbeginn weiter, werden die zusätzlich geleisteten Zahlungen Ihrem Rentenkonto gutgeschrieben und Sie erwerben so zusätzliche Rentenpunkte. Wenn Sie dann noch den Rentenbeginn um ein Jahr verschieben, bekommen Sie zusätzlich jährlich sechs Prozent mehr Rente. Der Arbeitgeber muss bei der Arbeitszeitverlängerung allerdings mitspielen.

Kann ich neben der Rente zusätzlich Geld verdienen?

Mit Erreichen der Regelarbeitszeit können Sie unbegrenzt dazuverdienen. Freilich werden dann auch Sozialabgaben fällig. Sie können durch einen entsprechend dotierten Job zusätzliche Rentenbeiträge zusammen mit Ihrem Arbeitgeber leisten und Ihre Rente steigern. Ob sich das lohnt, ist jeweils zu prüfen.

Gehen Sie vorzeitig in Rente, dürfen Sie über das Jahr verteilt maximal 6300 Euro verdienen, ansonsten wird Ihre Rente gekürzt. Dazu kommen Sozialabgaben und Steuerabzüge, die für einen Monatsverdienst über 450 Euro im Monat erhoben werden. Ein Verdienst in einem Ehrenamt oder als Übungsleiter bleibt regelmäßig unter der Freigrenze und wird keine Probleme bereiten.

Welche Abzüge habe ich bei der Rente?

Je nach Renteneintrittsjahr sind bereits große Teile der Rente einkommensteuerpflichtig. Bei einem Renteneintritt 2020 sind das bereits 80 Prozent. Dazu kommt, entsprechend der Rentenhöhe, der halbe Beitragssatz zur gesetzlichen Krankenkasse. Für eine Betriebsrente wird sogar der ganze Beitragssatz, also ca. 15 Prozent, für die Krankenkasse fällig. Wer freiwillig in der gesetzlichen Krankenkasse versichert ist, muss sogar für alle weiteren Einkommen wie Riester- oder Basisrente, Auszahlung einer Kapitallebensversicherung, eingenommene Mieten oder Kapitalerträge den vollen Krankenkassenbeitrag bezahlen. Bei höheren Einnahmen kann dann eine private Krankenversicherung günstiger sein, zumal die gesetzliche Rente einen Zuschuss in Höhe von 7,3 Prozent der Bruttorente dafür bezahlt.

Wer als Rentner noch einen Job hat, in dem er mehr als 450 Euro monatlich verdient, muss auch für dieses Einkommen den Beitrag für die gesetzliche Krankenkasse bezahlen – egal ob pflichtversichert oder freiwillig versichert.

??? Werden Kindererziehungszeiten automatisch zur Rente hinzugerechnet?

Bei der Kontenklärung müssen Sie einen Antrag auf Feststellung von Kindererziehungszeiten zusammen mit der Geburtsurkunde abgeben. Die Erziehungszeiten werden immer der Mutter zugewiesen, können aber durch eine gemeinsame Erklärung auch dem Vater oder einer Pflegepersonen zugeordnet werden. Sind die Erziehungszeiten bereits gespeichert, ist nichts mehr zu tun. Für ein nach 1992 geborenes Kind gibt es dann über drei Jahre je einen Rentenpunkt und insgesamt drei Rentenpunkte. Das entspricht der Anrechnung des durchschnittlichen Ecklohnes. Für vor 1992 geborene Kinder gibt es 2,5 Rentenpunkte. Das sind pro Kind monatlich knapp 100 Euro Rente. Einschränkend gilt, dass der Erziehende für die Anrechnung des Ecklohnes und des eigenen Einkommens nicht die Renten-Beitragsbemessungsgrenze überschreiten darf. Eine weitere Voraussetzung sind insgesamt 60 erworbene Beitragsmonate, die auch durch freiwillige Zahlungen zu erreichen sind.

??? Kann man durch Pflege eines Angehörigen die Rente erhöhen?

Wer nicht erwerbsmäßig eigene Angehörige oder auch Nicht-Verwandte pflegt, kann von der Pflegekasse Beiträge für sein Rentenkonto bekommen. Auch Rentner, die bereits die Regelarbeitszeit erreicht haben und eine Altersrente beziehen, können ihre Rente erhöhen.

Sie müssen bei der Deutschen Rentenversicherung eine Teilrente von 99 Prozent beantragen. Dann bezahlt die Pflegekasse, auch nachdem die Regelaltersgrenze erreicht wurde, Beiträge zur Rentenversicherung. Der Verzicht auf ein Prozent der Rente lohnt sich in den meisten Fällen, da sich durch die Beiträge der Pflegekasse bei der turnusmäßigen Anpassung der Rente am 1. Juli die Rente erhöht. Nach Beendigung der Pflege kann der Rentner wieder die Vollrente beantragen.

??? Kann die Rente sinken?

Nach den derzeitigen Vorgaben kann die Rente nicht sinken, aber es kann sein, dass es keine Rentensteigerungen gibt und das Rentenniveau fällt, denn die Kaufkraft der Rente sinkt dann durch die Inflation. Bei zwei Prozent Inflation haben 100 Euro in zehn Jahren nur noch eine Kaufkraft von rund 82 Euro. Steigt die Rente jährlich um zwei Prozent, wird die Inflation ausgeglichen oder sogar übertroffen. Die statistische Inflation ist aber eine sehr starre Größe.

Durch Ihren individuellen, flexiblen Lebensstil und cleveres Kaufverhalten – Sonderangebote, Selbstkochen, Reiseschnäppchen, Happy Hour und vieles mehr – kann die statistische Inflation für Sie nicht spürbar sein.

Was passiert, wenn ich über das reguläre Rentenalter hinaus arbeite und keine Rente beantrage?

Wenn der Arbeitgeber mitmacht und Sie sich gesund und fit fühlen, ist das eine Möglichkeit, um aus einer kleineren Rente eine größere zu machen. Für jeden Monat, den ein Versicherter über das reguläre Rentenalter hinaus arbeitet und keine Rente bezieht, gibt es einen monatlichen Rentenzuschlag in Höhe von 0,5 Prozent. Wer also seine Rente um ein Jahr aufschiebt, erhält einen Aufschlag von sechs Prozent. Zusätzlich erhöht sich die Rente durch die weiteren Beitragszahlungen. Das kann dann schnell eine Steigerung von sieben bis acht Prozent sein. Es ist natürlich auch eine Wette auf ein langes Leben.

Alle reden zwar vom vorzeitigen Rentenbeginn, aber wenn die Arbeit Spaß macht, kann man die reguläre Altersrente beziehen und trotzdem, gegebenenfalls zeitreduziert, arbeiten. Dann eben ohne Rentensteigerung.

Irrtümer rund um die gesetzliche Rente

Die gesetzliche Rente ist Basis und Grundbaustein für die Altersversorgung von über 54 Millionen Bürgern in Deutschland als Kunden bei der Deutschen Rentenversicherung, davon über 38 Millionen als Beitragszahler.

Die Rente ist eine große Baustelle, da in den kommenden Jahren Altersarmut für Beitragszahler im Niedriglohnsektor vermieden und das Ungleichgewicht der Alterspyramide beseitigt werden müssen. Wiedervereinigung, Arbeitsmarktreform durch die Agenda 2010, Digitalisierung und gesellschaftliche Veränderungen sind Stichworte dazu. Es ist nicht unbedingt darauf zu vertrauen, dass die gute Konjunktur endlos volle Kassen bescheren wird, deshalb werden noch einige Reformen und Rentenpakete nötig sein. Die Lage bleibt also unübersichtlich, was auch die eine oder falsche Vorstellung und so manches Missverständnis rund um die Rente begünstigen wird. Häufig genannte Irrtümer sind:

Für die letzten Jahre bekommt man besonders viel Rente.

Auch die letzten Jahre werden wie alle anderen Jahre zu den Beitragsjahren addiert. Sind das Einkommen in den letzten Erwerbsjahren allerdings besonders hoch und entsprechend die Beiträge zur Rente ebenso überdurchschnittlich, so gibt es dafür auch entsprechend mehr

Entgeltpunkte und eine gegenüber der Prognose höhere Rente. In den letzten Jahren vor der Rente wurden bereits viele Rentenentgeltpunkte gesammelt. Eine Erhöhung wirkt sich über den Gesamtbetrag aus. Die Rentensteigerung ist so deutlicher wahrnehmbar.

upps! Das Einkommen der letzten Jahre bestimmt die Rentenhöhe.

Beamte bekommen eine Pension auf Basis des letzten monatlichen Gehalts. Nach 40 Dienstjahren im öffentlichen Dienst sind maximal 71,75 Prozent des letzten Gehalts als Pensionszahlung möglich, zuzüglich Weihnachtsgeld. Nicht so bei der gesetzlichen Rente. Dort wird die Rentenhöhe im Normalfall aus dem Durchschnitt der gesamten Beitragsjahre berechnet.

Wer 45 Jahre lang nahe der Beitragsbemessungsgrenze (derzeit etwas über 80 000 Euro) Beiträge (derzeit rund 15 000 Euro) an die gesetzliche Rentenversicherung geleistet hat und dem dafür jeweils zwei Entgeltpunkte auf seinem Rentenkonto gutgeschrieben wurden, kann auf Basis des momentan geltenden Rentenwertes eine maximale gesetzliche Rente von knapp 3000 Euro erwarten (90 Entgeltpunkte x 33 Euro = 2970 Euro – Beispielrechnung mit gerundeten Pauschalwerten auf Basis des Rentenwertes West). In der Realität wird aber niemand durchgehend 45 Jahre lang jeweils zwei Rentenpunkte erwerben.

upps! Man muss zwölf Jahre versichert sein, um eine gesetzliche Rente zu bekommen.

Das ist Unsinn. Bereits mit fünf Beitragsjahren bekommt man eine Rente. Wer in die gesetzliche Rentenversicherung einbezahlt hat, aber keine fünf Beitragsjahre zusammenbekommt, kann freiwillig Beiträge nachbezahlen – was die bessere Entscheidung ist – oder sich das angesparte Rentenkonto ausbezahlen lassen. Auch wenn es vielleicht nur kleine Beiträge sind, sollten gerade Selbstständige und Freiberufler in Ergänzung zu ihrem Versorgungswerk oder Angestellte aus dem Niedriglohnsektor darauf achten, 35 Beitragsjahre auf Basis des Mindestlohnes zu sammeln. So haben sie alle Chancen auf eine Grundrente, selbst wenn sie nur wenig in die Rentenkasse einbezahlt haben und deshalb nur wenige Rentenpunkte sammeln konnten.

Beamte bekommen bereits nach fünf Berufsjahren eine sichere Grundrente von 35 Prozent des letzten Gehalts oder mindestens 1660 Euro. Dieser Betrag vom Stand 2018 kann in den einzelnen Bundesländern abweichen. Das sind 35 Prozent des letzten Gehalts oder mindestens 65 Prozent der Besoldungsgruppe A4 plus einem Zuschlag.

upps! Ein Minijob bringt keine Rentenzeiten.

Doch, auch mit einem Minijob können Sie Pflichtbeitragszeiten sammeln. Voraussetzung ist, dass Sie und der Arbeitgeber Sozialbeiträge einbezahlen. Zwar sind die Beträge und deshalb auch der daraus resultierende Rentenanspruch gering. Aber um Beitragsjahre zu sammeln, können diese Zeiten für Mindestversicherungszeiten angerechnet werden und deshalb wertvoll sein. Wer studiert, wird es nicht schaffen, 45 Beitragsjahre zu sammeln. Wer aber schon als Student einen versicherungspflichtigen Minijob ausübt und in die Rentenkasse einbezahlt, hält sich diese Option offen.

Niemand weiß natürlich, wie die Gesetze in zehn, 20 oder 30 Jahren sein werden. Dazu gibt es als weiteren Anreiz einen geringen Versicherungsschutz bei Krankheit oder Invalidität. Anrechnungszeiten für die Grundrente gehen allerdings nach derzeitiger Diskussion von einem versicherungspflichtigen Job mindestens zum Niedriglohn aus.

Ostdeutsche Arbeitnehmer sind in der Rente benachteiligt.

Das stimmt so nicht, sie werden sogar begünstigt. Um die Renten in Ostdeutschland an das Niveau im Westen anzugleichen, bekommen Ostdeutsche für ihre Rentenbeiträge mehr Entgeltpunkte. Zwar liegt der Rentenwert im Osten unter dem im Westen, aber die Rentenkasse wertet durch einen positiven Umrechnungsfaktor Anwartschaften im Osten auf. Im Jahr 2025 sind die Rentenwerte angeglichen und der Umrechnungsfaktor wird abgeschafft.

Es hängt vom Wohnort ab, ob ich eine Ost- oder Westrente bekomme.

Nein, der Beschäftigungsort ist der Faktor, welche Rente der Einzelne bekommt. Wer in Leipzig gearbeitet hat und in Köln seinen Ruhestand verbringt, bekommt eine Ostrente. Und wer zur Hälfte in Leipzig und zur Hälfte in Köln gearbeitet hat … richtig! Der bekommt eine Mischrente, zur Hälfte nach Ostwerten und zur anderen Hälfte nach Westwerten. Dies gilt auch für spätere Rentenanpassungen.

Bei Erreichen des regulären Rentenalters fallen die Abschläge für die Flexi-Rente ab 63 weg.

Wer mit 63 Lebensjahren nach mindestens 35 Rentenbeitragsjahren vorzeitig in Rente geht und dafür Abschläge von 0,3 Prozent je Monat früherem Rentenbeginn in Kauf nimmt, der behält diesen Malus für seine ganze restliche Zeit als Rentner bei. Das sind Abschläge von zehn Prozent und mehr. Dazu kommt, dass der Frührentner auch etwa zwei bis drei Jahre, je nach Geburtsjahr, verpasst, weitere Rentenpunkte zu sammeln, was einen zusätzlichen Abschlag bedeutet. Eine Frührente ist nicht immer eine gute Idee. Nur die Frührente mit 45 Beitragsjahren ist abschlagsfrei. Für Rentenversicherte mit Studium ist das regelmäßig nicht zu schaffen.

upps! Wer Rentner ist, bekommt im Dezember Weihnachtsgeld ausbezahlt.

Schön wäre es, aber leider nein. Bei der gesetzlichen Rentenversicherung und auch bei privaten Rentenversicherungen gibt es nur 12-mal im Jahr eine Rentenzahlung. Beamte haben es da besser. Sie bekommen die Pension 13-mal.

upps! Selbstständige und Freiberufler müssen privat vorsorgen und können deshalb nicht Mitglied der gesetzlichen Rentenversicherung sein.

Auch Selbstständige können freiwillig in der gesetzlichen Rentenversicherung für den Ruhestand vorsorgen, neben den Möglichkeiten für eine private Rentenversicherung. Oft verpassen es Selbstständige mit Kleingewerbe, Ich-AGler oder auch selbstständige Mitarbeiter in Start-ups aus der Arbeitswelt 4.0, die sogenannten Digitaljobber, für die Altersvorsorge Kapital zurückzulegen. Das ist fatal. Ohne 35 Rentenbeitragsjahre haben sie nicht einmal Chancen auf die Grundrente und müssen Grundsicherung beantragen, wenn das selbstständige Geschäft nicht erfolgreich war. Die Politik wird deshalb eine Rentenversicherungspflicht für Selbstständige einführen. Selbstständige Lehrer und Künstler sind bereits jetzt rentenversicherungspflichtig.

upps! Mit 45 Rentenbeitragsjahren kann man sofort und ohne Abschlag in Rente gehen.

Ohne Abschläge ja, aber nicht sofort. Dies gilt erst ab dem 63. Lebensjahr und je nach Geburtsjahr ansteigend auf 65 Lebensjahre.

upps! Wer seine deutsche Rente als Bezieher mit einem Wohnort im Ausland ausbezahlt bekommt, muss einen Kaufkraftabzug hinnehmen.

Die Rentenversicherung überweist ohne Abzug die Rente auch ins Ausland. Eine Überweisung in EU-Länder ist völlig unproblematisch und kostenneutral. Allerdings kann bei anderen Ländern für eventuelle Umrechnungsgebühren, anfallende Transferkosten sowie Kursverluste kein Ausgleich erfolgen. Darüber hinaus prüft der Rentenservice ein Mal im Jahr, ob der Berechtigte noch lebt. Bei einer Wohnsitzverlegung sollte die Rentenversicherung rechtzeitig mindestens zwei Monate vorher informiert werden. Zu klären ist dann auch, wie der Versicherte kranken- und pflegeversichert ist. Wo die Rente versteuert wird, muss zwischen dem Wohnort-Finanzamt und dem deutschen Finanzamt geklärt werden. Hier gibt es einiges zu beachten. Ansprechpartner für alle Rentenempfänger im Ausland ist das Finanzamt Neubrandenburg (www.finanzamt-rente-im-ausland.de).

upps! Bezieher einer Rente werden automatisch Mitglied bei der Krankenversicherung der Rentner.

So wie Sie während des Berufslebens krankenversichert waren, so sind Sie es auch als Rentner. Um bei der Krankenversicherung der Rentner Mitglied zu werden und günstige Beiträge zu genießen, müssen Sie Rentenansprüche haben und in der zweiten Hälfte des Arbeitslebens mindestens 90 Prozent der Zeit in einer gesetzlichen Krankenversicherung versichert gewesen sein. Also auch, wenn Sie zuletzt in der gesetzlichen Krankenversicherung Mitglied waren, müssen Sie die Mindestzeit erfüllen. Haben Sie erst mit 55 Lebensjahren aus der privaten Krankenversicherung in die gesetzliche Krankenversicherung gewechselt, so erfüllen Sie nicht die nötige Beitragszeit. Sie können sich zwar freiwillig gesetzlich krankenversichern, zahlen dann aber auf beinahe alle Einkünfte einen Sozialversicherungsanteil. Auch Pflichtversicherte in der gesetzlichen Krankenversicherung bezahlen derzeit den vollen Krankenkassenanteil von 14,6 Prozent zuzüglich Zusatzbeitrag auf Einkünfte von Betriebsrenten und Einmalzahlungen aus einer vom Arbeitgeber geführten Kapitallebensversicherung. Es gibt immer wieder Forderungen und Diskussionen, diesen Beitrag auf Betriebsrenten zu senken.

Wer langjährig privat krankenversichert war, bleibt das auch als Rentner. Er genießt dafür einen sehr guten Schutz und braucht keine Extraversicherungen, beispielsweise für Zahnersatz. Mit einem Wechsel zwischen verschiedenen Tarifen in der privaten Krankenkasse lassen sich die Prämien auch im Alter auf einem verträglichen Maß halten. Die Rentenkasse bezahlt auf die Höhe der gesetzlichen Rente 7,3 Prozent Zuschuss auf die privaten Krankenkassenbeiträge. Wer als Rentner noch gute Einnahmequellen und Erträge hat, fährt als langjähriges Mitglied in einer privaten Krankenkasse unter Umständen besser, als wenn er sich freiwillig gesetzlich versichert, bei sicherlich besseren Versicherungsleistungen.

Die gesetzliche Krankenversicherung für Rentner als Pflichtmitglied ist die preisgünstigste Lösung, aber auch hier werden nicht zu knapp Sozialversicherungsbeiträge für die Renten, Renten aus Versorgungswerken und zusätzlich für die Betriebsrente und selbstständige Erwerbstätigkeit fällig. Für die kommenden Jahre haben die gesetzlichen Krankenkassen deutliche Beitragssteigerungen angekündigt.

??? Wussten Sie das?

Der Fehlbetrag zwischen Beitragseinnahmen und Rentenauszahlungen betrug im Jahr 2017 etwas über 30 Milliarden Euro (225 Milliarden Euro Beiträge inklusive der gesamtgesellschaftlichen Zuschüsse zur Mütterrente) zu über 255 Milliarden Euro Rentenzahlungen (inklusive Hinterbliebenen- und Erwerbsminderungsrenten). Dabei haben Rentner im Jahr 2014 bereits rund 33 Milliarden Euro Einkommenssteuern bezahlt. Zu den Ausgaben dazugerechnet werden müssen noch die Zuschüsse zur Krankenversicherung der Rentner mit über 18 Milliarden Euro.

Meine Renten-Biografie

Die gesetzliche Rente und Entscheidungen für eine Rentenvorsorge begleiten uns unser ganzes Leben. Bereits Schul- und Fachschuljahre sowie Studienzeiten fließen bis zu einer Höchstgrenze als Anrechnungszeiten in das Rentenkonto ein mit Auswirkungen auf die spätere Rente. Belege dazu bitte aufbewahren! Haben Sie für Jobs während des Studiums und der Ausbildung Sozialabgaben bezahlt? Sehr gut. Das füllt das Rentenkonto.

Auslandsjahr Ein Jahr Weltreise ist gut für die Lebenserfahrung. Wann, wenn nicht jetzt? Dafür profitiert das Rentenkonto dann wieder mit dem ersten Job. Gut ausgebildet geht es schnell voran. Je mehr Gehalt, desto mehr Rentenbeitragspunkte.
Familiengründung Hochzeit, Kinder: Erziehungszeiten werden mit zusätzlichen Rentenpunkten ausgeglichen, sodass die oder der Erziehende keinen Rentennachteil hat, wenn er insgesamt fünf Beitragsjahre freiwillig oder als Pflichtmitglied in der Rentenversicherung sammelt.
Bei einer Scheidung werden die Rentenpunkte im Versorgungsausgleich eventuell aufgeteilt und ausgeglichen.

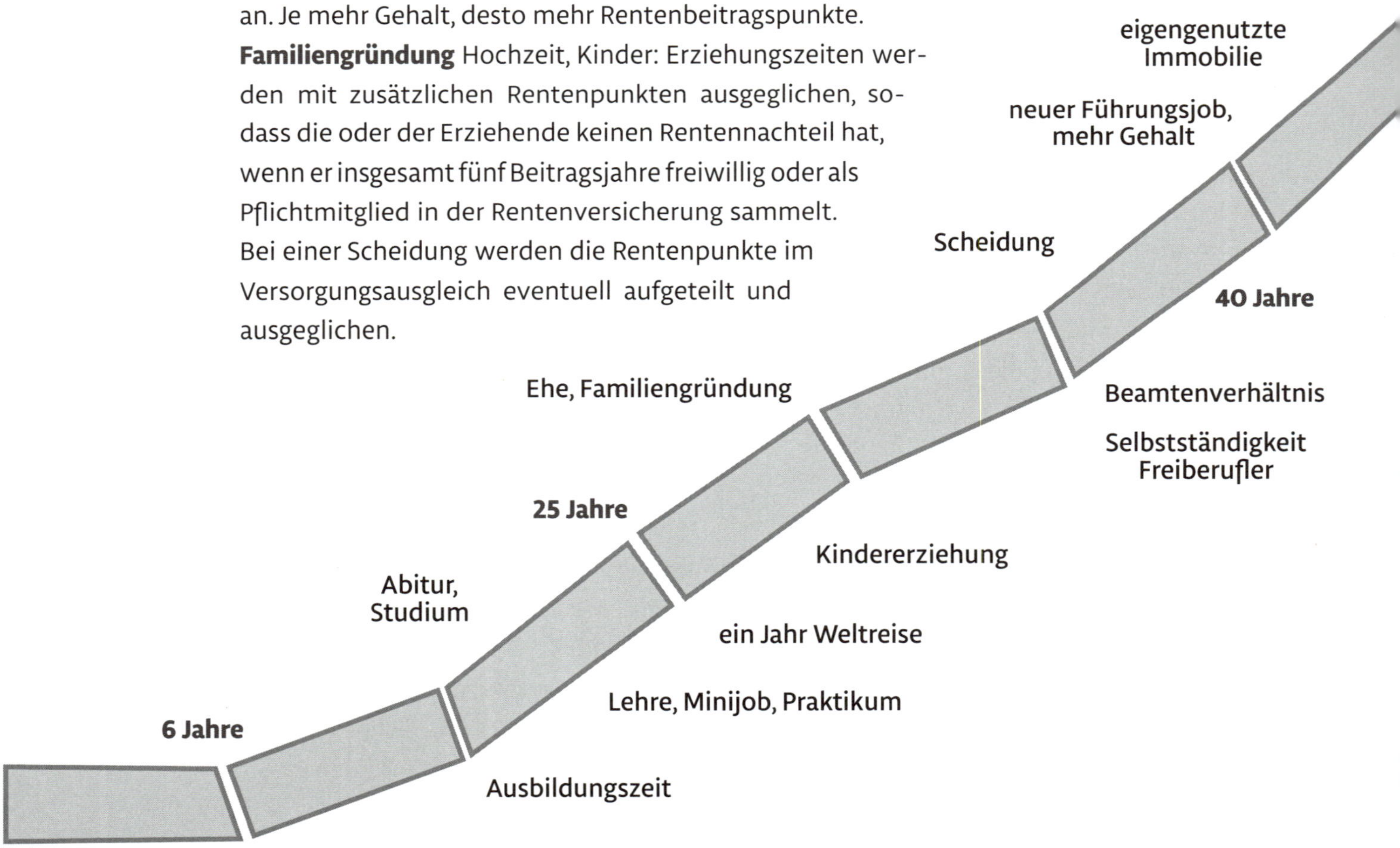

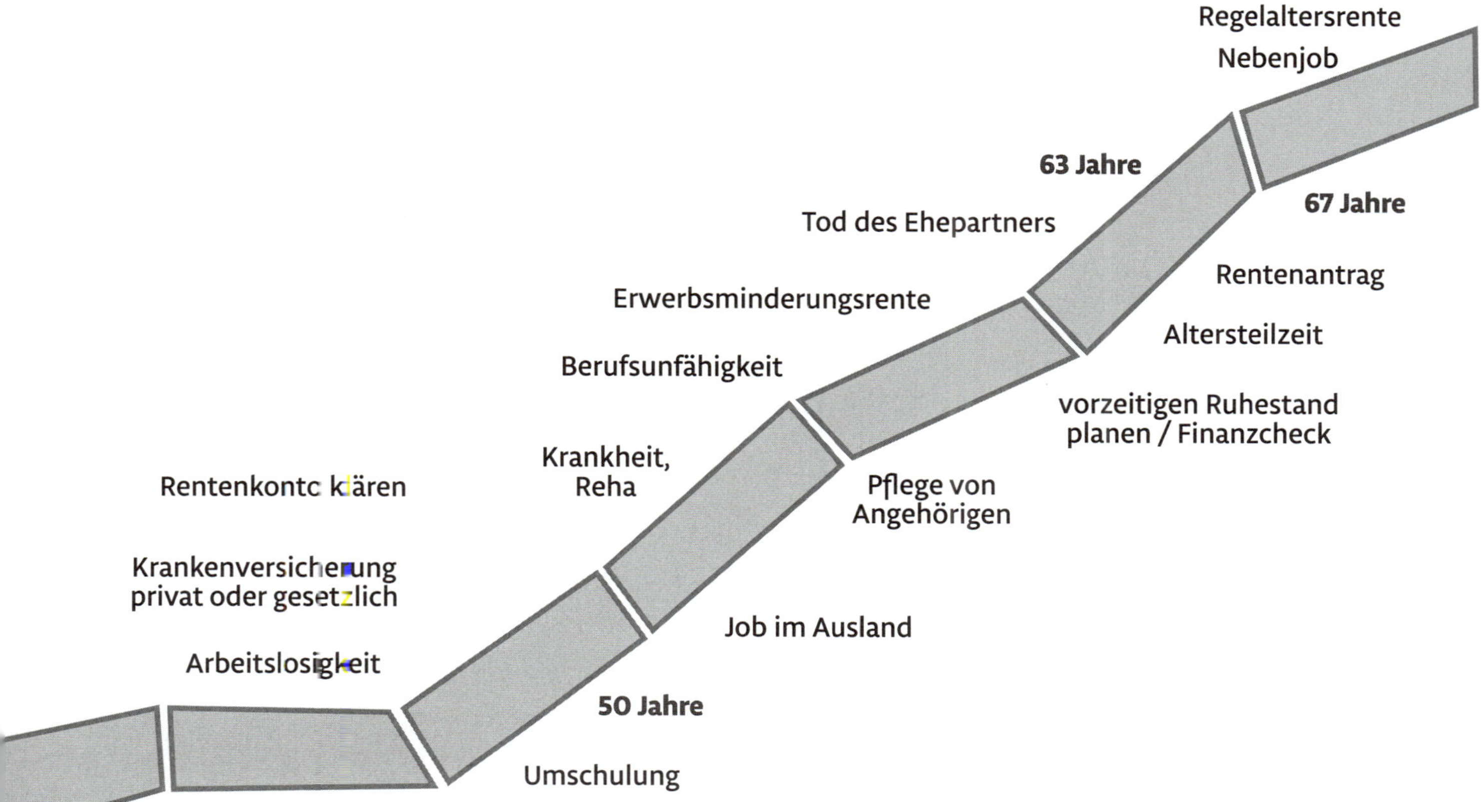

Berufsentscheidungen Berufliche Entscheidungen fallen an. Ein neuer Führungsjob, Arbeitgeberwechsel, Gründung einer Praxis oder Selbstständigkeit, Verbeamtung, Job im Ausland – neue Koordinaten für die Altersvorsorge.

Zusätzliche Vorsorge Rentenzahlung bei Freiberuflern an das berufsständische Versorgungswerk durch freiwillige Beiträge an die gesetzliche Rente ergänzen? Eine gute Kombination. Erwerb einer eigengenutzten Immobilie, Abschluss einer Betriebsrente für Angestellte, einer fondsgebundenen Rentenversicherung mit oder ohne Riester-Förderung. Ist eine freiwillige Mitgliedschaft in der gesetzlichen Rentenversicherung möglich? – ein bedenkenswertes zweites Standbein mit einem zusätzlichen sozialen Schutz.

Krankenversichert Für Familien ist eine gesetzliche Krankenversicherung gut. Eine private Krankenversicherung bietet Privilegien und hat für Alleinstehende oder Doppelverdiener ohne Kinder ihren Reiz. Eine Risikolebensversicherung und eine Berufsunfähigkeitsversicherung können Risiken absichern.

Erwerbsbiografie Jobverlust – beim Arbeitslosengeld I bezahlt das Jobcenter in die Rente ein. Konnten alle Rentenlücken bei der Kontenklärung in der Rentenversicherung geklärt werden?

Umstände, die eine unterschiedliche Höhe des Rentenbezugs in der gesetzlichen Rentenversicherung verursachen:

- Aufstockung der Arbeitszeit oder zeitweilige Reduzierung von Stunden für einen Halbtagsjob
- zeitlich begrenzter Job im Ausland ohne Versicherungszeit hier in Deutschland
- vorzeitiger Rentenbeginn und Altersteilzeit
- Abfindung und betriebsbedingte Kündigung in der Firma in einem Alter, in dem eine Neuanstellung kaum zu erwarten ist
- Nebenjob im vorzeitigen Ruhestand, der über der Freigrenze des Zuverdienstes von 6300 Euro im Jahr liegt

Rehabilitation und Erwerbsminderung Gesundheitliche Beeinträchtigung macht den Job schwierig? Die gesetzliche Rente kümmert sich um Rehabilitationsmaßnahmen, und wenn eine Berufsausübung unmöglich wird, ist eine Erwerbsminderungsrente möglich. Vielleicht klappt eine Umschulung beim Jobcenter, und ein Arbeitsverhältnis trotz der Beeinträchtigung ist möglich.

Pflege und Hinterbliebenenrente Die Pflege von Angehörigen bringt Rentenpunkte aus der Pflegeversicherung. Beim Tod des Lebenspartners sind eine Witwenrente und für Kinder eine Waisenrente möglich.

Früher in Rente Wie fällt der Finanzcheck aus? Wer vorzeitig in Rente geht, kann bei der gesetzlichen Rentenversicherung den Abschlag steuerbegünstigt ausgleichen. Und wer später in Rente geht, für den zahlt sich die Abschlagszahlung als höhere Rente aus.

Vor der Rente Sechs Monate vor Rentenbeginn den Rentenantrag erledigen sichert eine rechtzeitige Zahlung der Rente.

Warum kein Nebenjob? Ein kleiner Nebenjob während der Rentenzeit kann Spaß machen, bringt soziale Kontakte und kann knappe finanzielle Verhältnisse entspannen.

Rentenzeit ist Erntezeit Die durchschnittliche Lebenserwartung für Rentner mit 67 Jahren ist heute mehr als 15 Jahre und für Rentnerinnen mehr als 20 Jahre – Tendenz steigend. Rentenzeit ist Erntezeit, was sind die Lebenspläne und Wünsche? Gut vorgesorgt ist vieles möglich.

Kassensturz: Genug Geld im Ruhestand?

In der Rentenzeit werden Sie wahrscheinlich weniger Geld zur Verfügung haben, als Sie im Erwerbsleben verdient haben. Bevor Sie aber in Panik verfallen und jedem Versicherungsvertreter alle möglichen Finanzprodukte abkaufen, sobald dieser nur die Worte »Altersarmut, Rentenlücke oder staatlich gefördert, zertifiziert und Steuer sparend« in den Mund nimmt, rechnen Sie erst einmal nach. Die Finanzierung der Rente ist ein ernstes Problem und eine Herausforderung für die meisten Menschen in diesem Land, aber es lässt sich auch ganz vortrefflich ein Geschäft daraus machen. Kunden, die nicht mehr klar denken, lassen sich wunderbar über den Löffel barbieren.

Erst einmal selbst rechnen

Riester-Produkte, Rentenfonds und Rentenversicherungen sind Angebote der Finanzwirtschaft. Diese sind oft mit happigen Abschluss- und Laufzeitgebühren belastet. Umsonst gibt es nichts. Das muss man im Hinterkopf behalten und erst einmal genau rechnen, ob das Angebot trotzdem lohnend ist.

Voraussetzung dazu ist der persönliche Kassensturz, der folgende Fragen beantwortet und somit für die Zukunft Orientierung bietet: »Was habe ich, was bekomme ich jeden Monat und wie viel kann ich ausgeben?« Dabei ist es wichtig, dass Sie selbst rechnen und nicht rechnen lassen.

Die meisten Rechenbeispiele gehen von Faustregeln aus und besagen, dass Sie 60 bis 70 Prozent des letzten Nettoverdienstes an Geld für den Rentenbezug zur Verfügung haben sollten. Das hängt aber von Ihrem Lebensstil ab. Zu bedenken ist außerdem, dass als Rentner viele Kosten entfallen – beispielsweise die Beiträge für die Renten- und Arbeitslosenversicherung.

Statistische Inflation und persönliche Inflation

In den Rechenbeispielen der Versicherungen und Banken wird regelmäßig eine Inflationsrate angegeben, die das Maß angibt, wie sich der Wert unseres Geldes mindert, was zusätzlich Ungewissheit und Angst vermittelt. Es wird der Eindruck eines Hamsterrades erweckt – je mehr wir uns anstrengen und sparen, der schwarze Schatten der Inflation nimmt stetig alles wieder weg. Die Sorgen darüber sind alt. Schon die apokalyptischen Reiter im berühmten Holzschnitt von Albrecht Dürer kündigen unter anderem als eine Geißel der Menschheit die Teuerung an, mit Inflation und Hunger. Es ist tatsächlich so, dass die meisten Dinge teurer und nur wenige billiger werden. Die statistische Inflationsrate liegt aber im Euroland seit Jahren unter zwei Prozent. Die Anpassungen bei der gesetzlichen Rente lagen in den letzten Jahren über der Inflationsrate und die Rentnerinnen und Rentner haben inflationsbereinigt in den letzten zehn Jahren einen Zugewinn und einen Kaufkraftgewinn von über vier Prozent gegenüber der statistischen Inflationsrate erzielt. Das muss nicht unbedingt so bleiben.

Entscheidender als die statistische Inflation ist Ihre persönliche Inflation – das ist die Preissteigerung, die Sie selbst realisieren. Haben Sie zu Studentenzeiten Wein für drei Euro gekauft und nun Geschmack an einem Wein für sechs Euro die Flasche gefunden, so ist das eine Steigerung von 100 Prozent in 20 Jahren – denn so lange ist die Studentenzeit her. Brot haben Sie beim Bäcker für 1,50 Euro gekauft, nun kaufen Sie es in der Happy Hour für einen Euro. Dann haben Sie eine Kaufkraftsteigerung und Preisreduzierung von 33 Prozent. Die persönliche Inflation ist also auch eine Frage des Lebensstils, und den bestimmen Sie selbst. Der Warenkorb aus der statistischen Inflation muss nicht für Sie zutreffen. Sie haben einen eigenen Warenkorb und deshalb Spielraum.

Werden Sie der Herr Ihrer eigenen Finanzen, genießen Sie, aber behalten Sie den Überblick. Eine Hilfe dabei ist ein Haushaltsbuch, in das Sie Ihre Ausgaben und Einnahmen notieren. Wer das für eine gewisse Zeit macht, wird merken, dass er das Geld als Mittel begreift und sich nicht von unsinnigem Konsum bestimmen lässt.

Der Finanzcheck für die Rente greift in vielen Positionen auf das Haushaltsbuch zurück. Sie sehen deutlich vor sich, ob das Geld reicht. Angst und Sorgen machen regelmäßig nur das Unbekannte.

Überblick gewinnen

Das Rechenschema hilft, schnell und einfach einen Überblick zu gewinnen. Je näher Sie der Rentenzeit kommen, desto genauer können Sie mit realistischen Zahlen für den späteren Ruhestand planen. Viele Posten, die in jungen Jahren relevant sind, werden es in der Rentenzeit nicht mehr sein: Berufsunfähigkeitsversicherung, Raten für Riester-Rente oder Basisversicherung, Fondssparplan, Hypothekenkredit, Berufskleidung, Ausbildungskosten für Kinder, Kinderbetreuung, Taschengeld und Ähnliches.

Aber auch in jüngeren Jahren können Sie das Schema nutzen und mit Prognosedaten arbeiten. Sie sehen sehr schnell, ob Sie Sparpotenzial haben und Geld für eine zusätzliche Altersvorsorge zur Verfügung steht.

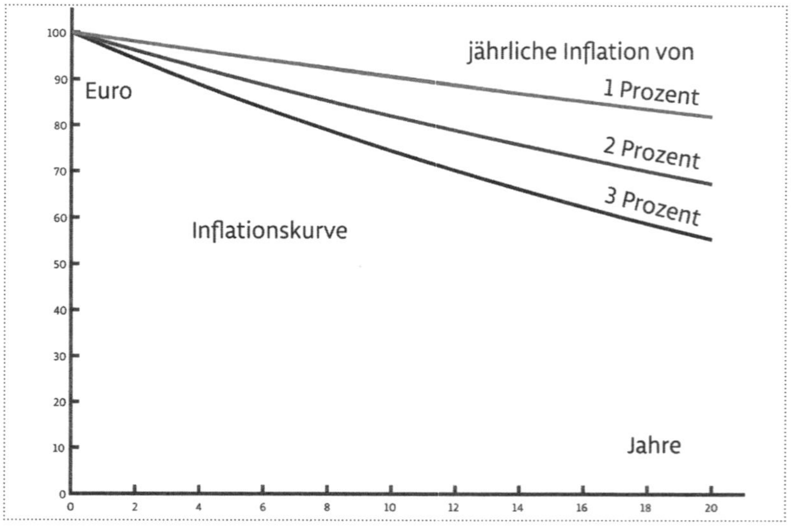

So schmilzt der Wert des Geldes bei den unterschiedlichen Inflationsraten. Die Renten sind aber in den letzten Jahren stärker als die Inflation gestiegen.

Finanzplanung für die Rentenzeit

Haupteinnahmequelle wird nach Beendigung des Erwerbslebens eine Rente oder Pension sein. Ab dem 55. Lebensjahr versendet die Rentenversicherung umfangreiche Prognosen für die zu erwartende Höhe der gesetzlichen Rente. Für Freiberufler in einer Versorgungskasse, für Beamte oder für Beitragszahler in einer privaten Rentenversicherung gibt es ähnliche Informationen.

Je weiter entfernt der Rentenbeginn ist, desto ungenauer werden die Prognosen ausfallen, und die Berechnung einer möglichen Rentenlücke können Sie sich noch sparen. Die Rente selbst ist eine Baustelle und die Politik wird in den kommenden Jahren noch etliche Änderungen einbringen. Es ist also für jüngere Jahrgänge ein Blindflug und man kann nur den Rat geben, einfach loszusparen. Experten geben als mögliche Sparrate zehn Prozent vom Nettoeinkommen an, was sicher ein guter Wert ist. Natürlich sind die Umstände nicht immer so, dass diese Quote erreichbar ist. Egal, ob Sie damit ein Spar- oder Aktiendepot füttern oder eine eigengenutzte Immobilie ansparen. Für Letztere lohnt es sich nachzufragen, welche Förderungen von staatlicher Seite es dafür gibt.

Über die gesetzliche Rente sprechen wir später noch ausführlicher, aber schon mal vorneweg: Menschen, die kurz vor der Rente stehen, können sich bei durchschnittlicher Lebenserwartung statistisch für ihre Rentenbeiträge auf eine Rendite von zwei bis drei Prozent freuen. Das ist deutlich mehr, als derzeit eine kapitalgebundene Rentenversicherung ausschüttet – natürlich als Konsequenz der niedrigen Zinsen. Aber wie die Aktien nicht kontinuierlich steigen, so wird auch der Zins in den kommenden Jahrzehnten nicht ewig auf niedrigstem Niveau stagnieren.

Rentenniveau und Standardrente in der gesetzlichen Rentenversicherung

Bis 2025 soll das Netto-Rentenniveau nicht unter 48 Prozent fallen (Eine Riester-Rente wird dabei mitgerechnet). Die Bezugsgröße ist dabei die rein rechnerische Standardrente eines Durchschnittsverdieners, der 45 Jahre (!) ohne Unterbrechung Beiträge leistet gedeckelt durch die Beitragsbemessung. Das ergibt im Jahr 2019 im Westen eine Standardrente von knapp 1500 Euro (45 x Wert eines Rentenpunktes) – davon gehen aber noch etwa zehn Prozent für die gesetzliche Krankenkasse und Pflegeversicherung ab. Die Kosten für eine private Krankenversicherung müssen selbst bezahlt werden. Die gute Nachricht für Privatversicherte und freiwillig gesetzlich Versicherte: Die gesetzliche Rentenversicherung gibt einen Zuschuss von 7,3 Prozent bezogen auf die Bruttorente für die Krankenversicherung dazu.

Mit der Wirklichkeit hat die Standardrente allerdings wenig zu tun. Die tatsächliche durchschnittliche Rente der Bürger in diesem Land liegt deutlich unter diesem Wert. Viele Rentner mit einer gesetzlichen Minirente haben aber zusätzliche Einnahmequellen oder sind verheiratet und können dann gemeinsam wirtschaften. Wer nur mit einer kleinen Rente rechnet, wird die Diskussion um die Grundrente verfolgen. Chancen darauf hat nur, wer möglichst viele Beitragsjahre auf dem Rentenkonto hat.

Das gesetzlich verankerte durchschnittliche Netto-Rentenniveau bezieht sich auf diese Eckrente inklusive einer Riester-Rente (aus vier Prozent des Bruttolohnes zuzüglich Zulagen) und nicht auf eine Rente von 48 Prozent Ihres tatsächlichen durchschnittlichen persönlichen Einkommens. Bereits jetzt fällt die gesetzliche Eckrente geringer als 48 Prozent aus.

Die persönliche Situation: Wie viel Geld brauche ich im Ruhestand?

Wie ist Ihre Situation? Mit diesem Überblick wissen Sie schnell mehr. Wenn Sie Einnahmen und Ausgaben auf Monate verteilen, sind sie noch besser greifbar. Jahresleistungen teilen Sie dazu am besten auf zwölf Monate auf.

Einnahmen

Auf der Einnahmenseite tragen Sie die Prognosen Ihrer Rentenversorgung ein.

Ein guter Service ist es, den aktuellen Rentenverlauf und die Rentenprognose auf der Internetpräsenz der deutschen Rentenversicherung (www.deutsche-rentenversicherung.de) einzusehen. Mit dem neuen Personalausweis und der freigeschalteten Online-Ausweisfunktion sowie einem geeigneten Lesegerät können Sie sich direkt in Ihr Rentenkonto einloggen und alle Information einsehen.

Weitere Optionen für eine Versorgung im Alter, wie im Rechenschema vorgesehen, können Sie prüfen und entsprechend den jährlichen Mitteilungen ergänzen. Wenn Sie bereits andere Versorgungsquellen wie eine private Rentenversicherung oder eine vermietete Immobilie haben, können Sie auch diese Werte auf der Habenseite eintragen.

Stellen Sie fest, auf welche Vermögenswerte Sie zugreifen können. Auch kommende Erbschaften, vorsichtigerweise zumindest der Pflichtteil, können berücksichtigt werden. Damit können Sie die Rente aufstocken, sei es, dass Sie Geld in eine Basisrente einbezahlen oder eine andere Anlagequelle wählen, die Ihnen regelmäßige Einkünfte sicherstellt. Achten Sie darauf, nicht nur von einem abschmelzenden Geldkonto zu leben! Niemand weiß, wie alt Sie werden. Die Gruppe der 100-Jährigen wächst rasant. Auch eine chronische Krankheit und Pflegebedürftigkeit können einen Strich durch die Rechnung machen.

Bedenken Sie, dass Sie von den Einnahmen auch als Rentner Steuern und Ihren Anteil für die Krankenkasse bezahlen müssen! In den entsprechenden späteren Kapiteln erfahren Sie, welchen Steuerfreibetrag Sie haben und welche Unterschiede zwischen einem Pflichtmitglied und einem freiwilligen Mitglied der gesetzlichen Krankenkasse bestehen. Für privat Krankenversicherte gelten wieder andere Regeln.

Ausgaben

Auf der Ausgabenseite ist der Spielraum größer. Zunächst sind die feststehenden monatlichen Ausgaben in die Kalkulation zu übertragen. In der Rentenzeit fallen aber viele Kosten weg, die während der Arbeitszeit einen großen Posten eingenommen haben. Die selbst genutzte Immobilie sollte abbezahlt sein, Sie brauchen keine so große Wohnung mehr, Sie zahlen nichts mehr in die Rentenversicherung ein – gesetzlich wie privat. Beiträge für eine Kapitallebensversicherung, eine Berufsunfähigkeitsversicherung oder einen Bausparvertrag entfallen. Die Kinder sind aus dem Haus.

Etwas aufwendiger ist es, die variablen Ausgaben festzustellen. Führen Sie ein Haushaltsbuch? Dann können Sie einfach die dort festgestellten Werte übernehmen. Sie können sich auch am Anfang des Monats 500 Euro in die Geldbörse stecken und sehen, was davon übrig bleibt, und dies mit den bargeldlosen Ausgaben über das Konto zusammenzählen. Auch eine Schätzung führt weiter, selbst wenn diese in Einzelfällen ganz schön danebenliegen kann. Banken gehen davon aus, dass eine Person etwa 500 bis 700 Euro pro Monat für variable Ausgaben wie Essen, Genuss, Kleidung, Unterhaltung, Pflege usw. ausgibt, Paare etwas weniger als das Doppelte. Es hat aber auch mit Ihrem Lebensstil zu tun, deshalb sollten Sie einen Pauschalwert nur für eine erste Einschätzung übernehmen.

Bewusst einzukaufen ist vielleicht am Anfang etwas mühsam, aber auf diese Weise sehen Sie genau, wo Ihr Geld bleibt. Ein Tipp: Mit Einkaufszettel einzukaufen, bewahrt Sie vor Gelegenheits- und Verlegenheitseinkäufen. So bleibt mehr Geld übrig für alles, was Sie sich wirklich wünschen.

Denken Sie auch daran, Renten und andere Einkünfte sind steuerpflichtig. Der steuerbefreite Anteil hängt vom Renteneintrittsalter ab. 2020 sind das bereits 80 Prozent. Der steuerliche Grundfreibetrag liegt in 2020 bei 9408 Euro. Dazu kommen individuell weitere steuerlich anrechenbare Unkosten. Für jeden weiteren verdienten Euro werden Steuern fällig.

Rentnern, die Mitglied in der Krankenversicherung der Rentner sind, werden der halbe Beitrag zur Krankenversicherung und der volle Beitrag für die Pflegeversicherung direkt von der Rente abgezogen. Das sind in der Summe rund zehn Prozent. Freiwillig gesetzlich Versicherte und privat Krankenversicherte bezahlen ihre Beiträge selbst und bekommen 7,3 Prozent Zuschuss auf ihre Bruttorente für den Krankenkassenbeitrag.

Vermögen

Stellen Sie erst einmal Ihre Vermögenswerte fest. Ob Sie Geld davon für eine persönliche Zusatzrente nutzen oder als sichere Reserve zurücklegen, ist eine spätere Entscheidung.

Besonders übersichtlich wird Ihre Einnahmen- und Ausgabenrechnung, wenn Sie diese auf ein großes Kalkulationsblatt übertragen.

Laufende Einnahmen

Art der Einnahmen	mtl.
gesetzliche Rente	
Erwerbsminderungsrente	
davon steuerfreier Anteil	
Versorgungswerk	
Beamtenpension zzgl. Weihnachtsgeld	
Betriebsrente	
Riester-Rente	
Basisrente	
private Rentenversicherung	
Immobilien, Mieteinnahmen	
abzüglich Ausgaben, Instandhaltung	
Zinsen für Hypothek	
Witwen-/Witwer-Rente	
Unterhalt	
Pacht	
Provisionen, Honorare, Tantiemen	
Ehrenamt-Vergütung	
Kapitalerträge	
Dividenden	
Zuschuss zur Krankenversicherung	
Zwischensumme	
abzüglich	
Steuern	
Krankenversicherung	
Pflegeversicherung	
Zwischensumme	
Summe	

Vermögen

Vermögenswerte	in TsEuro
eigengenutzte Immobilie	
abzüglich Stand der ungetilgten Hypothek	
vermietete Immobilie(n)	
Ferienimmobilie	
Grundbesitz	
Lebensversicherung 1	
Lebensversicherung 2	
Lebensversicherung 3	
Bausparvertrag 1	
Bausparvertrag 2	
Aktien-Depot	
Anleihen	
Geldvermögen, Festgeld	
Konto 1	
Konto 2	
Konto 3	
Konto 4	
wertvoller Besitz	
Gold, Schmuck, Sammlung	
Auto, Wohnmobil	
Möbel, Musikinstrumente u.a.	
Geldgeschenke	
Erbschaft(en)	
Rücklagen für Kredittilgung	
Rücklagen für Anschaffungen	
Rücklagen für Kinder	
Summe	

Ausgaben	
fixe Ausgaben	**mtl.**
Miete	
Instandhaltungsrücklage	
Strom, Gas, Wasser	
Nebenkosten	
Gebäudeversicherung, Grundsteuer	
öffentliche Verkehrsmittel	
Kfz-Steuer	
Kfz-Versicherung	
Parkgarage	
Carsharing/Leasing	
Telefon-, Handyverträge, Internet	
GEZ-Gebühr	
PayTV, Kabel-TV	
Abonnements	
Haushaltshilfe, Putzhilfe	
Pflege, Betreuung	
Essensabo	
Vereins-Mitgliedsbeiträge	
Fitnessstudio	
Haftpflichtversicherung	
Unfallversicherung	
Risikoleben	
Rechtsschutz	
Krankenzusatzversicherung	
Gebäudeversicherung	
Bank (Kontogebühr, Ratenkredite)	
Rücklage	
Summe	

Ausgaben	
variable Ausgaben	**mtl.**
Lebensmittel	
Essen gehen	
Genussmittel	
Kleidung, Schuhe	
Kosmetik, Körperpflege	
Friseur, Sauna, Schwimmbad	
Medikamente	
Massage, Physiotherapie	
Naturheilmittel	
Möbel	
Geschirr, Geräte, Kleingeräte	
Renovierungen	
Reparaturen, Service	
Computer, Büromaterial	
Garten	
Auto: Benzin, Service, Reparaturen	
Bahn, ÖPNV: Einzelfahrkarten	
Kino, Konzert, Theater	
Vortrag, Volkshochschule	
Hobby, Unterhaltung	
Bücher, CDs, DVDs, E-Books	
Urlaub	
Haustiere	
Geschenke	
Summe	

Das erste Planspiel für die Rente

Frühzeitig für das Alter zurückzulegen, macht Sinn, bedeutet aber auch, dass dies zunächst nur Planspiele sind. Niemand kann vorhersehen, wie der persönliche Lebensweg verlaufen wird. Wer in der gesetzlichen Rente pflichtversichert ist, ist allerdings gut beraten, sich eine Zusatzrente von 20 bis 30 Prozent der prognostizierten Rente zu sichern. Dies kann über eine eigengenutzte, mietfreie Immobilie oder andere Sparoptionen realisiert werden.

Besteht Handlungsbedarf?

Wie sieht Ihre persönliche Kalkulation aus? Kommen Sie mit dem Geld aus, das Ihnen während der Rente zur Verfügung steht? Der Handlungsbedarf ist jetzt konkret. Vielleicht können Sie es sich sogar erlauben, früher in Rente zu gehen und Ihren Hobbys nachzugehen. Wer fit und gesund ist, für den kann ein Hobby sogar zu einer Geldquelle im dritten Lebensabschnitt werden. Sie wollten immer schon gerne Musik machen? Musiker sind beliebt. Sie fotografieren gerne? Reportage-Fotografen zu besonderen Anlässen werden gerne gebucht. Selbst als Hundesitter lässt sich Geld verdienen. Ein Volkshochschulkurs über Buchhaltung, Datenschutz auf dem Computer, die Gestaltung einer Website – mit einer sicheren Rente im Rücken kann ein bisschen Arbeit zur reinen Freude werden.

Inflation Vielfach wird bei den Renten vor dem Kaufkraftverlust durch Inflation gewarnt. Das ist eine reale Gefahr. In den letzten Jahren waren die Rentensteigerungen der gesetzlichen Rente allerdings höher als die Inflation. Auch in den kommenden Jahren kann man von Rentensteigerungen ausgehen.
Private Renten Private Rentenversicherungen haben wegen des niedrigen Zinsniveaus eher Inflationsverluste hinnehmen müssen. Niemand kann sagen, wie sich die Wirtschaftsleistung und Zinsen entwickeln werden. Ein Einzelner kann diese Entwicklung auch nicht beeinflussen. Mit einer entsprechenden Inflationsannahme lässt sich jede Rentenlücke herbeirechnen. In der Vergangenheit sind bei einer Inflation aber auch die Zinsen und die Renten gestiegen. Diese Option wird dann aber oft unterschlagen. Dennoch, ein kleiner Plan B mit einer zusätzlichen Job- und Verdienstmöglichkeit kann bei einer engen Kalkulation zusätzliche Beruhigung vermitteln.
Das Unwort »Rentenlücke« Bitte lassen Sie sich nicht von einer »Rentenlücke« verrückt machen! Diesen Begriff haben Anlageverkäufer erfunden, um Ihnen unter Zeitdruck Versicherungs- und Anlageprodukte zu verkaufen, die vor allem den Verkäufern üppige Provisionen einbringen. Anlageverkäufer und Banker leben davon. Die Hausbank um die Ecke wird somit in den seltensten Fällen der geeignete Ansprechpartner sein. Die meiste Zeit unseres Lebens mussten wir mit einem beschränkten Budget auskommen. Und für besondere Wünsche

Ein Rechenbeispiel

Ein einfaches Rechenbeispiel mit den heute gültigen Maßstäben mag dies bestätigen:
Ein heute 30-Jähriger verdient genau den Durchschnittsverdienst der Rentenversicherten und geht mit 67 Jahren in Rente.
Seine Rente wird dann etwa 1400 Euro betragen. Nach Abzug von Sozialabgaben von rund zehn Prozent und Steuern von rund acht Prozent bleiben der Musterperson etwa 1200 Euro Rente. Sein Geldbedarf wird aber nach seiner persönlichen Kalkulation etwa 1600 Euro betragen. Im fehlen also 400 Euro.
Bei einer Lebenserwartung von 90 Jahren braucht er 23 Jahre lang pro Monat 400 und pro Jahr 4800 Euro, also insgesamt 110 400 Euro. In den 37 Jahren bis zum Rentenbeginn müsste unser Musterrentner also jedes Jahr 110 400 : 37 = knapp 3000 Euro zurücklegen oder monatlich 250 Euro.
Dies ist eine Rechnung ohne Lohnsteigerung, Rentensteigerung, Geldentwertung und Anlagerendite. Kaum eine Erwerbsbiografie ist zudem ohne Lücken. Sie kann also nur die Richtung weisen, ist aber nicht wirklich realistisch.

- Geben wir in einen Zinseszinsrechner (www.zinsen-berechnen.de) die gewünschte Endsumme von 110 400 Euro bei einem Zins von zwei Prozent bei jährlicher Verzinsung ein, liegt die monatliche Sparrate nur noch bei knapp 170 Euro.
- Bezahlt der Musterrentner die 110 400 Euro bei einer privaten Rentenversicherung aus versteuertem Guthaben ein, kann er gegenwärtig eine lebenslange, flexible Sofortrente von etwa 330 Euro bekommen. Versteuert werden muss dabei nur der Ertragsanteil.
- Bezahlt ein Musterrentner bis fünf Jahre vor Rentenbeginn diese Beiträge in Raten als Basisrente ein, so ist für getrennt veranlagte Steuerpflichtige ein großer Teil der Einzahlungssumme von knapp 25 000 Euro steuerreduzierend und für Verheiratete insgesamt knapp 50 000 Euro (in 2020 sind 90 Prozent, in 2021 sind 92 Prozent steuerlich absetzbar). Die Beiträge können also in Teilen aus dem aktuellen Verdienst bezahlt werden. Der Nachteil ist, dass die Rentenzahlung später steuerpflichtig ist.
- Kauft sich der Musterrentner eine eigengenutzte Immobilie, braucht er sich nicht vor explodierenden Mieten fürchten. Das Geld dazu kann allerdings kaum aus der Erwerbstätigkeit kommen. Bei einer Immobilie fallen zusätzlich Instandhaltungen und Grundsteuer an. Eine Wertsteigerung gerade in Großstädten kann dieses um ein Vielfaches ausgleichen. Die Rendite für vermietete Wohnungen ist im Vergleich zu den Anschaffungskosten in Ballungsgebieten gegenwärtig sehr schlecht. Zurzeit ist das eher kein Modell für eine zusätzliche Rente.

Der seriöse Finanzberater

Die Suche nach einem unabhängigen, seriösen Finanzberater ist leider ähnlich schwierig wie die nach einem guten Zahnarzt. Unabhängige Finanzberater beraten gegen Honorar und bekommen keine Provisionen für Finanzprodukte. Sie drängen Ihnen nichts auf. Sie verhelfen zur Selbsthilfe, sagen Ihnen, wie Sie richtig rechnen müssen, bauen auf Einsicht und Transparenz, decken verborgene Kosten auf und lassen Sie hinter die Tricks der vermeintlich kostenlosen Bankberater blicken. Denken Sie nach, dann werden Sie noch weitere Kriterien finden und damit auch den für Sie besten Partner. Die Unterschiede zwischen guten und schlechten Produkten sind oft unter anderem die Verkaufsprovisionen und die laufenden Managementkosten.

mussten wir sparen oder uns extra dafür anstrengen. Mit sogenannten Lücken haben wir also Erfahrung und erst einmal keinen Grund zur Panik. Existenziell knapp sollte es allerdings nicht werden, aber deshalb machen Sie ja auch einen Plan.

Monatliche Basic-Musterkosten für einen Rentner-Haushalt mit zwei Personen

Nahrungsmittel und Bekleidung:	500 Euro
Wohnen Kaltmiete:	700 Euro
Nebenkosten:	300 Euro
Krankenversicherung und Pflege:	200 Euro
Bildung, Unterhaltung, Reisen und Freizeit:	400 Euro
Verkehr/Mobilität:	100 Euro
sonstige Ausgaben:	300 Euro
Summe:	**2500 Euro**

Bei Wohneigentum sieht die Monatsrechnung günstiger aus: Wohngeld 200 Euro und Instandhaltungskosten 150 Euro, machen zusammen 350 Euro statt 650 Euro plus Nebenkosten.

Der situationsabhängige Finanzbedarf

Je nach Lebensstil und Lebenssituation – ob Sie alleine leben oder als Paar – wird Ihr Finanzbedarf als Single bei 1000 bis 2000 Euro monatlich liegen und gemeinsam bei 2000 bis 3000 Euro. Viele Renten liegen darunter, und eine private Vorsorge wird nötig sein, die je nach Zeithorizont unterschiedlich ausfallen wird.

Leben Sie in einer Großstadt, dann wird dieses Geld sehr knapp bemessen sein. Einen gewaltigen Unterschied macht es, gerade in beliebten Ballungsgebieten, ob Sie Miete bezahlen oder eine Eigentumswohnung besitzen. Genossenschaftswohnungen sind oft günstig zu mieten. Dafür sind eine Wartezeit, eine Einlage und eine Mitgliedschaft Voraussetzung.

Immer wieder liest und hört man, dass finanziell klamme Gemeinden und die Träger sozialer Wohnbaugesellschaften den Bestand von sozial geförderten Wohnungen an den freien Markt veräußern. Begehrlichkeiten sind jedenfalls vorhanden. Eine Sozialwohnung ist keine Sicherheit.

Die Frage des Lebensmittelpunktes im Ruhestand ist sehr bedeutsam, und die Nähe zur eigenen Familie und zu Kindern kann auch bei Unpässlichkeiten im höheren Alter sehr von Vorteil sein. Je früher die entsprechende Entscheidung fällt, desto leichter lässt sich diese umsetzen. Warum also nicht nach dem Arbeitsleben in der Großstadt wieder zurück in die Heimat? Vielleicht steht dort noch das Haus der Familie. Auch der Umzug ins günstigere Ausland mit Sonne und angenehmem Klima ist eine Überlegung wert. Aber der Umzug dorthin und das Eingewöhnen klappen umso besser, je früher die Entscheidung getroffen wird. Auf jeden Fall sind die Wohnkosten ein explosiver Faktor, und niemand kann fundiert und verlässlich sagen, ob dieser eine gigantische Immobilienblase wegen der Geldschwemmepolitik der Europäischen Zentralbank darstellt oder eine tatsächliche, unumkehrbare Entwicklung. Es ist eher das Letztere anzunehmen.

Tipps für den Vermögensaufbau

- Werden Sie zum Geldanlageexperten. Lesen Sie Bücher und besuchen Sie Kurse.
- Sparen Sie monatlich zehn Prozent Ihrer Einnahmen.
- Führen Sie ein Haushaltsbuch und analysieren Sie Ihre Ausgaben. Vermeiden Sie unnötige Ausgaben.
- Achten Sie darauf, dass Sie bis spätestens zum Eintritt in den Ruhestand schuldenfrei sind. Privat sind nur Schulden für Immobilien gute Schulden. Machen Sie keine Konsumschulden.
- Mit breit gestreuten Aktienfonds können Sie höhere Renditechancen wahren. Risiken können Sie minimieren, wenn Sie einen Anlagehorizont von mindestens 15 Jahren planen.
- Eigengenutzte Immobilien sichern vor einer Mietpreisexplosion und sind eine inflationssichere Anlage. Falls Sie nicht genügend Geld dafür haben, versuchen Sie Mitglied in einer Wohnbaugenossenschaft zu werden und aus dem Bestand der Genossenschaft zu mieten.
- Je näher der Ruhestand heranrückt, desto reduzierter sollte der Bestand an risikobehafteten Anlageformen sein. Lassen Sie Geld nicht einfach herumliegen, auch geringe Zinsen sind Einnahmen.

Bleiben Sie gesund!

So banal es auch klingt, kümmern Sie sich um Ihre Gesundheit! Rauchen, Übergewicht, Alkoholmissbrauch, eine Work-Life-Balance in Schieflage mit Dauerstress und mangelnde Fitness können einem im Alter ganz schön auf die Füße fallen. Alt werden macht nur Spaß, wenn Sie auch gesund, sozial integriert sowie geistig aktiv sind und Sie nicht auf fremde Hilfe angewiesen sind. Die von der Krankenkasse empfohlenen Vorsorgeuntersuchungen sind ein wichtiger Baustein dazu.

Vermögen vermittelt Sicherheit

Vermögenswerte vermitteln eine zusätzliche Ruhe. Je nach Situation werden Sie diese in eine laufende Rente umwandeln oder zunächst unangetastet liegen lassen. Je näher der geplante Ruhestand rückt, desto mehr werden Sie vermutlich Risikopositionen wie Aktiendepots bei guter Börsensituation in Teilen auflösen und den Prozentsatz von kursvariablen Anlagen reduzieren.

Die Investition von Vermögenswerten in eine Rentenversicherung muss gut berechnet werden, die Bedingungen sind unterschiedlich gut, um nicht zu sagen schlecht. Vielleicht nutzen Sie einen Teil Ihres Vermögens auch als Überbrückungsgeld für einen früheren privat finanzierten Ruhestand. Dies funktioniert natürlich nur, wenn das finanzielle Polster groß genug ist und Sie vielleicht zusätzliche Einnahmen wie aus einer vermieteten Wohnung oder einer anderen Kapitalanlage haben.

Die Rechnung ist einfach. Wie viele Monate müssen Sie bis zur Rente überbrücken? Teilen Sie das vorhandene Geld durch die Monate bis zum regulären Rentenbeginn. Geht die Rechnung auf? Sie brauchen dann zunächst keine Rente zu beantragen, bezahlen freiwillige Rentenbeiträge, gehen erst zur Regelalterszeit in den Ruhestand und ersparen sich so lebenslange Abschläge.

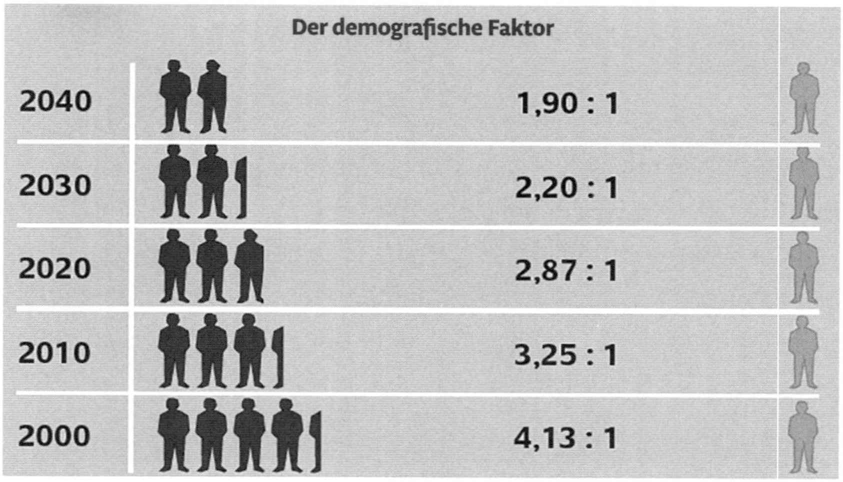

Nach einem Bericht der Rürup-Kommission verändert sich in Deutschland das Verhältnis zwischen Beitragszahlern und Rentnern rasant. Das Verhältnis könnte sich ohne weitere Zuwanderung von Arbeitskräften in 2040 auf 1,9 Arbeitnehmer zu einem Rentner verschieben.

Die Säulen der Altersversorgung

Wer heute mit 67 Jahren oder früher in Rente geht, blickt statistisch auf rund 20 weitere Jahre und damit noch auf ein langes und oft aktives Leben. Das ist zwar schön, aber auch ein Problem. Oder um es besser zu sagen, man sollte sich rechtzeitig Gedanken darüber machen, damit es insgesamt ein schöner Lebensabend wird, eine Belohnung für die Berufszeit. Vom Anfang bis zum Ende.

Viele Rentner und vor allem Frührentner beziehen vernünftigerweise ihre Ruhestandsgelder aus mehreren Töpfen, die Vor- und Nachteile haben. Der Übersicht wegen stellen wir alle Möglichkeiten vor, wem sie offenstehen und für wen sie wann geeignet sind. Stellen Sie sich diese Optionen wie ein Schachbrett vor und belegen Sie dann die Felder, die für Sie in der jeweiligen Situation günstig und von Vorteil sind.

- Eine Basisversorgung, umlagefinanziert oder kapitalgedeckt, ist für jeden unumgänglich.
- Geförderte Modelle sind die betriebliche Altersvorsorge oder ein Riester-Produkt.
- Die private Vorsorge ist die Kür. Wer im Alter gut leben will, muss sich um eine Vermögensbildung kümmern. Eine eigengenutzte Immobilie ist in der Anschaffung derzeit sehr teuer.

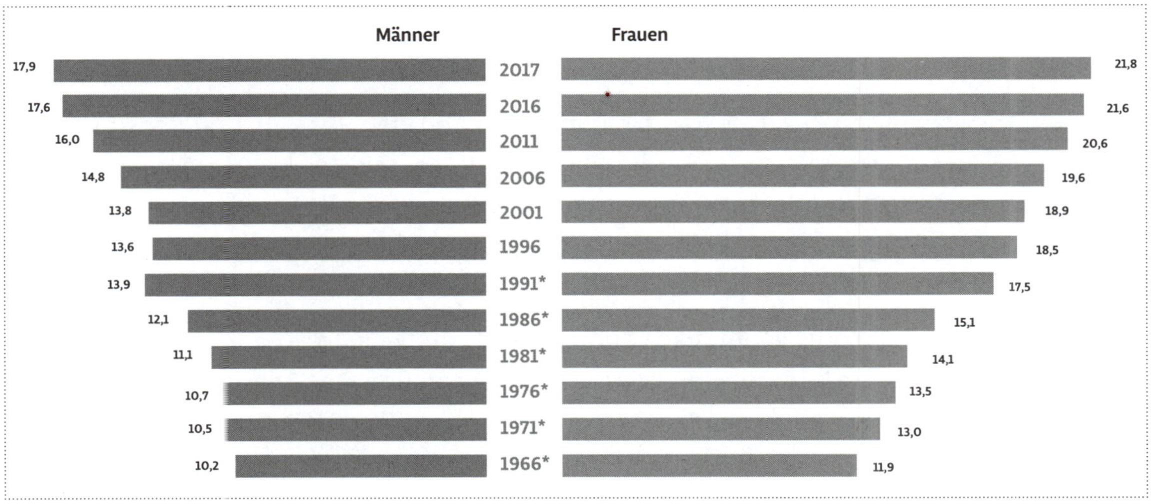

*Die Zeit des Rentenbezugs: So lange erhalten Frauen und Männer durchschnittlich ihre Rente (in Jahren). *alte Bundesländer. Quelle: Deutsche Rentenversicherung*

Das System der drei Säulen

Die Alterssicherung wird in Deutschland klassischerweise meist mit diesen drei Säulen dargestellt. Damit Sie durch die Begriffe nicht verwirrt werden, hier zunächst die konventionelle Darstellung.

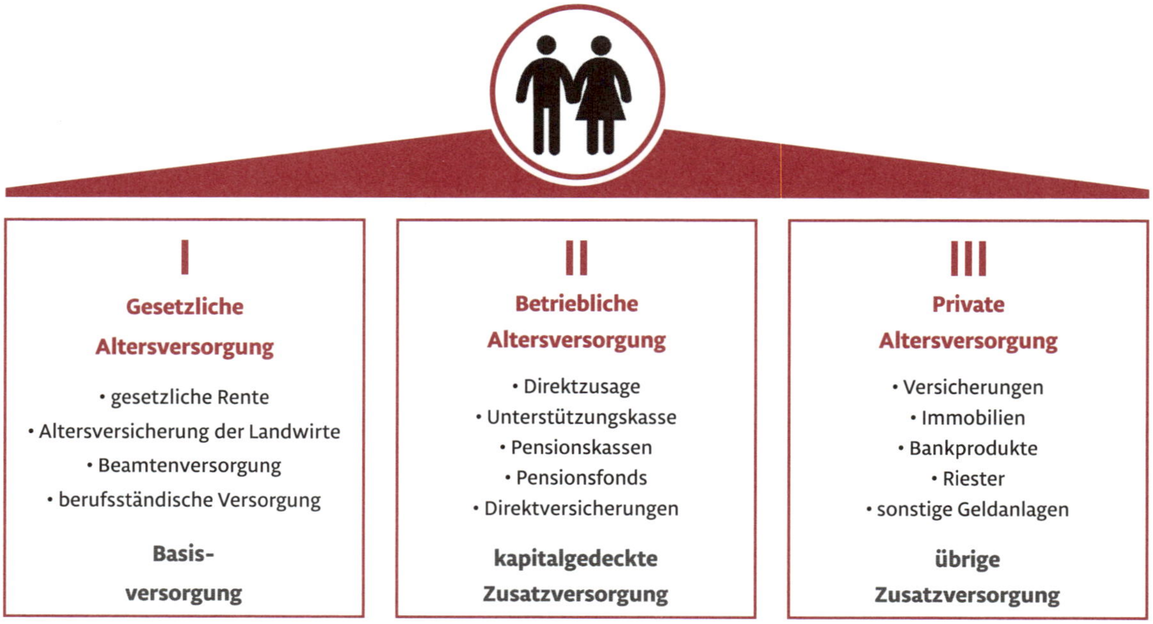

1. Säule: die gesetzliche Rentenversicherung für pflicht- und freiwillig Versicherte, berufsständische Versorgungswerke, Beamtenpensionen und freiwillige Rürup-Basisversicherung für Selbstständige

2. Säule: die betriebliche Zusatzsicherung. Diese wird von den Kassen- und Pensionsfonds der betrieblichen Altersvorsorge sichergestellt. Sie soll die gesetzliche Rentenversicherung ergänzen. Problem ist, dass nur jeder dritte zukünftige Rentner dort eine Vorsorge hat. Ohne zusätzliche Unterstützung des Arbeitgebers ist diese auch wenig rentabel.

3. Säule: Die private Vorsorge kennt man vorrangig unter dem Stichwort »Riester-Rente« oder »Rürup-Rente« – hier als Zusatzversorgung zur Basisversorgung. Der Staat beteiligt sich durch Förderung oder nur durch Steuervorteile an den entsprechend zertifizierten Produkten. Dazu kommen die nicht geförderten privaten Vorsorgemöglichkeiten wie Kapitallebensversicherung, private Rentenversicherung, Immobilien und eigene Vermögensbildung. Da die 1. Säule nur in seltenen Fällen die Lebensexistenz sichert und weniger als die Hälfte der Arbeitnehmer eine betriebliche Altersvorsorge hat, kommt der 3. Säule eine große Bedeutung zu.

Erweitertes System der acht Säulen

Wir haben hier die Säulen und Möglichkeiten der Altersvorsorge der Realität entsprechend neu inhaltlich gefüllt und um weitere Säulen ergänzt.

- Die **Säule 1** kann auch als **Basisabsicherung** bezeichnet werden. In beinahe jeder Erwerbsbiografie gibt es eine Versicherungszeit in der gesetzlichen Rentenversicherung. Angestellte sind in der **gesetzlichen Rentenversicherung** pflichtversichert. Und wer hier nicht gesetzlich pflichtversichert ist, kann freiwilliges Mitglied werden. Die gesetzliche Rentenversicherung ist im Wesentlichen umlagegedeckt, das heißt, die arbeitende Generation bezahlt die Rente der vorherigen Generation im Ruhestand. Sie steht jedem Bürger offen.
  Als Freiberufler oder auch als Angestellte sind Ärzte, Steuerberater, Rechtsanwälte, Architekten oder Steuerberater in kapitalgedeckten, berufsständischen **Versorgungswerken** versichert und von der gesetzlichen Rente als Pflichtversicherung befreit. Die Versorgungswerke legen die Beiträge ihrer Mitglieder in Immobilien oder am Kapitalmarkt an. Seit 2015 erwerben die Mitglieder Rentenpunkte und die Renten werden wegen des demografischen Faktors gedämpft. Bedingt durch die Niedrigzinsphase sind die Versorgungswerke unter Druck geraten, die versprochenen Renditen für ihre Mitglieder zu erzielen.
  Zur Basisversicherung kann auch die **Rürup-Rente** gerechnet werden. Zunächst für Selbstständige gedacht, steht sie als Renten-Ergänzung allen Interessierten offen.
  Selbstständige, die weder in der gesetzlichen Rentenversicherung pflichtversichert noch Mitglied in einem berufsständischen Versorgungswerk sind, müssen sich selbst um ihre Altersvorsorge kümmern. Ohne Arbeitgeber müssen sie die Kosten für die Sozialversicherungen ganz allein bezahlen – oft bei kleinem Verdienst. Dies ist eine gefährliche Lücke im Sozialsystem. Viele selbstständige Einzelkämpfer zahlen in kein Rentensystem ein und werden so zu einem potenziellen Sozialfall im Alter. Selbstständige sollen deshalb zukünftig in eine Pflichtversicherung einbezahlen.
  Ausgaben für die Basisversorgung werden steuerlich gefördert und können als Sonderausgaben geltend gemacht werden. Bei Besserverdienern ist die hohe Steuerersparnis natürlich der entscheidende Pluspunkt. In 2020 werden 90 Prozent (jährlich steigend, bis 2025 100 Prozent erreicht sind) der Beitragssumme steuerlich angerechnet nach Abzug eventueller Arbeitgeberanteile. Dafür müssen die späteren Rentenzahlungen versteuert werden.

- Die **Säule 2** beinhaltet **die staatlich geförderten Vorsorgeverträge** der Versicherungswirtschaft. Das sind Riester-Verträge für Angestellte, Freiberufler und Beamte, die es in unterschiedlichen Formen gibt, und Direktversicherungen für Angestellte für die betriebliche Altersvorsorge.

Für einen **Riester-Vertrag**, der auf 2100 Euro maximal geförderten Beitrag im Jahr begrenzt ist, gibt der Staat Fördergelder hinzu, und die Beiträge sind als Vorsorgeleistungen steuerlich absetzbar. Interessant ist das für Familien mit Kindern wegen der Kinderzulagen und für Besserverdiener wegen der steuerlichen Möglichkeiten. Nachteilig sind diese zertifizierten Verträge, da die Versicherungswirtschaft dafür Abschlussgebühren und laufende Managementgebühren berechnet, die die Rendite schmälern oder sogar aufbrauchen. Verträge mit Direktvertrieb haben hier Vorteile, aber auch dort fallen Kosten an.
Bei der **Betriebsrente** schließt der Arbeitgeber beispielsweise eine Direktversicherung ab. Die Beiträge können direkt aus dem Bruttogehalt entnommen werden und der Arbeitnehmer zahlt darauf keine Steuern und Sozialabgaben. Der Arbeitgeber bezahlt auch regelmäßig zusätzliche Beiträge ohne Sozialabgaben. So kann sich diese besondere Form der Rentenversicherung rentieren. Die daraus resultierende Rente muss später versteuert werden, und es fällt der volle Beitragssatz der gesetzlichen Kranken- und Pflegeversicherung an, also derzeit knapp 19 Prozent bis zur Beitragsbemessungsgrenze von etwa knapp 4600 Euro monatlich. Die Beitragsbemessungsgrenze steigt jährlich an. Über eine Halbierung des Krankenkassensatzes für Betriebsrenten wird seit vielen Jahren diskutiert.
Angestellte im öffentlichen Dienst haben die Option, über die Versorgungsanstalt des Bundes und der Länder (VBL) eine der betrieblichen Altersversorgung vergleichbare Zusatzrente abzuschließen. Für Beamte gibt es keine Betriebsrenten.

- Die **Säule 3** ist eine völlig **private Rentenversorge** ohne Förderzulagen oder steuerliche Vorteile mit bereits versteuertem Vermögen. Dies kann eine Sofortrente sein, ein fondsgebundener Rentenvertrag oder eine Kapitallebensversicherung mit Verrentungsoption. Die Sparer bezahlen in der Ansparphase keine Steuern auf Dividenden- oder Zinserträge. Die daraus finanzierte Verrentung wird nur mit dem sogenannten Ertragsanteil besteuert. Wer sich das angesparte Kapital als Sofortsumme ausbezahlen lässt, muss die Hälfte der Summe mit seinem persönlichen Einkommensteuersatz versteuern. Verträge, die vor 2005 abgeschlossen wurden, sind steuerfrei. Diese Form der Vorsorge ist flexibel und ohne Beschränkungen.

- Die **Säule 4** betrifft die **Beamtenpensionen**. Die Staatsdiener können sich entspannt auf den Ruhestand freuen. Bei 40 Dienstjahren bekommen sie eine Rente von 71,75 Prozent des letzten Bruttogehaltes, bei 30 Jahren sind das noch 50 Prozent des letzten Gehalts und damit immer noch mehr als gesetzlich Rentenversicherte. Auch selbst bezahlte erworbene Ansprüche aus der gesetzlichen Rentenversicherung können dazukommen. Außerdem erhalten Beamte eine Beihilfe für Krankheitskosten von 50 bis 80 Prozent je nach Familienstand und Dienstherr. Alle anderen geförderten oder ungeförderten privaten Vorsorgemöglichkeiten und freiwillige steuerbegünstigte Beiträge in die gesetzliche Rentenkasse

Vorsorge mit und ohne Förderung			
	Art der Förderung	Abgabenpflicht im Alter	geeignet für
Riester-Vertrag	staatliche Zulagen, für Kinder zusätzliche Zulagen, Steuervorteil bei einem Spitzensteuersatz von 42 Prozent	Rentenzahlungen steuerpflichtig, bei privater Krankenversicherung und Pflichtmitgliedschaft in der Krankenversicherung der Rentner sozialabgabenfrei	Beamte und Versicherte in der gesetzlichen Rentenversicherung, gut für kinderreiche Familien und kinderlose Besserverdiener
betriebliche Altersversorgung	Vorsorge aus Bruttolohn und so Steuerersparnis, zusätzliche Beiträge ohne Sozialabgaben	Rentenzahlung steuerpflichtig, für gesetzlich Krankenversicherte voller Krankenversicherungsbeitrag, für privat Krankenversicherte ohne Sozialabgaben	Interessant für Arbeitnehmer, wenn sich der Arbeitgeber an den Beiträgen mit 20 Prozent oder mehr beteiligt. Vorsicht: Bei Jobwechsel kann der Vertrag oft nicht weitergeführt werden.
Rürup-Rentenversicherung	Steuerersparnis über Rentenvorsorgeleistungen mit maximal etwa 24 000 Euro (Beitrag wird jährlich angepasst) für 2020 zu 90 Prozent und 2025 zu 100 Prozent	Rentenzahlung ist später komplett steuerpflichtig, Sozialabgaben sind bis zur Bemessungsgrenze, derzeit knapp 4600 Euro, fällig für freiwillige Mitglieder in der gesetzlichen Krankenversicherung (also alle, die nicht 9/10 der Zeit ab dem 45. Lebensjahr in der gesetzlichen Krankenversicherung Mitglied waren), Pflichtversicherte und privat Versicherte sind frei von Abgaben	alle. Bei einem Vertrag mit monatlichen Raten besteht die Verpflichtung, diese auch zu leisten. Sichere Einkommenssituation ist wichtig. Für Ältere mit hohem Steuersatz gut geeignet, weil über einen Einmalbetrag oder über eine kurze Laufzeit (mindestens fünf Jahre) noch eine Zusatzrente gesichert werden kann.
private, ungeförderte Rentenversicherung	keine Förderung, kein Steuervorteil, Zahlung aus Nettovermögen	Besteuerung nur für den Ertragsanteil, bei Rentenbeginn mit 67 Jahren liegt dieser bei 17 Prozent. Sozialabgaben sind bis zur Bemessungsgrenze, derzeit knapp 4600 Euro, fällig für freiwillige Mitglieder in der gesetzlichen Krankenversicherung (also alle, die nicht 9/10 der Zeit ab dem 45. Lebensjahr in der gesetzlichen Krankenversicherung Mitglied waren), Pflichtversicherte und privat Versicherte sind frei von Sozialabgaben.	alle. Da diese Versicherungen mit hohen Abschlussgebühren und laufenden Kosten belastet sind, lohnen diese sich sehr selten. Sie müssen schon sehr alt werden, um das einbezahlte Geld wiederzubekommen. Der Preis für die Sorglos-Police ist hoch. Ein privater Auszahlungsplan ist vermutlich lukrativer und Sie bleiben flexibel. Sie müssen sich aber selbst darum kümmern. Und: Aktien-Fonds beinhalten Chancen, aber auch Risiken.
Riester-, Rürup- und betriebliche Vorsorgeverträge sehen auf den ersten Blick wegen der staatlichen Förderung verlockend aus, sie sind aber nicht für jeden gleich gut geeignet. Eine genaue Prüfung und ein Finanzcheck sind deshalb unumgänglich. Alle diese Verträge können nicht ohne Verlust gekündigt werden und haben als Versicherungsprodukte auch nicht zu unterschätzende Abschlussgebühren, die auf die Rendite drücken.			

Vergleich: Umlagefinanziert oder kapitalgedeckt

Die gesetzliche Rentenversicherung ist umlagefinanziert. Die jüngere arbeitende Generation zahlt in die Rentenkasse ein und die ältere Generation, die derzeit Rente empfängt, bekommt dieses Geld. Im Generationenvertrag finanziert jeweils die jüngere Generation die ältere. Dieses Modell setzt auf ein Gleichgewicht zwischen den Einzahlern und Empfängern. Wer eine umlagefinanzierte Rente hat, sollte diese deshalb in der Zukunft durch eine kapitalgedeckte Rente ergänzen.

In der kapitalgedeckten Rentenversicherung wird das Geld, das eingezahlt wird, nicht sofort ausgezahlt, sondern angelegt und verwaltet. Die daraus resultierende Rente ist umso höher, je mehr Kapital jenseits der Inflationsrate erwirtschaftet wurde. Je niedriger die Erträge sind und je höher die Lebenserwartung der einzelnen Rentner ist, desto geringer wird die Rente ausfallen. Aber ein demografisches Problem ergibt sich je nach Modell erst einmal nicht. Die Gefahren sind niedrige Zinsen, Inflation und Kapitalverlust.

stehen Beamten ebenso offen. Nur eine betriebliche Direktversicherung können Beamte nicht abschließen. Dafür zahlt die öffentliche Hand im Vergleich zur gesetzlichen Rente eine üppige Pension, für die Beamte, Pfarrer, Lehrer, Berufssoldaten keinen eigenen Arbeitnehmer-Beitrag leisten müssen. Warum? Weil das immer schon so war. Staatstreue hat ihren Preis. Geringverdiener sind Beamte schon lange nicht mehr, und vor einem Jobverlust brauchen sie sich auch nicht zu fürchten. Die höchste Lebenserwartung unter den Ruheständlern haben Beamte, die im höheren Dienst tätig waren. Einfache Rentner hingegen sterben im Schnitt fünf Jahre früher.

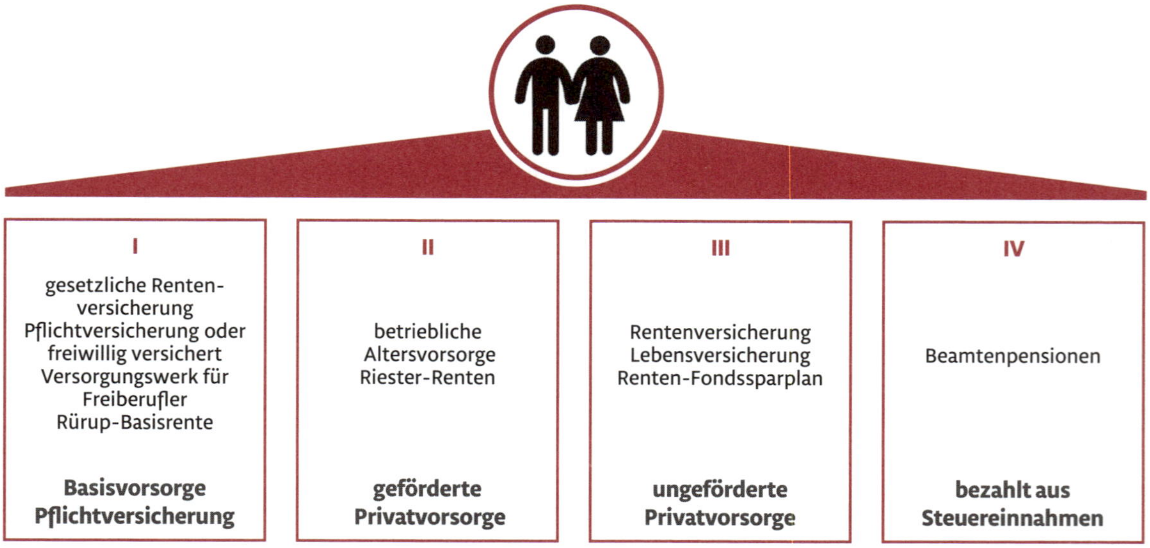

➲ Die **Säule 5**, die eigengenutzte **Immobilie**, gibt Sicherheit für den Ruhestand, denn die explodierenden Mieten sind ein großer Unsicherheitsfaktor. Da die Preise für Wohneigentum in den letzten zehn Jahren enorm gestiegen sind, muss diese Entscheidung trotz günstiger Finanzierungskosten genau überlegt werden. Die Vorteile sind eindeutig, denn sowohl die Wertsteigerung als auch die monatlich eingesparte Miete sind steuerfrei.
Eine vermietete Immobilie als zusätzliche Renteneinnahme zu erwerben lohnt sich beim gegenwärtigen Preisniveau regelmäßig nicht. Eine Faustregel ist, dass der Kaufpreis die 20- bis 23-fache Nettojahresmiete nicht übertreffen sollte. Realisierbar ist diese Regel bei den Immobilien in den Ballungsgebieten schon lange nicht mehr. Das Kaufobjekt sollte sich in einem guten Zustand ohne Reparaturstau befinden.
Neben dem demografischen Ungleichgewicht sind die steigenden Mieten und die Privatisierung vieler Sozialwohnungen der zweite explosive Faktor für eine Altersarmut. Sie sind die größten Versäumnisse der Politik in den letzten Jahrzehnten. Das Recht auf Wohnen wurde dem freien Markt überlassen. Der Verkauf von Baugrund und Sozialwohnungen an gewinnorientierte Unternehmen ist für Bund, Länder und Gemeinden unumkehrbar. Berührt wird eine grundsätzliche Frage zu Grund und Boden. Wie weit geht das Recht auf Wohnen, kommt Profitdenken vor sozialer Verantwortung und kann oder muss die freie Verfügung über Eigentum eingeschränkt werden? Die Diskussion endet schnell in einer generellen Kapitalismuskritik in einer Welt, in der weniger als 40 Menschen, manche sagen, es seien nur acht Menschen (Oxfam-Studie von 2017), so viel wie die ärmere Hälfte der Welt besitzen. Mahatma Gandhi sagte einmal: »Die Welt hat genug für jedermanns Bedürfnisse, aber nicht für jedermanns Gier.« Persönliches Wohneigentum ist jedenfalls eine wichtige Komponente bei der Altersvorsorge.

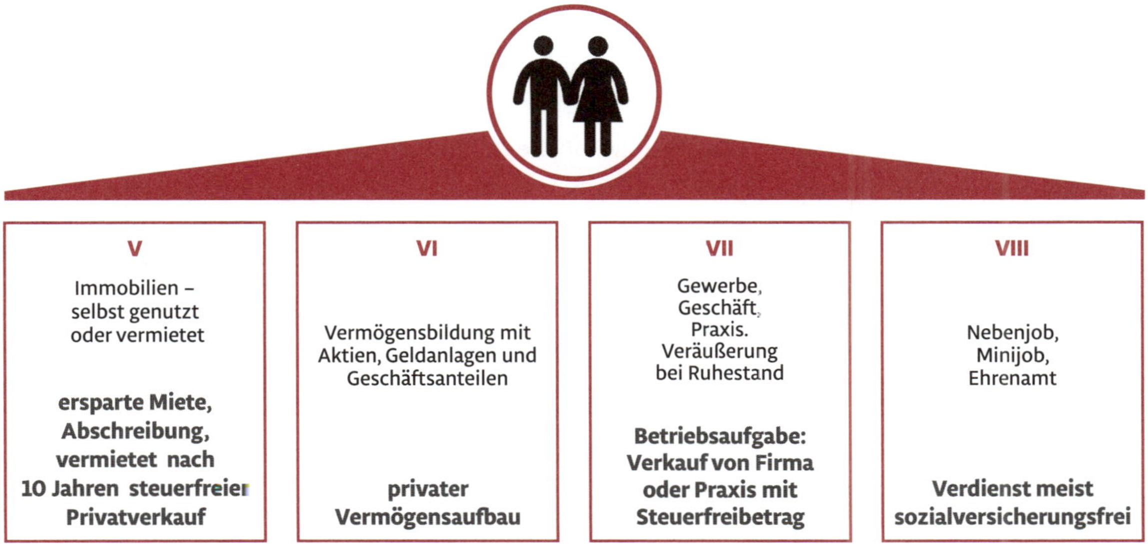

Vorsicht Berater!

Provisionsgetriebene Berater, die plötzlich das gleiche Hobby haben wie Sie und Sie ja so gut verstehen, werden Ihnen goldene Löffel und märchenhafte Renditechancen versprechen. Glauben Sie nichts, auch wenn der Berater behauptet, dass er selbst in die Anlage investiert habe. Das ist ein Trick! Vertrauen Sie Ihrem gesunden Menschenverstand. Wenn der Anlage-Tipp wirklich so toll wäre, würde das jeder machen. Manchmal steckt dahinter sogar ein Schneeballsystem, und der Letzte bezahlt.

- Die **Säule 6**, die **private Vermögensbildung**, ist selbstverständlich. Sie brauchen gerade während des Ruhestands ein gewisses flüssig verfügbares finanzielles Polster. Es können sehr viele unerwartete Dinge passieren. Schneller Konsum ist schön, aber glücklicher macht ein Ruhepolster. Die Gesundheit ist gerade im fortgeschrittenen Alter ein Unsicherheitsfaktor. Gut, wenn Sie vorgesorgt haben. Ein hohes Risiko bei der Geldanlage verbietet sich mit zunehmendem Alter, aber ein lang laufender Aktienfonds, der sich bewährt hat, kann weiterlaufen und erst bei guter Kurssituation Teil für Teil aufgelöst werden. Ein unabhängiger Finanzberater kann die zu Ihnen passenden Empfehlungen geben. Fördergelder oder Steuervorteile gibt es hier nicht.
  Zunächst ist es jedoch wichtig, möglichst viele Beitragsjahre in der gesetzlichen Rentenversicherung zu erreichen. Verpassen Sie nicht die guten Zeiten, um etwas Geld zur Seite zu legen und für Sicherheit zu sorgen.

- Die **Säule 7** betrifft Gewerbetreibende und Freiberufler. Für Selbstständige ist der **Verkauf des Betriebes** oder bei Freiberuflern wie einem Arzt oder Rechtsanwalt die **Übergabe der Praxis** mit Kundenstamm und Gerätschaften an einen Nachfolger ein wichtiger Posten für die Finanzierung des Ruhestands. Das Finanzamt hat hier ab einem Alter von 55 Jahren Freibeträge für den Veräußerungsgewinn der Praxis vorgesehen. Steuervorteile gibt es bei der Veräußerung eines Unternehmens. Da die Regeln oft im Detail geklärt werden müssen, sollten Betroffene rechtzeitig das Gespräch mit dem Steuerberater und vielleicht zusätzlich rechtliche Beratung suchen.

- Die **Säule 8** ist ein Nebenjob, denn nicht immer reicht die Rente. Wer sich rechtzeitig darum kümmert, ist im Vorteil. Da es kein Vollzeitjob sein wird und muss, kann die Abwechslung ja auch Spaß machen. Vielleicht haben Sie ein Hobby, das nun zu einem wunderbaren Nebenverdienst wird. Auch ein honoriertes Ehrenamt mit Unkostenpauschale ist möglich. Wer vor der Regelalterszeit in Rente geht, hat das Problem, dass er ohne Kürzung nur bis 6300 Euro im Jahr dazuverdienen kann. Das hemmt die Nebenerwerbsfreude.

Die besten Vorsorgemöglichkeiten

Die steuerfinanzierte Beamtenpension mag in vielen Fällen eine ausreichende Altersversorgung garantieren, wenn keine Scheidung vorliegt. Die umlagefinanzierte gesetzliche Rentenversorgung, aber auch die kapitalgedeckten berufsständischen Versorgungswerke sowie die Basisrente werden wegen der ungünstigen Alterspyramide beziehungsweise wegen der lang anhaltenden Niedrigzinsphase nur in Ausnahmefällen eine ausreichende Altersversorgung garantieren.

Welcher Vorsorgeplan und welche Säule die besten sind, hängt von Ihrer finanziellen Situation und individuellen Lebensplanung ab. Lassen Sie sich Zeit bei Ihrer Entscheidung und wägen Sie die Modelle ab. Eine Entscheidung, mit der Sie sich unwohl fühlen, verschieben Sie erst einmal.

Fragen, die sich stellen:

- »Wie viel Geld kann ich für die Altersvorsorge weglegen?«
- »Wie viel Risiko kann und will ich eingehen?«
- »Muss meine Anlageform flexibel sein?«
- »Kann ich von den Förderungen und Steuervorteilen profitieren?«
- »Wie hoch ist meine Rendite und wie viel Rendite brauche ich?«

Je nach Alter und Lebenssituation sind also private Entscheidungen gefordert. Welche der Angebote aus den acht Säulen sind möglich und welche passen zu Ihnen und können auch finanziert oder realisiert werden? Sie legen damit den Grundstein für Ihre Finanzlage im Alter.

Die Musterbeispiele für verschiedene Lebenssituationen verdeutlichen den individuellen Handlungsspielraum.

Situation 1

Sie arbeiten selbstständig, als Ich-AG oder in einem Niedriglohnsektor wie bei Paketzustellfirmen, in Reinigungsfirmen oder im Servicebereich mit Trinkgeldern. Sie waren einige Zeit arbeitslos und haben Mini-Jobs ausgeführt, Sie haben zeitweilig in einer Zeitarbeitsfirma an unterschiedlichen Arbeitsplätzen gejobbt oder haben ein Start-up gegründet. Das Geld ist knapp, die Arbeit unregelmäßig und Sie können nicht wirklich an einen Rentenplan denken. Wenn die wirtschaftliche Lage besser ist, können Sie weitere Vorsorgemöglichkeiten prüfen.

Gesetzliche Rentenversicherung Falls es irgendwie möglich ist, sollten Sie freiwillig in die gesetzliche Rentenversicherung einbezahlen. Beitragsjahre und Rentenpunkte sind ein wichtiges Kapital, das Sie so erwerben. Zudem sind Sie bei einer kontinuierlichen monatlichen Einzahlung dann auch gegen Erwerbsunfähigkeit abgesichert.

Situation 2

Sie sind Angestellter, 40 Jahre, in sicherer Stellung mit Aufstiegschancen. Es sind noch über 25 Jahre bis zur Regelaltersgrenze bei der gesetzlichen Rente. Eine seriöse Prognose über die Höhe der Rente und die gesetzlichen Rahmenbedingen dazu sind über so einen langen Horizont gar nicht möglich.

Vermögensbildung Ein Schwerpunkt kann deshalb auf einer vernünftigen Vermögensbildung liegen. Ein unabhängiger, nicht auf Provisionsbasis arbeitender Vermögensberater kann hilfreich sein, der Ihnen nicht Steuersparmodelle mit hohen Renditeversprechungen und dazu einen Disagio von fünf Prozent aufdrängen will! Vermeiden Sie undurchdachte Aktionen!

Bei einer Laufzeit von 20 Jahren kann ein kostenloses Depot von an der Börse ohne Aufschläge gekauften, breit gestreuten Indexfonds mit einer niedrigen inneren Kostenstruktur (ETFs) eine gute Lösung sein. Schauen Sie sich einen fondsgebundenen ETF-Sparplan bei einer kostenlosen Direktbank mit monatlicher Einzahlung an.

Direktversicherung/Betriebsrente Sie sind gesetzlich rentenversichert? Dann ist zusätzlich eine Direktversicherung sinnvoll, wenn der Arbeitgeber hier auch Beitragszuschüsse bezahlt. Bei einem höheren Einkommen ist die Entlastung von Steuern und Sozialabgaben ein gutes zusätzliches Argument dafür.

Riester-Produkt Bei einer Familie mit Kindern und niedrigem Einkommen – wegen der Fördermittel – oder mit hohem Einkommen – wegen der steuerlichen Absetzbarkeit der Beiträ-

Ich-AG

Selbstständige sind oft gut verdienende Unternehmer, aber noch öfter die Tagelöhner der Ich-AG aus der Flexibilisierung der Arbeitsplätze ohne Versicherungspflicht. Ein fehlgeleitetes Konstrukt der Agenda 2010, deren Folge spätere Rentner mit Minirenten unter dem Existenzminimum sind. Dies ist nun Jahrzehnte später auch der Politik aufgefallen und sie versucht, mit Garantielöhnen und einer geplanten Versicherungspflicht für Selbstständige entgegenzuwirken. Für Arbeitgeber waren diese Selbstständigen günstig. Sie haben sich so für diese Dienstleistungen Sozialabgaben eingespart. Wer bezahlt die Zeche? Der Steuerzahler in Form von Sozialhilfe oder die Beitragszahler der gesetzlichen Rentenversicherung, falls eine Grundrente beschlossen wird und diese aus den Rentenbeiträgen bezahlt wird. In der Diskussion steht auch eine private Basisversicherung. Ob sich die selbstständigen Tagelöhner diese leisten können?

ge – kann sich eine Riester-Rente rentieren. Bitte vorher berechnen! Riester-Produkte sind mit 2100 Euro im Jahr gedeckelt. Wegen der Abschlussgebühren und der Unkosten ist Riestern nicht immer zu empfehlen.

Es gibt nur wenig gute Produkte. Lesen Sie dazu die aktuellen Testergebnisse in den einschlägigen Verbraucherzeitschriften wie Finanztest. In Ihrer Stadtbibliothek liegt ein kostenloses Exemplar aus.

Rürup-Rentenversicherung Als Rentenversicherung für Selbstständige gedacht, steht dieses Vorsorgeinstrument aber auch allen anderen Bürgern offen. Die Beiträge sind als Vorsorgeaufwendungen steuerlich anrechenbar. In der Variante als fondsgebundene Rentenversicherung partizipieren Sie an den Chancen, aber auch an den Risiken des Aktienmarktes. Eine Garantiesumme kann dann nicht ausgewiesen werden. In der klassischen Variante ist die Rendite gering. Ihr Kapital können Sie nicht entnehmen. Rechnen Sie sich durch, wie alt Sie werden müssen, damit Sie das investierte Kapital wieder herausbekommen.

Eigengenutzte Immobilie Die Einstiegskosten sind hoch. Wenn Sie diese im Griff haben, eventuell noch Geld von Eltern oder einer Erbschaft einbringen, können Sie hier wenig falsch machen. Mit einem Bau-Riester-Vertrag sichern Sie sich für die Zukunft weiter niedrige Zinsen für ein Darlehen.

Vermietete Immobilien als Kapitalanlage sind bei den derzeitigen Einstiegspreisen und den unterirdischen Renditen nicht empfehlenswert.

Private Rentenversicherung Eine private, eigenfinanzierte Rentenversicherung der Versicherungswirtschaft aus dem Nettovermögen macht derzeit wenig Sinn, da diese Liquidität bindet, beim Abschluss hohe Kosten verursacht und nur eine geringe Rendite hat. Sofortrenten gehören in diese Kategorie. Fondsgebundene private Rentenversicherungen, die aus steuerlichen Gründen zusätzlich in einem Versicherungsmantel stecken, sind aufwendige Konstruktionen, die mit hohen Kosten verbunden und zudem wenig flexibel sind. Banken und Versicherungsmakler versuchen diese gerne wegen der Provisionen zu verkaufen. Da ist ein selbst verwaltetes Depot mit breit gestreuten ETFs sicherlich effektiver. Immer wenn Aktien im Spiel sind, ist ein längerer Anlagehorizont nötig.

Grauer Markt Geschlossene Immobilienfonds machen fast immer Ärger. Ebenso Schifffonds, Medienfonds und andere Finanzkonstruktionen. Hier sind Finanzhaie unterwegs, deshalb Finger weg!

Situation 3

Sie sind Angestellter, über 50 Jahre alt, und es sind noch etwa 15 Jahre bis zur Regelaltersgrenze bei der gesetzlichen Rente als Basisabsicherung. Ihre Rentenprognose enthält belastbare Werte, je näher Sie der Altersrente kommen. Sie haben privat Vermögensvorsorge getroffen und sich eventuell eine selbst genutzte Immobilie angeschafft. Wohnen Sie zur Miete, dann

sollten Sie sich rechtzeitig Gedanken und Pläne machen, wie Sie in der Rente wohnen wollen und ob das langfristig bezahlbar ist. Vielleicht bewerben Sie sich um eine günstige Genossenschaftswohnung? Die Wartezeiten dafür sind meist sehr lange, also planen Sie rechtzeitig.
Vermögensbildung Überprüfen Sie Ihre Positionen im Depot. Was kann stehen bleiben, was wollen Sie umschichten, wo wollen Sie aussteigen, wenn die Kurse gut stehen?

Mit einer Perspektive von 15 Jahren ist es noch vernünftig, in gut ausgewählte Aktionsfonds zu investieren. Wenn Sie sich Ihrem Rententermin weiter nähern, gilt es, risikoreiche Anlagen zu reduzieren. Der verfügbare Anteil an Kapital kann schrittweise erhöht werden. Einige breit gestreute ETFs werden Sie auch während der Rentenbezugszeit noch im Depot lassen. Über alles, was Sie privat angespart haben, können Sie ohne Auflagen flexibel verfügen. Weitere Steuern, wie bei den geförderten Produkten, fallen nicht an.
Direktversicherung/Betriebsrente Wenn Sie noch keine betriebliche Altersvorsorge haben, fragen Sie nach. Sie können dafür Geld aus dem unversteuerten Bruttoverdienst nehmen. Ab 2022 ist die Firma verpflichtet, auf Ihren Beitrag 15 Prozent Zuschuss zu geben. Gegenwärtig sind Betriebsrenten noch bis zu einer Rente von 152,25 Euro sozialabgabenfrei, danach wird für gesetzlich Krankenversicherte der volle Krankenkassenbeitrag fällig. Hier sind aber Änderungen zu erwarten.

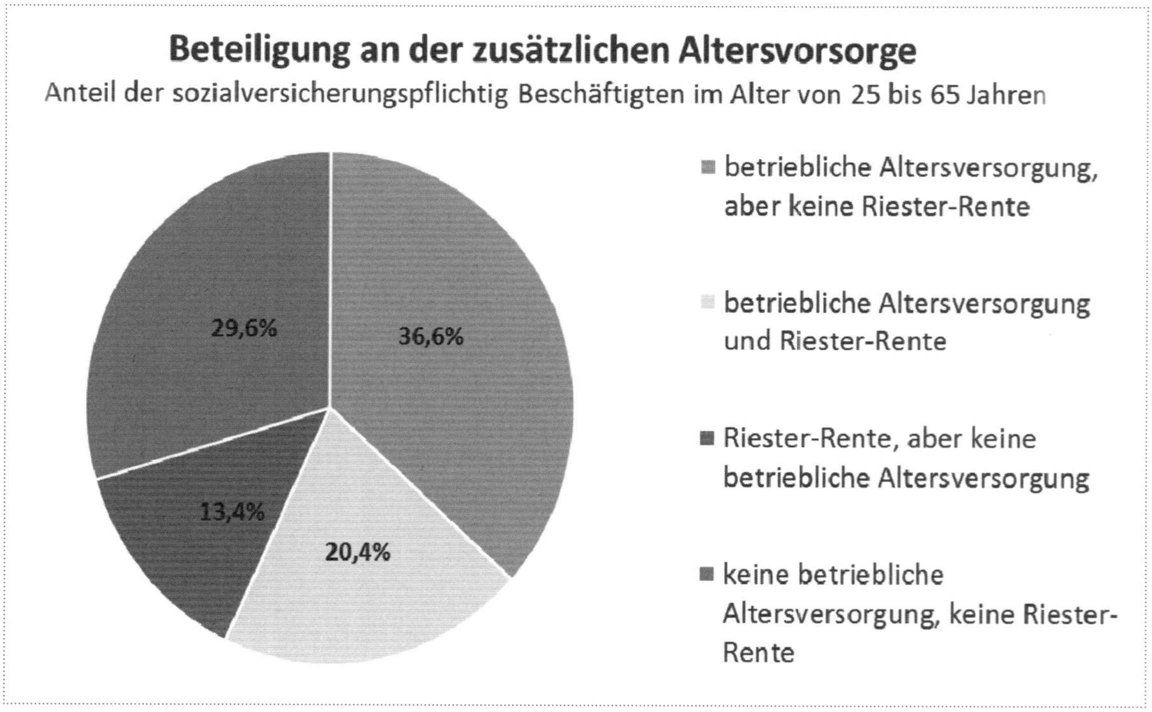

Nach Erhebung des Arbeitsministeriums und Infratest nutzen knapp 30 Prozent keine der geförderten Altersvorsorgemodelle. Am beliebtesten ist bei den sozialversicherungspflichtigen Beschäftigten die betriebliche Altersvorsorge mit knapp 37 Prozent. Quelle: BMAS/Infratest für das Jahr 2015

Riester-Produkte Wenn Sie bereits einen Vertrag abgeschlossen haben, führen Sie diesen weiter. Geld können Sie erst bei Rentenbeginn entnehmen, begrenzt mit einer Quote von 30 Prozent.
Rürup-Rentenversicherung Der Abschluss eines steuerlich geförderten Rürup-Vertrages ist noch bis fünf Jahre vor Rentenbeginn möglich. Bei einer hohen steuerlichen Belastung kann dies Sinn machen. Die Rentenzahlungen sind im Vergleich zu einer privaten Rentenversicherung steuerpflichtig. Bei privaten Versicherungen ist nur der Ertragsanteil zu versteuern. Der Versicherungsvertrag ist aber dauerhaft zu bedienen, und es gibt kein Rückkaufsrecht. Eine Rentenzahlung ist bei älteren Verträgen frühestens ab 60 Jahren möglich, bei jüngeren ab 62 Jahren.
Gesetzliche Rentenversicherung Für einen vorgezogenen Rentenbeginn in der gesetzlichen Rentenversicherung mit 63 Jahren für langjährig Versicherte ist ein Abschlag von 0,3 Prozent je Monat vorgezogenem Rentenbeginn vorgesehen. Dieser Abschlag kann ab dem 50. Lebensjahr und vor Erreichen des 63. Lebensjahres mit selbst gewählten Raten ausgeglichen werden. Wer dann trotzdem bis zur Regelaltersrente weiterarbeitet, dem kommen diese steuerlich anrechenbaren Vorsorgeausgaben in Form einer höheren Rente zugute. Die Rendite für diese zusätzliche Zahlung an die Rentenkasse ist gegenwärtig besser als die Angebote privater Rentenversicherungen.
Eigengenutzte Immobilie Spätestens bis zum Rentenbeginn sollten alle Kredite und Hypotheken für die eigene Wohnung oder das eigene Haus getilgt sein. Wenn genügend Eigenkapital vorhanden ist, ist es auch jetzt für den Erwerb einer Immobilie nicht zu spät.
Private Rentenversicherung Die Renditen sind gering, sodass ein Vertrag wenig Sinn macht. Es mag individuelle Überlegungen geben, eine Erbschaft oder freies Vermögen in eine zeitlich verzögerte oder eine Sofortrente einzubezahlen mit lebenslanger Laufzeit.

Situation 4

Sie sind Selbstständiger oder Freiberufler und über 50 Jahre alt. Die Firma oder die Praxis ist ein Teil Ihrer Altersvorsorge. Die Nachfolgeregelung und Übernahme von Waren, Kunden und Betriebsstätte sowie der daraus zu erzielende Erlös sind ein wichtiges Kapital. Allerdings muss die Liquidität der Firma auch über Krisenzeiten hinweg gesichert sein. Und es gilt, rechtzeitig die Übergabe der Firma oder der Praxis an einen Nachfolger zu regeln.
Vermögensbildung Neben der finanziellen Absicherung der Geschäftstätigkeit mit kurzfristig verfügbarem Geld können auch längerfristige Anlageformen mit breit gestreuten Aktienfonds sinnvoll sein.
Basisabsicherung Zur Basisabsicherung kommen gesetzliche Rente und/oder Rurüp-Rentenversicherung infrage. Sie können freiwillig oder auch als Pflichtmitglied Beiträge an die gesetzliche Rentenversicherung bezahlen. Als Pflichtmitglied verpflichten Sie sich, einkom-

mensabhängige Beiträge zu bezahlen, und haben dafür Ansprüche auf eine Erwerbsminderungsrente.

Vielleicht lohnt sich auch eine Rürup-Rentenversicherung als Basisabsicherung oder als zusätzliche Altersvorsorge bei einer Pflichtmitgliedschaft bei der gesetzlichen Rentenversicherung. Allerdings sind auf die Rürup-Rente Beiträge für die Krankenversicherung zu bezahlen, wenn Sie freiwilliges Mitglied in der gesetzlichen Krankenversicherung sind.

Berechtigte Freiberufler können sich über die berufsständischen Versorgungswerke versichern. Gesetzliche oder Rürup-Rentenversicherung können eine Ergänzung sein.

Freiwilliges Mitglied in der gesetzlichen Rentenversicherung Wenn Sie kein Pflichtmitglied in der gesetzlichen Rentenversicherung sind, sondern als Freiberufler oder Selbstständiger über ein berufsständisches Versorgungswerk versichert sind, empfiehlt es sich, freiwillig in die Rentenkasse einzubezahlen. Die Höhe der Beiträge können Sie innerhalb der Grenzen frei bestimmen. Sie bekommen so zu Ihrer kapitalgedeckten Rentenversicherung die umlagegedeckte gesetzliche Rentenversicherung dazu. Das bringt zusätzliche Sicherheit. Die Beiträge können steuerlich abgesetzt werden.

Eigengenutzte Immobilie Prüfen Sie, ob Sie bis Rentenbeginn eine selbst genutzte Immobilie finanzieren können.

Situation 5

Sie stehen fünf Jahre vor der Rente. Die Rentenprognose ist nun aussagekräftig und Sie wollen noch etwas Geld in die Rente investieren. Dies ist mit einem größeren Betrag oder auch in Monatsraten möglich. Ist diese Summe als Vorsorgeausgabe steuerlich absetzbar, so finanziert, je nach Höhe des persönlichen Steuersatzes, einen Teil davon der Staat mit. Altersvorsorgeaufwendungen sind je Steuerzahler jährlich steigend auf knapp 25 000 Euro begrenzt und werden ab 2025 zu 100 Prozent steuerlich angerechnet. Die spätere Rente ist dann allerdings steuerpflichtig.

Eine private Rente über eine Versicherung als Sofortrente oder mit verzögerter Auszahlung zu einem frei gewählten Termin ist zwar vordergründig eine prima Sorglosidee, nur ist die Rendite sehr schlecht und Sie müssen über 90 Jahre alt werden, um zumindest das eingezahlte Geld zurückzubekommen. Erhalten Sie durchschnittlich nur ein Prozent für Ihr Geld, reicht das Kapital auch bis 100 Jahre und Sie bleiben flexibel. Versteuert werden muss bei der späteren Rentenzahlung nur der Ertragsanteil. Bei einem Rentenbeginn mit 65 oder 66 Jahren sind das 18 Prozent und mit 67 Jahren 17 Prozent der Rentenzahlung.

Für Angestellte Die Zeit bis zur Rente ist für einen geförderten Riester-Sparplan oder eine Direktversicherung über den Arbeitgeber zu knapp. Daraus werden keine nennenswerten Rentenbeträge mehr entstehen. Sie können sich das berechnen lassen.

Möglichkeiten der Altersvorsorge

Angestellte	**Freiberufler**	**Selbstständige**	**Beamte**
gesetzliche Rentenversicherung (umlagefinanziert)	berufsständisches Versorgungswerk (kapitalgedeckt)	Rürup-Rentenversicherung (kapitalgedeckt)	Pension von Bund und Ländern (steuerfinanziert)

Pflichtversicherung und Basisabsicherung: steuerlich gefördert. Renten sind später steuerpflichtig.

gesetzl. Rentenversicherte und Beamte	**Freiberufler, Selbstständige, Beamte**	**Angestellte**	**für alle offen**
Riester-Vorsorge Rentenversicherung Bau-Riester	freiwillige Beiträge bei gesetzlicher Rentenversicherung	betriebliche Altersvorsorge	Rürup-Rentenversicherung
gefördert steuerbegünstigt Kinderzulagen Steuer auf Rente	steuerbegünstigt, Rente ist steuerpflichtig		

Vermögensbildung, Immobilien, Nebenerwerb

Aktiendepot und Geldanlage	eigengenutzte Immobilie	Nebenerwerb, Geschäftsidee (Vorträge, Musik, Bücher, Apps ...)	Geschäftsverkauf Firma, Praxis

für alle offen

fondsgebundene private Lebensversicherung	fondsgebundene oder klassische Rentenversicherung	Fondssparplan ETF-Aktienfond	Sofortrente oder privater Sparplan

private Altersvorsorge ohne Förderung

60 plus und noch fünf Jahre bis zur Rente. Was kann ich tun?

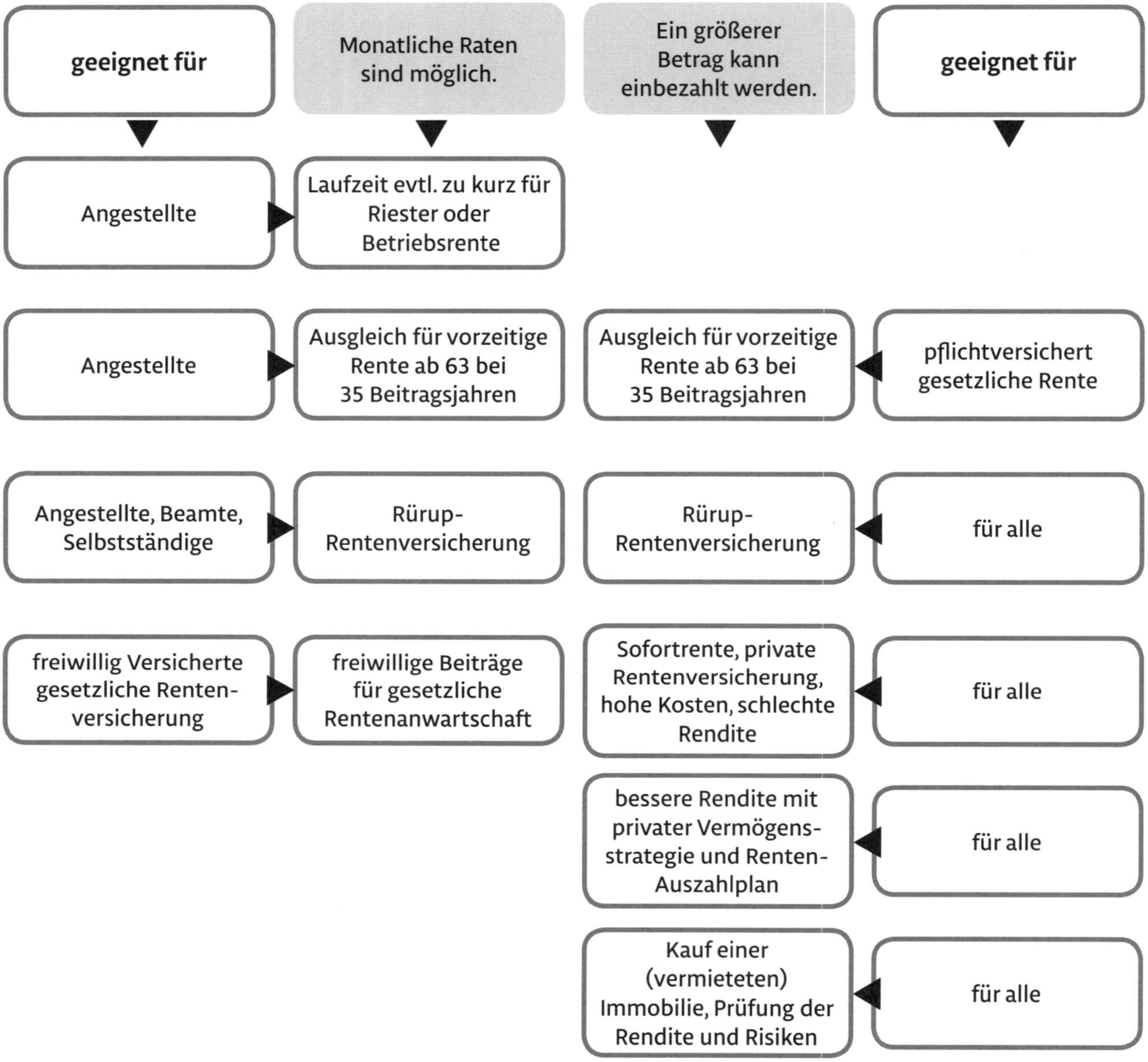

Zwar sollte für eine ausreichende Rente ein langfristiger Plan dahinterstehen, aber oft steht kurz vor Torschluss noch eine größere Summe zur Verfügung. Wie diese für die Rente förderlich anlegen? Eine seriöse Antwort für pflichtversicherte Angestellte oder Selbstständige, Freiberufler und Beamte fällt dabei unterschiedlich aus. Eine private Rentenvorsorge ohne Förderung und Steuervorteile ist für alle möglich – meist muss dann nur der Ertragsanteil versteuert werden. Freiwillig gesetzlich Rentenversicherte wie Freiberufler oder Beamte können sich bei der Rentenversicherung eine Zusatzrente sichern. Angestellte können bei 35 Beitragsjahren den Abschlag steuerbegünstigt ausgleichen und trotzdem erst in die Regelaltersrente gehen. Das erhöht die Rente deutlich.

Waren Sie 35 Jahre in der gesetzlichen Rentenversicherung, können Sie als Ausgleich für einen vorzeitigen Rentenbeginn mit 63 Jahren den Abschlag ab dem 50. Lebensjahr ganz oder teilweise in jährlichen steuerbegünstigten Raten ausgleichen. Die Rendite dafür ist gut und schlägt die Angebote aus der Versicherungswirtschaft.

Für Selbstständige oder Freiberufler Sie sind nicht pflichtversichert bei der gesetzlichen Rentenversicherung, weil Sie beispielsweise in ein berufsständisches Versorgungswerk einbezahlen? Dann können Sie freiwillige Beiträge in die gesetzliche Rentenversicherung bis zur Höhe der Beitragsbemessungsgrenze leisten, das sind monatlich von 83,70 Euro bis etwa 1250 Euro (der Betrag steigt jährlich an). Die Beiträge können innerhalb der Altersvorsorgeausgaben steuerlich geltend gemacht werden. Auf alle Fälle sollten Sie auf mindestens fünf Beitragsjahre kommen, um sich die Mindestanwartschaft für die gesetzliche Rente zu erfüllen.

Für Angestellte und Selbstständige Egal wo und wie Sie sonst versichert sind, für alle Berufsgruppen ist eine Rürup-Rentenversicherung möglich, beispielsweise eine klassische Rürup-Rentenversicherung, um so bei einem hohen Steuersatz die Ausgaben für die Rentenversicherung steuerlich vorteilhaft zu nutzen.

Besser, als ein Angebot der Versicherungswirtschaft für eine Sofortrente abzuschließen, könnte es sein, sich seinen eigenen Auszahlplan zu gestalten. Sie bleiben flexibel und sparen sich hohe Gebühren für das Versicherungsprodukt. Legen Sie einen Teil des Geldes, das Sie als zusätzliche Altersvorsorge gespart oder durch eine Erbschaft bekommen haben, auf mehrere Festgeldkonten mit verschiedenen Auszahlterminen an. Davon entnehmen Sie monatlich das Geld, das Sie sich zusätzlich als Rente ausbezahlen wollen. Den Rest legen Sie für mindestens zehn, besser 15 Jahre in breit gestreuten ETFs an, die Sie kostengünstig an der Börse kaufen. Wie so ein Depot zu gestalten ist, wird in seriösen Finanzverbraucherheften beschrieben. Ein Volkshochschulkurs dazu ist ebenfalls hilfreich. Auch die Beratung bei einem unabhängigen Finanzberater ist eine Investition, die sich auszahlen könnte.

Wer wirklich viel Geld übrig hat und nicht gerade in einem Ballungszentrum mit Mondpreisen investieren will, kann auch über den Kauf einer vermieteten Wohnung nachdenken. Man sollte den Markt allerdings gut kennen und einschätzen können. Die Miete ist nicht gleich Ertrag und Zusatzrente. Sie muss versteuert werden, und es fallen Instandhaltungskosten an. Somit macht das Ganze nur Sinn, wenn die Rendite stimmt.

Steuern für die Rentenvorsorge

Da Aufwendungen für die verschiedenen Renten- und Vorsorgemöglichkeiten unterschiedlich steuerlich behandelt werden, ist ein Blick auf diesen Aspekt vonnöten. Die genaue individuelle Analyse sollten Sie aber einem fachkundigen Experten überlassen. Die Mitarbeiter bei der Lohnsteuerhilfe oder Ihr Steuerberater können hier eine rechtsverbindliche Auskunft geben.

Eine wegweisende Information hilft aber dabei, die individuell richtige Vorsorgeentscheidung zu treffen und unter den Möglichkeiten zur Altersvorsorge den richtigen Mix auszuwählen. Eine steuerliche Förderung einerseits oder eine Belastung andererseits verändern natürlich die Rendite und den Anlagehorizont.

Basis-, Riester- oder private Vorsorge

Steuerlich unterstützt wird die Renten-Basisvorsorge. Oft wird diese auch Leibrentenversicherung genannt. Unter diese Gruppe fallen die gesetzliche Rentenversicherung, die berufsständischen Versorgungswerke der Freiberufler und die Rürup-Rente, der sogenannte Basis-Rentenvertrag. Diese Aufwendungen können als Sonderausgaben von der Steuer abgesetzt werden. Beiträge zu einem Riester-Vertrag können bis 2100 Euro als Sonderausgaben geltend gemacht werden. In einer Günstigerprüfung wird eine mögliche Steuergutschrift geprüft.

Die Freibeträge für die Altersvorsorgeaufwendungen sind sehr großzügig ausgestaltet und lassen viel steuerlichen Spielraum.

Altersvorsorgeaufwendungen

Grundsätzlich gilt dafür im Jahr 2019 ein Höchstbetrag von 24 305 Euro im Jahr – Ehepaare und Lebenspartner, die bei der Steuer zusammen veranlagt sind, können den doppelten Betrag geltend machen, also 48 610 Euro.

Der Höchstbetrag wird jährlich neu nach den Beitragssätzen der Knappschaftsversicherung festgesetzt und lässt sich ganz leicht selbst ausrechnen. Die Formel dazu lautet:

- Knappschaft Beitragsbemessungsgrenze × Beitragssatz Knappschaftsversicherung.
  In 2019 sind das: 98 400 × 24,70 % = 24 304,80 und aufgerundet 24 305 Euro.

Für 2019 gilt, dass davon 88 Prozent steuerlich angerechnet werden können. In 2020 sind das 90 Prozent. Mit jedem weiteren Jahr steigt der Prozentsatz um zwei Prozent bis auf 100 Prozent im Jahr 2025. Danach sind die Beiträge steuerfrei gestellt. Von den Altersvorsorgebeiträgen zu unterscheiden sind: Für sonstige Vorsorgeaufwendungen wie der Eigenanteil der Basis-Krankenkasse, Haftpflichtversicherung, Risikolebensversicherung gilt der eingeschränkte Freibetrag von höchstens 1900 Euro für Arbeitnehmer und Beamte oder 2800 Euro für Selbstständige.

Besteuerung der Basis-Renten

Im Umkehrschluss für die möglichen hohen steuerlichen Vergünstigungen muss ein zunehmend höherer Anteil der Renten aus der Basisvorsorge versteuert werden. Je nach Renten-

Absetzbare Altersvorsorgebeträge für die Basisversorgung		
Jahr	**steuerliche Höchstgrenze in Euro**	**steuerlich absetzbarer Anteil**
2019	24 305 alleinstehend/ 48 610 verheiratet	davon 88 Prozent
2020	Betrag wird jährlich neu festgelegt.	davon 90 Prozent
2021		davon 92 Prozent
2022, -23, -24		davon 94, 96, 98 Prozent
2025		davon 100 Prozent

eintrittsjahr gelten die Rentenbesteuerung und der Freibetrag für das restliche Rentnerleben. Fachleute sprechen vom Prinzip der nachgelagerten Besteuerung.

Bei einer Rente im ersten Jahr in Höhe von 2000 Euro monatlich hat der Rentner bei einem Renteneintritt in 2020 lebenslang einen Steuerfreibetrag von 20 Prozent. Im ersten Jahr also 400 Euro. Er muss 1600 Euro Rente versteuern. Steigt die Rente im nächsten Jahr auf 2100 Euro, so gilt ebenfalls ein Freibetrag von 20 Prozent, also in unserem konkreten Beispiel von 420 Euro und eine zu versteuernde Rente von 1680 Euro.

Der steuerliche Grundfreibetrag in 2020 liegt bei 9408 Euro und für Ehepaare bei 18 816 Euro. Diese Grenze ist auch bei kleinen Renten schnell erreicht. Die Zahl der steuerpflichtigen Rentner und die Steuereinnahmen aus der Rentenbesteuerung werden zunehmen.

Das Finanzministerium rechnet für 2022 mit Einnahmen von 13,2 Milliarden Euro aus der Besteuerung von Renten. Derzeit fließen etwa sieben Milliarden Euro Steuern aus Rentenzahlungen zurück in die Staatskasse. Nimmt man auch sonstige Einkünfte von Rentnern wie private Renten, Kapitalerträge oder Mieteinnahmen und Einnahmen aus Tätigkeiten mit hinzu, so errechnete das Finanzministerium auf Anfrage der FDP-Bundestagsfraktion für 2014 (neuere offizielle Zahlen gibt es nicht) Steuereinnahmen von knapp 33 Milliarden Euro. Das sind etwa 13 Prozent der Einnahmen aus der Einkommensteuer, und diese würden rechnerisch den Fehlbetrag zwischen den Beiträgen zur Rentenkasse und den Auszahlungen decken.

Die Steuereinnahmen bei Rentnern und die direkten Steuereinnahmen aus Rentenzahlungen ohne zusätzliche Einnahmen werden in den nächsten Jahren deutlich steigen. 2014 waren 4,4 Millionen Rentner und gemeinsam veranlagte Rentnerehepaare steuerpflichtig.

Günstigerprüfung bei der Riester-Rente

Riester-Verträge werden vom Staat vor allem durch Zulagen gefördert. Wer wenig verdient, bekommt die Zulagen auf seinen Vertrag gutgeschrieben. Für Kinder gibt es weitere Zulagen: für vor 2008 geborene Kinder 185 Euro und für später geborene 300 Euro – vorausgesetzt, die Kinder haben einen Kindergeldanspruch.

Prozentsätze zur Berechnung des Rentenfreibetrages		
Jahr des Rentenbeginns	**Besteuerungsanteil in %**	**Prozentsatz für Rentenfreibetrag**
2020	80	20
2021	81	19
2022	82	18
und weiter linear fortlaufend bis zum Jahr		
2040	100	0

Wer viel verdient, für den geht die Rechnung anders. Mögliche Zulagen und Beiträge zum Riester-Vertrag werden addiert. Im günstigsten Fall ist das zusammen der Höchstbetrag 2100 Euro, der als Sonderausgabe von der Steuer abgezogen wird. In einer Günstigerprüfung klärt das Finanzamt dann, was für die jeweilige Person besser ist: Zulagen oder Sonderausgabenabzug. Zu einer Steuererstattung kommt es nur dann, wenn die Steuerersparnis größer ist als die gewährten Zulagen. Für alleinstehende Besserverdiener wird dies regelmäßig die Steuererstattung sein, für Geringverdiener mit vielen Kindern die Förderzulagen.

Betriebsrenten

Vor 2005 wurden die Beiträge zu Pensionskassen und Direktversicherungen pauschal besteuert und seit 2005 sind die Beiträge bis zu bestimmten jährlichen Höchstbeträgen von der Steuer befreit. Beiträge können also zum Teil aus dem Bruttoverdienst bezahlt werden.

Der Höchstbetrag wird jährlich neu berechnet und wurde 2018 angehoben. Die Rechnung geht so: Es werden acht Prozent der Beitragsbemessungsgrenze der allgemeinen Rentenversicherung (West) genommen. In 2019 sind das 80 400 × 8 Prozent = 6432 Euro.

Während vier Prozent aus der Beitragsbemessungsgrenze steuerfrei und sozialversicherungsfrei sind, müssen auf die weiteren vier Prozent zwar ebenfalls keine Einkommenssteuer, aber Sozialversicherungsbeiträge bezahlt werden.

Eine Betriebsrente lohnt sich, wenn der Arbeitgeber die gesparten Arbeitgeberanteile für die Renten- und Sozialversicherung mit in den Vertrag einzahlt. Ein Arbeitgeberanteil von 15 Prozent wird ab 2019 verpflichtend. Geld, das in eine betriebliche Altersvorsorge geflossen ist, ist bis zum Rentenbeginn gebunden. Auch ist zu prüfen, ob der Vertrag bei einem Jobwechsel mitnehmbar ist und auch vom neuen Arbeitgeber weitergeführt werden kann. Bei einer Direktversicherung oder einem Pensionsfonds ist das grundsätzlich möglich. Bei einer Direktzusage verpflichtet sich der Arbeitgeber, eine Rente aus dem Betriebsvermögen zu bezahlen. Dieser Vertrag ist bei einem Jobwechsel nicht weiterführbar. Die Rentenzusage aus den bezahlten Beiträgen bleibt aber bestehen und ist auch bei einer Insolvenz geschützt.

Bei der Auszahlung der Betriebsrente gelten die Einnahmen als Einkünfte aus nicht selbstständiger Arbeit, sind also voll steuerpflichtig. Besonders nachteilig ist es aber, dass bei Rentenzahlungen aus der Betriebsrente für gesetzlich Krankenversicherte Sozialversicherungsbeiträge abgezogen werden, und zwar in voller Höhe von derzeit knapp 15 Prozent. Eine Änderung dieser Regelung ist seit Jahren im Gespräch.

Kapitallebensversicherungen

Wurde der Vertrag vor 2005 abgeschlossen, sind Beiträge innerhalb der engen Grenzen der sonstigen Vorsorgebeiträge steuerlich absetzbar. Meist ist diese Pauschale von 1900 Euro für Angestellte bereits von den Basis-Krankenkassenbeiträgen sowie der Auto- und Privathaftpflicht ausgeschöpft. Für später abgeschlossene Verträge gilt kein Sonderabgabensteuerabzug.

Private Altersvorsorge

Eine ungeförderte private Zusatzrente einer Versicherungsgesellschaft wird in der Rentenphase nur mit dem Ertragsanteil besteuert. Die gezahlte Rente ist zum überwiegenden Teil eine Rückzahlung der aus versteuertem Geld bezahlten Versicherungsbeiträge. Der Ertragsanteil wurde festgelegt für einen Renteneintritt mit 63 Jahren auf 20 Prozent, mit 65 bis 66 Jahren auf 18 Prozent und mit 67 Jahren auf 17 Prozent. Der Ertragsanteil sinkt mit zunehmendem Alter beim Rentenbezug jährlich um ein Prozent.

Die Rente in unseren Nachbarstaaten

Wie wird die Rente in unseren Nachbarländern Schweiz und Österreich gestaltet? Die Systeme sind nicht direkt vergleichbar und haben eine unterschiedliche Gewichtung für die Altersvorsorge. Deutschland, Österreich und die Schweiz kennen aber die drei Säulen einer Altersvorsorge:

I. Säule: Sie bildet die allgemeine umlagefinanzierte Rentenversicherung, die mit zusätzlichen staatlichen, steuerfinanzierten Zuschüssen arbeitet. Dafür werden Versicherungsleistungen für Invalidität, Erwerbsunfähigkeit und Renten für Hinterbliebene abgedeckt. Interessant dabei ist, dass alle Bürger des Landes in ein staatliches Rentensystem einbezahlen, wobei in Österreich die Beamten erst noch eingegliedert werden und es deshalb noch zu einem Ungleichgewicht bei der Höhe der Pensionszahlungen kommt. In Österreich liegt der Schwerpunkt auf der gesetzlichen Pensionsversicherung, in der Schweiz auf einer Basisversorgung.

II. Säule: Von der betrieblichen Altersvorsorge profitieren immerhin 36,6 Prozent (2015) oder knapp 18 Millionen der Erwerbstätigen in Deutschland. Wegen der Mehrfach-Verträge bei unterschiedlichen Gesellschaften und Trägern, die teilweise ruhen, sind die Zahlen nicht eindeutig.

In Österreich ist eine betriebliche Rentenvorsorge über verschiedene Finanzinstrumente möglich. Die Beiträge werden mit staatlichen Prämien gefördert.

In der Schweiz sind Betriebsrenten eine tragende Säule und die betriebliche Rente meist höher als die existenzsichernde staatliche Altersversicherung.

III. Säule: Die private und freiwillige Vermögensbildung wird in allen drei Ländern angeboten. Neben der gesetzlichen Pensionsversicherung, die weitgehend den Lebensstandard abdeckt, werden in Österreich Pensionsfonds und Rentenversicherungen durch Steuerbegünstigung und zusätzliche Prämien gefördert. Es bleibt dem Bürger überlassen, daran teilzunehmen. Die demografische Struktur ist in Österreich allerdings etwas besser als in Deutschland.

In der Schweiz hat die private Vorsorge einen großen Stellenwert, obwohl Altersversicherung und betriebliche Altersvorsorge für Erwerbstätige tatsächlich den Lebensstandard reichlich abdecken. In Österreich deckt die Pensionsversicherung den Lebensstandard ab. In Deutschland wurde die Rentenversicherung politisch gewollt eingeschränkt und kann so den Lebensstandard nicht mehr ausreichend abdecken. Stattdessen sollten die Bürger in eine freiwillige, geförderte Rentenvorsorge investieren. Diese Botschaft ist nie angekommen, auch weil das Versicherungsprodukt Riester-Rente in vielen Fällen ein renditeschwaches Gebührengrab ist. Profitiert hat davon vor allem die Versicherungswirtschaft und nicht der Verbraucher. Zwar war der Ansatz für die Rentenreform angesichts der demografischen Veränderungen richtig, aber die Entscheidung war doch mehr von der damaligen hohen Arbeitslosenzahl diktiert, welche die Rentenkasse belastete. So hatte diese Reform viele handwerkliche Fehler, deren Rechnung die Arbeitnehmer heute bezahlen müssen. Die Schweiz und Österreich machen es Deutschland vor, wie es besser geht.

Schweiz

Das Schweizer Rentensystem erreicht mit wenig Aufwand sehr viel. Die solidarische, umlagefinanzierte Grundrente soll die Existenzgrundlage sichern. Es zahlen alle ein – vom Generaldirektor über den Handwerker und Beamten bis zum Millionär – mit einem sehr bescheidenen Beitragssatz von insgesamt 8,4 Prozent vom Einkommen, den sich Arbeitgeber und Arbeitnehmer hälftig teilen. Selbstständige bezahlen je nach Einkommen 4,2 bis 7,8 Prozent. Allerdings ist der Beitrag nach oben nicht gedeckelt. Das ist solidarisch. Wer Vermögen und kein Einkommen hat, bezahlt trotzdem einen Beitrag nach der Höhe des Vermögens und dem Renteneinkommen.

Die Rente selbst ist je nach Beitragsjahren und gezahlten Beiträgen mit einer Mindestrente und einem Höchstbetrag begrenzt. Aus diesem Rententopf werden auch eine Invalidenrente und eine Hinterbliebenenrente bezahlt. Dazu gibt der Schweizer Staat Zuschüsse aus dem Steueraufkommen.

Wer einen guten Job hat, bekommt automatisch eine obligatorische zusätzliche kapitalgedeckte Betriebsrente. Zwischen sieben und 18 Prozent vom Einkommen sind dafür vorgesehen. Einvernehmlich kann diese Quote auch erhöht werden. Die betriebliche Altersvorsorge ist oft höher als die Grundrente. Bei Angestellten teilen sich auch hier Arbeitgeber und Arbeitnehmer die Beiträge.

Mit Säule I und Säule II haben Schweizer eine sehr gute Altersvorsorge. Mindestens 60 Prozent oder auch mehr des letzten Gehalts sollen so abgesichert sein.

Eine gute spätere Rente hängt in der Schweiz also von einem guten Job und einem hohen Verdienst ab, ob selbstständig oder angestellt. Fällt diese wichtige betriebliche Säule weg, fällt auch in der Schweiz die Rente aus der Säule I sehr knapp aus. Wer nur die Mindestrente aus der Altersversicherung bezieht, hat in der teuren Schweiz zu kämpfen. Er bekommt allerdings dann vom Staat eine zusätzliche Unterstützung.

Säule III ist die Kür für die Schweizer. Jeder, der dies für sinnvoll erachtet, kann sich steuerbegünstigt über Anlageprodukte, Rentenversicherungen oder Sparpläne ein flexibles oder gebundenes privates Vermögen für das Alter aufbauen.

Das Schweizer Rentensystem ist schlank und effizient und sichert die Risiken des Lebens mit einem vergleichsweise geringen Prozentbeitrag ab. Wer viel verdient, bezahlt solidarisch mehr in die Schweizer Altersversicherung. Da alle, wirklich alle in die Altersversicherung einbezahlen, steht das Schweizer System auf solidem, nachhaltigem Fundament.

Österreich

In Österreich sichert die gesetzliche Pensionsversicherung den Lebensstandard der Rentner in vielen Fällen weitgehend ab. Ziel ist es, 80 Prozent des Durchschnittslohnes nach 45 Beitragsjahren als Rentenniveau sicherzustellen. Eine zusätzliche betriebliche oder private Altersvorsorge wird durch Prämien und steuerliche Begünstigung gefördert. Dazu gewährt der Staat einen Ausgleichsbetrag, wenn die Rentenansprüche unterhalb des Sozialhilfeniveaus liegen.

Die Sozialabgaben zur Rentenversicherung betragen stolze 22,8 Prozent des Bruttogehalts. Davon trägt der Arbeitnehmer 10,25 Prozent und der Arbeitgeber 12,55 Prozent. Die befürchtete eingeschränkte Wettbewerbsfähigkeit der österreichischen Unternehmen wegen erhöhter Lohnnebenkosten scheint aber keine Rolle zu spielen.

In Österreich zahlen alle Erwerbstätigen in die gesetzliche Rentenversicherung ein, auch Selbstständige, Politiker und Freiberufler. Auch Beamte, die in Österreich selbst Pensionsvorsorgebeiträge bezahlen, werden in das System der Pensionsversicherung überführt. Da dieser

Vergleich Rentensystem D-A-CH			
Merkmale/ Land	**Schweiz**	**Österreich**	**Deutschland**
I. Rentensäule			
gesetzliche Rente, umlagefinanziert und Zuschüsse aus Steuermitteln	Alters- und Hinterlassenenversicherung Alle bezahlen ein: Millionäre, Arbeitnehmer, Nichterwerbstätige, Selbstständige, Beamte, Freiberufler. Ehepartner ohne Verdienst sind befreit.	Lebensstandard der Rentner komplett durch gesetzliche Pensionsversicherung abgedeckt. Alle zahlen ein: Angestellte, Selbstständige, Beamte mit einer Sondersituation der Überführung in das Pensionssystem. Derzeit noch deutlich höhere Beamtenpensionen.	Nur Angestellte sind pflichtversichert. Selbstständige freiwillig private Vorsorge, Beamte aus Steuergeldern, Freiberufler selbst finanziert, kapitalgedeckte Versorgungswerke.
II. Rentensäule			
Betriebsrente (kapitalgedeckt)	Berufliche Vorsorge (verpflichtend) meist zwischen 7 und 18 % und freiwillig mehr. Rentenhöhe im Durchschnitt 2018: 29 351 Sfr/ Jahr – 2446 SFr/monatlich (2139 Euro)	Betriebliche Altersvorsorge nach mehreren Modellen möglich. Wird mit einer staatlichen Prämie begünstigt.	Rund 36,6 % (2015) haben eine steuerlich geförderte Betriebsrente. Die Höhe ist bei mehr als der Hälfte der Verträge unter 200 Euro/monatlich.
III.Rentensäule			
private Vorsorge, freiwillig, gefördert und ungefördert (kapitalgedeckt)	gebundene und freie Vorsorge, steuerlich gefördert, gebundene Vorsorge gesperrt bis Rente	Prämien und Steuerbegünstigung für Rentenversicherungen und Pensionsinvestmentfonds	Riester-Rente, letztlich nicht angenommen. Kompliziert, teuer und unflexibel. Rürup-Rente: Kritik wegen hoher Gebühren und geringer Rendite.

In diese Übersicht sind Zahlen und Informationen aus verschiedenen Quellen und aus verschiedenen Jahren eingeflossen, die bisweilen nicht direkt miteinander verglichen werden können und eine unterschiedliche Qualität haben. Dennoch ergibt sich daraus ein Informationswert.

Der Anteil der Rentenausgaben am Bruttoinlandsprodukt, der jeweiligen Wirtschaftsleistung der Länder in Europa, ist unterschiedlich groß:
In Deutschland sind das 11,8 Prozent, in Österreich 14,6 Prozent, in der Schweiz 11,8 Prozent, in Italien 16,5 Prozent, in Frankreich 15 Prozent und in den Niederlanden 13 Prozent.
(Angaben: statista für das Jahr 2015).

Vergleich Rentensystem D-A-CH			
Merkmale/ Land	**Schweiz**	**Österreich**	**Deutschland**
Weitere Merkmale der unterschiedlichen Rentensysteme			
Beitragssatz gesetzliche Rente 2019	8,4 % zur Hälfte Arbeitnehmer und Arbeitgeber, Selbstständige 4,2–7,8 %. Ohne Bemessungsgrenze	22,8 %, 10,25 % Arbeitnehmer, 12,55 % Arbeitgeber. Bemessungsgrenze 73 080 Euro (2019).	18,6 %, zur Hälfte Arbeitgeber und Arbeitnehmer. Beitragsbemessungsgrenze bei 80 400 Euro (West).
Rentenniveau Säule I	Nicht zu benennen, da die betriebliche Rente ein weiterer wesentlicher Faktor ist und die I. Säule nur Existenz sichert.	78 % brutto vor Steuern und Sozialabgaben, 91 % netto (Berechnung OECD 2016).	37,5 % brutto (Bruttorente zu Bruttolohn – OECD, 2016). 48,1 % Nettorentenniveau (2016, Deutsche Rente) jeweils gerechnet auf Basis Ecklohn: 45 Beitragsjahre mit Durchschnittslohn.
Rentensäule I tatsächliche Durchschnittsrente	Mindestrente 1175 SFr, maximal 2350 SFr (2018), Durchschnitt (2018) 1853 Sfr (1620 Euro).	1635 Euro (Männer), 1000 Euro (Frauen) x 14 (2017) entspricht 1907,50 Euro (Männer) und 1167 Euro (Frauen) x 12.	1095 Euro (2018, Männer, alte Bundesländer), 1198 Euro (2018 Männer, neue Bundesländer).
Mindestwartezeit	keine	15 Jahre	5 Jahre
Beitragszahler zu Gesamtbevölkerung	alle Erwerbstätigen und Nichterwerbstätigen	71 %	64 %
Pensionsalter	Ordentliches Rentenalter: Männer 65, Frauen 64 Jahre. Vorziehbar um 2 Jahre und nachschiebbar um 5 Jahre. Vorbezug mit Abschlag: 1 Jahr 6,8 % oder 2 Jahre 13,6 %. Nachbezug mit Zuschlägen.	Männer 65, Frauen 60 Jahre (Anpassung für Frauen ab 2024 bis 2033 auf 65 Jahre). Ausnahmen mit 62 Jahren und 40 Beitragsjahren und Abschlägen. Möglichkeit für Ausgleichszahlungen.	65 bis 67 Jahre. Ausnahmen ab 63 Jahren mit Abschlägen oder mit 45 Beitragsjahren.
reales Renteneintrittsalter	Männer 64,1, Frauen 62,6 Jahre (2015)	Männer 61,4, Frauen 59,3 (2018)	Männer 64, Frauen 64,1 Jahre (2018). Nur gesetzliche Rentenversicherung.
Regelaltersgrenze	Männer 65, Frauen 64 Jahre	Männer 65, Frauen 60, Anpassung bis 2033 auf 65	Männer und Frauen 65 bis 67 Jahre

Prozess noch nicht abgeschlossen ist, werden deren Pensionen noch aus einem anderen Topf bestritten. Beamte erhalten noch sehr viel höhere Pensionen verglichen zu den sonstigen Pensionisten, was gesellschaftliche Diskussionen entfacht hat.

Die Pension berechnet sich in vereinfachter Darstellung so für Rentner ab dem Jahrgang 1955: Für jedes Erwerbsjahr schreibt die Pensionskasse 1,78 Prozent des jährlichen Bruttoverdienstes bis zur Bemessungsgrenze auf dem persönlichen Rentenkonto gut. Bei Erreichen des Renteneintrittsalters wird die angesammelte Summe durch 14 geteilt. Das Ergebnis ist die monatliche Pension, die 14-mal im Jahr gezahlt wird.

Vergleich Deutschland mit Österreich

Unser Musterpensionist aus Österreich hat einen durchschnittlichen Bruttoverdienst von 40 000 Euro, und davon werden ihm 1,78 Prozent auf dem Rentenkonto gutgeschrieben: Das sind 712 Euro. Er hat 40 Jahre gearbeitet bis zum Erreichen des Renteneintrittsalters mit 65 Jahren. 712 Euro mal 40 (Jahre) = 28 480 Euro geteilt durch 14 ist gleich eine monatliche Bruttorente von 2034 Euro, wohlgemerkt mal 14, das heißt mit Urlaubs- und Weihnachtsgeld. Er hat allerdings einen Prozentpunkt mehr Rentenbeiträge als sein Kollege in Deutschland geleistet und der Arbeitgeber drei Prozentpunkte.

In Deutschland bekommt unser Musterrentner mit diesem Bruttoeinkommen und 40 Beitragsjahren etwa 45 Rentenentgeltpunkte und eine Bruttorente von rund 1485 Euro 12-mal im Jahr ohne Weihnachts- und Urlaubsgeld. Ein gewaltiger Unterschied!

Kritiker werfen der Pensionsversicherung in Österreich vor, dass diese nicht nachhaltig finanziert sei, durch Steuergelder unterstützt werden muss und die Pensionen einen zu großen Anteil am Bruttosozialprodukt haben. Bei diesem Vergleich lassen die Kritiker aus Deutschland gerne die zusätzlichen Kosten der Beamtenpensionen in Höhe von 68 Milliarden Euro, die ja einzig aus Steuergeldern ausgeglichen werden, in der Rechnung außen vor.

Die gewerkschaftsnahe Hans-Böckler-Stiftung kommt in ihrer Betrachtung (Florian Blank u.a., Wirtschaftsdienst 3/2018) zur Ansicht, dass die Kritik an der mangelnden Nachhaltigkeit unbegründet sei. Die Europäische Kommission sieht ein »Tragfähigkeitsrisiko«.

Vielleicht sind unsere deutschen Gesundheitskosten, mithilfe deren Investoren hohe Gewinne realisieren, zu hoch? Der Krankenkassenbeitrag beträgt für die obligatorische Krankenkasse in Österreich 7,65 Prozent vom Einkommen bis zur Beitragsbemessungsgrenze von 4860 Euro (2019). Dies sichert die Grundversorgung. Extraleistungen werden aus eigener Tasche bezahlt oder durch eine private Zusatzversicherung abgedeckt. Private Krankenversicherungen als Vollversicherung gibt es nicht. Die Klinikkosten werden in Österreich zur Hälfte durch Steuergelder finanziert. Das schafft Spielraum für höhere Rentenbeiträge. Pensionen aus der gesetzlichen Pensionsversicherung haben in Österreich Vorrang vor anderen Sozialleistungen.

Mein Konto bei der gesetzlichen Rente

Bei allen Szenarien, zukünftigen Entwicklungen und Fragen ist die gesetzliche Rente weiter die Grundlage und der Rückhalt für die Sozialversicherung in diesem Land – ein großer, mächtiger Dampfer, der so schnell nicht untergeht. Wie brisant die Zukunftsfragen sind, hat die Politik erkannt. Eine öffentliche Diskussion scheuen die Parteien aufgrund des enormen Konfliktpotenzials. Jede Staatskrise und das Erstarken von Randgruppen hat letztlich mit den Fragen zur sozialen Gerechtigkeit zu tun.

Die gute Situation der Rente mit den gut gefüllten Kassen und der rückläufigen Staatsverschuldung in Relation zum Bruttosozialprodukt hat natürlich mit den guten Beschäftigungszahlen zu tun. Die Digitalisierung verspricht effizientere Jobs, die den demografischen Wandel finanzieren können, sorgt aber auch dafür, dass Stellen eingespart werden.

Obwohl aus der Rentenkasse auch gesamtgesellschaftliche Leistungen finanziert werden und diese nicht ausreichend mit Steuermitteln ausgeglichen werden und obwohl – politisch gewollt – die Renten nicht wie die realen Einkommen steigen, ist die Rendite für die eingezahlten Beiträge derzeit besser als bei privaten kapitalgedeckten Versicherungsprodukten, die unter der anhaltenden Niedrigzinspolitik leiden. Eine umlagebasierte Versicherung hat in diesem Punkt gegenüber einer kapitalgedeckten Versicherung Vorteile oder ist zumindest wegen der unterschiedlichen Finanzierung die gute Ergänzung zu einer kapitalgedeckten Rentenversicherung.

Die Standard- oder Eckrente

Der Renten-Mustermensch, der eine Standardrente bezieht, hat als Durchschnittsverdiener 45 Jahre gearbeitet und in die Rentenkasse einbezahlt. Kaum jemand entspricht jedoch diesem Ideal und hat eine lückenlose 45-jährige Erwerbsbiografie.

Das Standardrentenniveau ist eine statistische Größe, nicht mehr und nicht weniger. Das hat mit dem persönlichen Rentenniveau nicht unbedingt etwas zu tun. Ihre persönliche Rente wird, bezogen auf das letzte Bruttogehalt und beschränkt durch die Beitragsbemessungsgrenze, niedriger als 48 Prozent sein, wenn Sie zum Schluss mehr als Ihr lebenslanges Durchschnittsgehalt verdienen. Selten wird es höher sein, wenn Sie zum Schluss weniger als im lebenslangen Durchschnitt verdienen. Durch die gute Beschäftigungslage, die wahrscheinlich auch irgendwann einen Knick bekommen wird, haben die Renten in den letzten Jahren gute Steigerungsraten über der Inflationsrate verzeichnet. Dennoch ist das Rentenniveau gefallen, da die durchschnittlichen Löhne noch bessere Zuwachsraten hatten. Für einen Rentner, der schon zwei, drei Jahre im Ruhestand lebt, kann das bedeuten, dass sein Rentenniveau, gemessen am letzten Bruttogehalt, gestiegen ist.

Noch ein Gedankenspiel: Wir rutschen in eine Rezession und die Durchschnittslöhne sinken. Die Renten, die mit dem Durchschnittslohn assoziiert sind, bleiben wegen der Rentenschutzklausel im Gesetz stabil. Die Folge wäre, dass das Rentenniveau gegenüber den Löhnen steigt.

Bis 2025 wird die Rente bei einem Rentenniveau von 48 Prozent, gemessen an der Standardrente inklusive angenommener Riester-Rente, stabilisiert. Das verspricht auch in den kommenden Jahren gute jährliche Rentensteigerungen. Wie es dann weitergeht, muss man beobachten. Bei einer Eintrübung der Konjunktur mit sinkenden Beitragszahlern und stagnierenden Löhnen werden auch die Renten nicht weiter so üppig steigen wie bisher.

So ist es vernünftig, mit Blick auf eine auskömmliche Rente alle Möglichkeiten der gesetzlichen Rente wahrzunehmen. Pflichtversicherte sollten ihren Rentenverlauf prüfen und alle Vorteile wahrnehmen, um keinen Euro zu verschenken. Freiberufler, die in ein berufs-

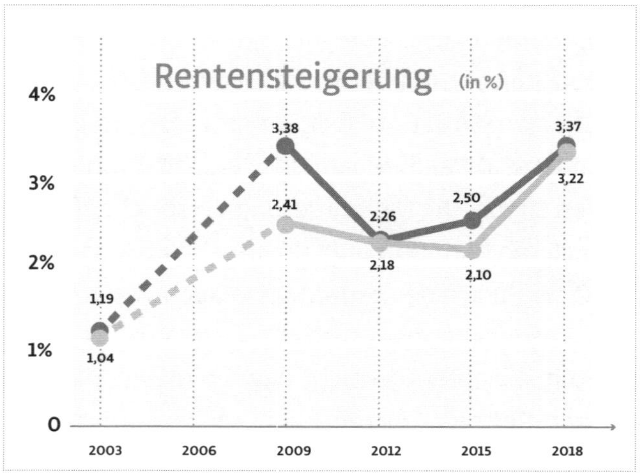

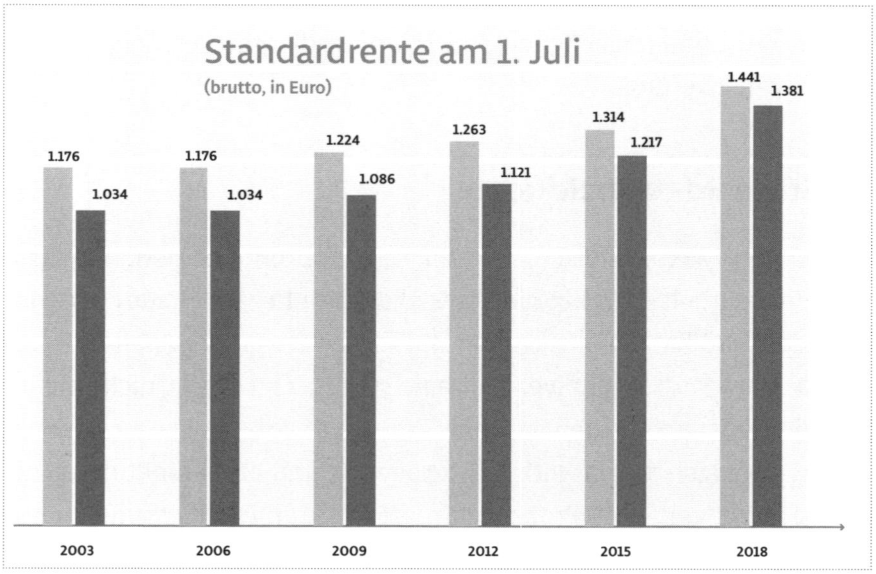

So stark stiegen die Renten in Deutschland 2003–2018 (Standardrente und jährliche Steigerung). Der helle Graph bezeichnet die alten, der dunkle die neuen Bundesländer. Diese Tabelle berücksichtigt die Standard- oder Eckrente, also nicht die reale durchschnittliche Rente.

ständisches Versorgungswerk einbezahlen, und nicht pflichtversicherte Selbstständige können als freiwillig Versicherte von der guten Rendite der gesetzlichen Rente profitieren.

Wer ist alles gesetzlich rentenversichert?

Pflichtversichert sind alle abhängig Beschäftigten und Angestellte. Freiwillig oder auch als Pflichtmitglied können Selbstständige und Freiberufler Beiträge bezahlen und damit einen Rentenanspruch erwerben.

Für Angestellte übernimmt der Arbeitgeber die Hälfte der Beiträge für die Rentenkasse, Selbstständige und Freiberufler müssen die Beiträge vollständig selbst bezahlen.

Künstler in der KSK

Eine Sonderrolle unter den Selbstständigen haben Künstler, Musiker, kreativ Schaffende oder auch Publizisten und Redakteure mit einem Einkommen von mehr als 3900 Euro im Jahr. Diese können sich über die Künstlersozialkasse (KSK, 26380 Wilhelmshaven) pflichtversichern. Diese übernimmt dann wie ein Arbeitgeber den Anteil der Sozialabgaben. Finanziert wird das zum großen Teil von den Verlagen und Medienunternehmen.

Selbstständige in der gesetzlichen Rentenversicherung

Da der Gesetzgeber von einer besonderen Schutzbedürftigkeit ausgeht, ist auch die folgende Gruppe der Selbstständigen pflichtversichert: Lehrer und Erzieher, Pflegeberufe, Hebammen, Seelotsen, Küstenschiffer, Segel- und Tauchlehrer.

Scheinselbstständige, die als Selbstständige nur für einen Auftraggeber arbeiten, sind letztlich abhängig beschäftigt und unterliegen deshalb auch der Sozialversicherungspflicht.

Mögliche Kennzeichen für eine Selbstständigkeit: Der Selbstständige ...

- trägt das unternehmerische Risiko,
- kann seine Arbeitszeit selbst gestalten,
- hat mehr als einen Kunden oder Auftraggeber.
- Umsatz und finanzieller Erfolg hängen nicht unmittelbar von einer dritten Stelle ab.

Die Unterschiede sind manchmal minimal. Wenn Sie Interesse haben, dies genau zu klären, können Sie sich dazu bei der Deutschen Rentenversicherung beraten lassen.

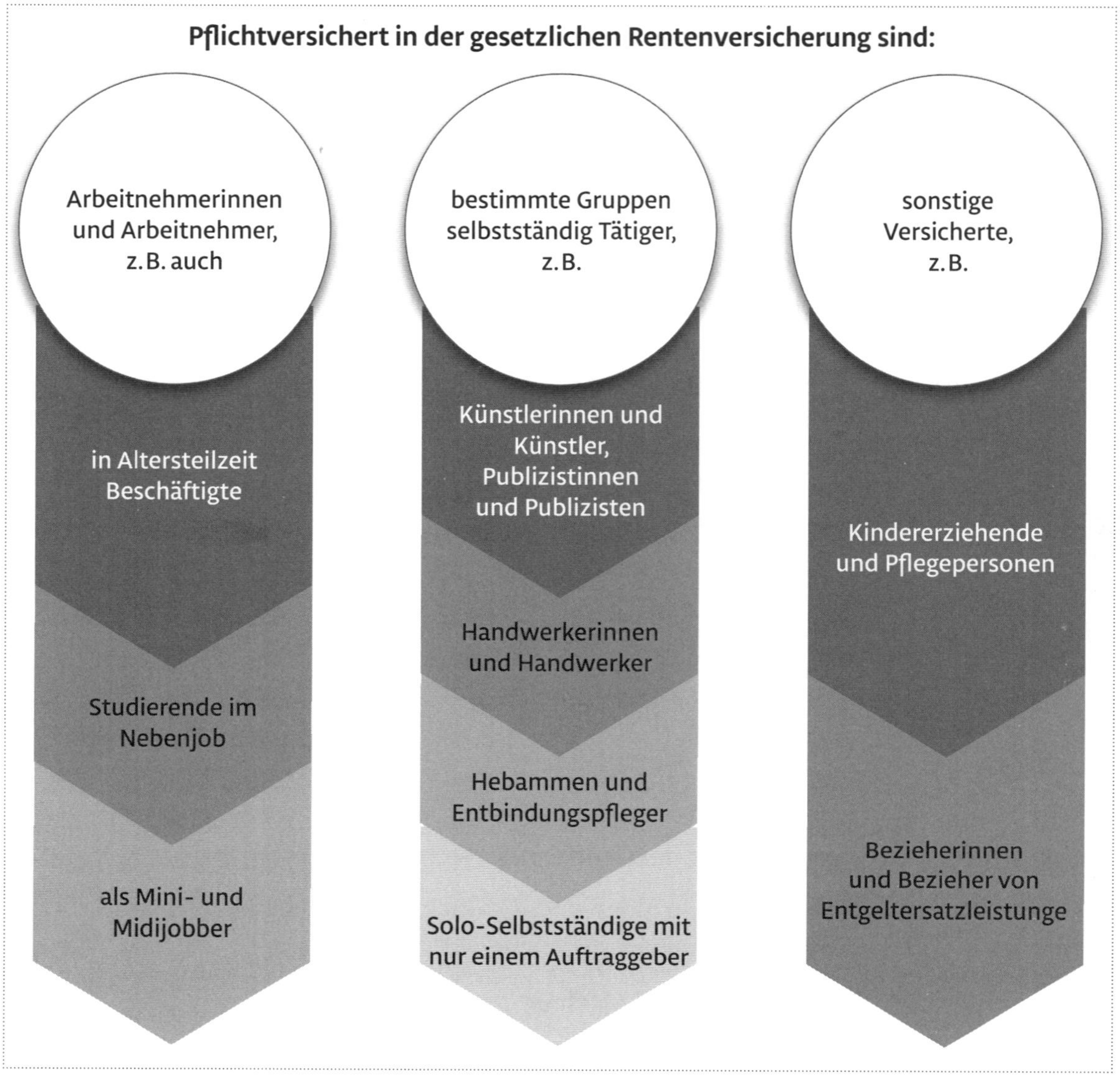

Auch selbstständig arbeitende, in die Handwerksrolle eingetragene Handwerker sind pflichtversichert. Nicht immer ist ein Meistertitel dafür Voraussetzung. Nach 18 Beitragsjahren oder 260 Beitragsmonaten können sich Selbstständige von der Versicherungspflicht befreien lassen. Ob dies klug ist, muss im Einzelfall entschieden werden.

Für Handwerker in einem zulassungsfreien Handwerk, das sind beispielsweise Fliesen- und Parkettleger, Schuhmacher, Fotografen, Brauer, Goldschmiede, Uhrmacher und Instrumentenbauer, besteht keine Versicherungspflicht. Eine Versicherungspflicht kann aber wieder bei Scheinselbstständigkeit mit nur einem Auftraggeber entstehen. Arbeitgeber, die freie Mitarbeiter beschäftigen, fragen nicht unbedingt danach, ob Scheinselbstständigkeit vorliegt. Sparen sie sich doch so die Sozialabgaben und weitere Ausgaben für ein Beschäftigungsverhältnis.

Freiwillig in der gesetzlichen Rentenversicherung

Wer pflichtversichert ist, kann nicht noch zusätzlich freiwillige Beiträge bezahlen. Als Alternative bleiben nur Riester-, Rürup-Rente und andere private Vorsorgemöglichkeiten. Aber für alle anderen, also Beamte, Selbstständige und in berufsständischen Versorgungswerken versicherte Freiberufler, können freiwillige Beiträge in die gesetzliche Rentenversicherung das Plus für die Altersvorsorge sein. Achten Sie darauf, dass mindestens 60 Beitragsmonate oder andere Versicherungszeiten auf Ihrem Beitragskonto registriert sind!

Gerade Selbstständige gehen manchmal sorglos mit ihrer Rentenplanung um. Sie sind jung, das Geschäft und die Einnahmen laufen gut und das Leben lockt. Wer denkt da schon an die ferne Zukunft? Und wenn das Geschäft schlecht läuft, dann fehlt das Geld für die Altersvorsorge sowieso.

Der Rentenplan Selbstständiger ist es oft, das Gewerbe, den Kundenstamm, das Handwerkszeug und die dazugehörige Immobilie zu verkaufen und das Kapital für eine Altersvorsorge zu verwenden. Dazu sind vermietete Immobilien und eine Lebensversicherung mit Verrentungsmöglichkeit beliebt. Dagegen ist nichts einzuwenden. Immobilien haben gegenwärtig einen Boom, Versicherungen leiden wegen der niedrigen Kapitalzinsen. Zusätzlich in eine Rente aus der gesetzlichen Rentenversicherung zu investieren, ist also eine Überlegung wert, zumal die Beiträge als Vorsorgeaufwand steuerlich dem Einkommen gegenrechenbar sind – zum Preis einer späteren Versteuerung der Rente.

Das Sozialpaket der gesetzlichen Rentenversicherung

Oft wird dabei vergessen, dass die Deutsche Rentenversicherung auch ein umfangreiches Paket an Sozialversicherungen anbietet. Mit Ihrer freiwilligen Rentenversicherung haben Sie unter Umständen Anspruch auf Rehabilitationsmaßnahmen bei einer Erkrankung und eingeschränkter Arbeitsfähigkeit von weniger als sechs Stunden, oder Sie bekommen eine Rente wegen verminderter Erwerbsfähigkeit.

Wenn Sie vor dem 2. Januar 1961 geboren sind, können Sie sogar eine Erwerbsminderungsrente beantragen, falls Sie zwar in Ihrem erlernten Beruf eingeschränkt sind, aber in einem anderen Beruf noch mehr als sechs Stunden arbeiten könnten. Zudem bezahlt die gesetzliche Rentenversicherung eine Hinterbliebenenrente für Ihre Angehörigen. Um sich den Versicherungsschutz der deutschen Rentenversicherung zu erhalten, darf keine Lücke in den Beitragszahlungen entstehen. Wer nur sporadisch und unregelmäßig freiwillige Zahlungen leistet, hat zwar einen Rentenanspruch, wenn er mindestens fünf Beitragsjahre nachweisen kann, verwirkt aber ansonsten beispielsweise das Anrecht auf eine Erwerbsminderungsrente in einem konkreten Fall.

Zusatzrente für Freiberufler und Beamte

Freiberufler wie Ärzte, Rechtsanwälte oder Architekten sind meist in den berufsständischen Versorgungswerken pflichtversichert. Die weitgehend kapitalgedeckten Rentenversicherungen lieferten in guten Jahren hohe Renditen und entsprechende Rentenprognosen. In den Zeiten niedriger Zinsen und demografischem Wandel sowie schwierigen Börsenjahren lassen sich diese Prognosen nicht mehr aufrechterhalten. Je nach Satzung haben einige Versorgungswerke die Möglichkeiten für zusätzliche Rentenzahlungen ihrer Mitglieder ab 55 Jahren gedeckelt. Hier bietet sich für die Betroffenen vor Erreichen der Regelaltersgrenze die Möglichkeit, freiwillige steuerbegünstigte Zahlungen zu leisten. Die Rendite der gesetzlichen Rentenversicherung ist für rentennahe Jahrgänge gegenwärtig höher als in der Versicherungswirtschaft.

Auch Beamte, Lehrer, Richter, Pfarrer und andere Pensionsberechtigte haben die gesetzliche Rentenversicherung für eine Zusatzrente und zur Aufbesserung der Pensionen entdeckt. Letztlich ist die Rendite besser als bei so mancher Rürup- und Riester-Rente. Als freiwilliges Mitglied ist dies seit 2010 möglich. Voraussetzung ist, dass die Beiträge vollständig aus dem eigenen Vermögen bezahlt werden. Auch hier gilt: Eine Rente bekommen kann nur, wer mindestens 60 Beitragsmonate auf dem Rentenkonto hat. Es gab und gibt immer wieder Ausnahmen zur Nachzahlung in einer Summe. Wer sichergehen möchte, sollte vor Beginn der Regelaltersgrenze sehen, dass er diese 60 Monate erreicht.

So lohnen sich freiwillige Beiträge zur Rentenkasse
Die Faustregel sieht etwa so aus:

- 7000 Euro bringen einen Rentenpunkt und gegenwärtig monatlich 33 Euro Rente.
- 10 000 Euro bringen knapp 1,5 Rentenpunkte und monatlich etwa 50 Euro Rente.

Da die Einzahlungen in die Basisrente steuerlich absetzbar sind, bekommen Sie je nach Spitzensteuersatz einen Teil der Einzahlung als Steuergutschrift wieder zurück. Zahlungen sind bis zur Beitragsbemessungsgrenze (2019 knapp 15 000 Euro) möglich. Wenn Sie privat krankenversichert sind, bekommen Sie auf Ihre Rente 7,3 Prozent als Krankenkassenzuschuss dazu. Beamte können keinen Zuschuss beantragen, da sie bereits Beihilfe beziehen. Bei gesetzlich Krankenversicherten werden inklusive Pflegeversicherung rund zehn Prozent abgezogen.

Wer freiwillige Beiträge auf das Rentenkonto einbezahlen möchte, kann dies bis jeweils zum 31. März des Folgejahres auf Antrag erledigen. Die Beiträge werden dann auf das vergangene Jahr gutgeschrieben. Fiskalisch gelten die Beiträge zum Zeitpunkt der Einzahlung, gehören also zum Folgejahr. Beiträge für ein Jahr können so steuergünstig auch auf zwei Jahre gesplittet werden, um die Altersvorsorgebeiträge gut auszuschöpfen.

Es ist notwendig, die freiwilligen Zahlungen per Formular anzukündigen: Formularnummer V0060, www.deutsche-rentenversicherung.de unter dem Reiter →Formulare & Anträge.

Gesetzliche Rentenversicherung		
Wer, wie, was?	pflichtversichert	freiwillig versichert
Wer?	Angestellte, Arbeiter, Künstler über die KSK, viele Selbstständige, freiberufliche Lehrer, Erzieher, Pflegeberufe, Seelotsen, Küstenschiffer, Scheinselbstständige	alle nicht pflichtversicherten Freiberufler wie Ärzte, Rechtsanwälte, Architekten, Selbstständige, Gewerbetreibende und Beamte
Beiträge	Derzeit 18,6 % (Erhöhungen sind zu erwarten) vom Bruttolohn, rund die Hälfte davon trägt der Arbeitgeber und bei Künstlern die KSK. Alle anderen bezahlen den vollen Beitrag.	Frei gewählter Beitrag zwischen Mindestbeitrag (2019: 83,70 Euro) und Höchstbeitrag (2019: 1246,20 Euro), der jährlich nach oben angepasst wird. Mit Formular V0060 Zahlung ankündigen.
Steuern	Der selbst bezahlte Anteil kann über die Altersvorsorgebeiträge steuerlich abgesetzt werden.	Kann über die Altersvorsorgebeiträge steuerlich abgesetzt werden.
Sozialversicherung wie Rehabilitation und Erwerbsminderungsrente	Ja, für Pflichtversicherte.	Nur für lückenlos freiwillig Versicherte.
Rente für Pflegezeiten und Mütterrente I und II	Rentenberechtigung möglich ab 60 Beitragsmonaten.	Rentenberechtigung möglich ab 60 Beitragsmonaten.

Rentenkonto und Rentenansprüche

In der gesetzlichen Rentenversicherung berechnet sich die Höhe der Rente im Wesentlichen nach den Beitragszeiten, in denen Beiträge geflossen sind. Das können freiwillige Beiträge sein oder Pflichtbeiträge.

Darüber hinaus gibt es Beitragszeiten, die für das Rentenkonto mitzählen, obwohl keine Beiträge geleistet wurden – Anrechnungszeiten wie Schulzeiten und Studium, Zurechnungszeiten bei einer Erwerbsunfähigkeit, Ersatzzeiten wie der Militärdienst oder Berücksichtigungszeiten wie die Pflege Angehöriger oder die Erziehung von Kindern.

Für jedes Mitglied der gesetzlichen Rentenversicherung werden diese Beitragszeiten unter der persönlichen Sozialversicherungsnummer gespeichert. Dazu müssen die Versicherten mithelfen und bei einer Kontenklärung die entsprechenden Angaben machen und Unterlagen dazu bereitstellen. Viele dieser Daten werden automatisch an den Rententräger übermittelt, manches muss aber auch nachgeliefert werden, und die Vollständigkeit und Richtigkeit der Angaben muss von den Versicherten überprüft werden.

Kümmern Sie sich rechtzeitig um Ihren Versicherungsverlauf. Je länger Sie warten, desto größer ist die Chance, dass Sie etwas vergessen oder keine Unterlagen mehr haben. Die Rentenversicherung verschickt dazu eine Renteninformation. Lücken im Versicherungsverlauf sollten bei einer Kontenklärung geschlossen und fehlerhafte Einträge korrigiert werden. Zum 55. Lebensjahr verschickt die Deutsche Rentenversicherung eine Rentenauskunft.

Die Rentenplanung sollte aber schon vorher erfolgen, denn zwölf Jahre bis zur Rente sind nicht mehr lange, auch wenn die Zeit zunächst noch endlos erscheint.

Haben Sie 35 Beitragsjahre bis zum 63. Lebensjahr auf dem Konto, dann können Sie mit Abschlägen früher in Rente. Die Abschläge können ab dem 50. Lebensjahr in Raten ausgeglichen werden. Mit 45 Versicherungsjahren ist die Rente ohne Abschläge je nach Geburtsjahr mit 63 bis 65 Jahren möglich. Es lohnt sich also, den Rentenverlauf genau zu prüfen und für sich persönlich optimal zu gestalten.

Welche Rentenzeiten treffen für Sie zu?

Beitragszeiten: Sie haben Beiträge an die Rentenkasse bezahlt

- Pflichtbeiträge

Versicherungspflichtige Beschäftigung als Angestellter oder pflichtversicherter Selbstständiger, als Minijobber oder im Ausbildungsverhältnis:
Arbeitgeber und Arbeitnehmer bezahlen je die Hälfte des Rentenbeitrags bis zur Beitragsbemessungsgrenze. Selbstständige den ganzen Beitrag. Für Auszubildende wird der Rentenanspruch für die Zeit der Ausbildung aufgewertet.

- Freiwillige Beiträge

Selbstständige ohne Versicherungspflicht, Hausfrauen, Freiberufler oder Beamte, um zusätzliche Rente aufzubauen oder um die Mindestwartezeit von fünf Jahren zu erlangen.

- Weitere Pflichtbeitragszeiten ohne eigene Beitragsleistung sind:

Kindererziehungszeiten, Wehr- oder Sozialdienst, Zeiten mit Arbeitslosengeld I oder Arbeitsunfähigkeit oder Krankheit, unbezahlte Pflegezeiten von Angehörigen.

Beitragsfreie Zeiten, die auch ohne Beiträge mitzählen

- Anrechnungszeiten

haben Einfluss auf die Wartezeit und in einer Gesamtleistungsbewertung Einfluss auf die Rentenhöhe: Schulzeit und Studium, Krankheit, Arbeitssuchende und Bezieher von Arbeitslosengeld II, Mutterschutz-Zeiten.

- Berücksichtigungszeiten

können eventuell einen Zuschuss für das Rentenkonto begründen, als Wartezeiten angerechnet werden und sie können über eine Berücksichtigung der Gesamtleistungsbewertung die Rente erhöhen: Zeiten der Kindererziehung oder für Pflege eines Angehörigen.

- Ersatzzeiten ersetzen Beitragsjahre

Zeiten von Flucht, Verfolgung und politischer Internierung in der DDR.

- Zurechnungszeiten

sind Zeiten, die bei einer Erwerbsminderungsrente oder Hinterbliebenenrente mit einem Durchschnittswert aufgestockt werden, als wenn Sie je nach Geburtsjahr bis Mitte 60 gearbeitet hätten. So erhöht sich die Rente für junge Versicherte oder bei frühem Tod des Versicherten für die Hinterbliebenen.

Beitragsfreie Zeiten und wie diese für die Rente zählen

Auch Zeiten, in denen keine Beiträge bezahlt werden, können Auswirkungen auf die Rente haben oder entscheiden, ob Sie überhaupt eine Leistung bekommen.

Wartezeit, um Leistungen zu bekommen

Um überhaupt eine Rente zu bekommen, müssen Sie als Mindestversicherungszeit fünf Jahre Mitglied bei der Rentenversicherung sein, oder um die Rente mit 63 zu bekommen, müssen Sie 35 Jahre nachweisen. Das können anrechnungsfähige beitragsfreie Jahre und Beitragsjahre sein.

- Mindestversicherungszeit von fünf Jahren für die Regelaltersrente, Renten wegen teilweiser oder voller Erwerbsminderung und Renten wegen Todes. Es zählen Pflichtbeitragszeiten, freiwillige Beitragszeiten, Kindererziehungszeiten und Ersatzzeiten.
- Mindestversicherungszeit von 15 Jahren für den Anspruch auf Rehabilitationsleistungen. Situationsabhängig auch bereits früher. Es zählen Pflichtbeitragszeiten, freiwillige Beitragszeiten, Kindererziehungszeiten und Ersatzzeiten.
- Mindestversicherungszeit von 20 Jahren für die Rente wegen voller Erwerbsminderung, wenn die volle Erwerbsminderung vor Erfüllung der allgemeinen Wartezeit eintritt und seitdem ununterbrochen besteht. Es zählen Beitragszeiten und Ersatzzeiten dazu.
- Mindestversicherungszeit von 25 Jahren für die Altersrente für langjährig unter Tage beschäftigte Bergleute und die Rente für Bergleute vom 50. Lebensjahr an. Es zählen im Wesentlichen die Beschäftigungszeiten unter Tage.
- Mindestversicherungszeit von 35 Jahren für die Rente mit Abschlägen ab 63 Lebensjahren. Es werden auch Anrechnungs- und Berücksichtigungszeiten sowie geringfügige Beschäftigungen dazuaddiert.
- Mindestversicherungszeit von 45 Jahren: für die Rente für langjährig Beschäftigte, die ohne Abschläge je nach Geburtsjahr zwischen 63 und 65 Lebensjahren in Rente gehen können. Es zählen in der Hauptsache Pflichtzeiten, Berücksichtigungszeiten und Ersatzzeiten dazu.

Wichtige Zeiten im Rentenkonto

Im Rentenkonto werden verschiedene Versicherungszeiten gespeichert, die unterschiedliche Auswirkungen auf die Rentenhöhe haben oder zu den Beitragsjahren zählen. Beiträge als Pflichtmitglied oder als freiwilliges Mitglied zählen zu den Versicherungszeiten und werden je nach Höhe als Rentenpunkte angerechnet.

Es sind nicht nur eigene Entscheidungen und bezahlte Beiträge, die Auswirkungen haben, sondern auch Lebensphasen, die der Staat mit Zuschüssen oder Anrechnungszeiten für das Rentenkonto fördert. Wartezeiten, die sich aus verschiedenen Rentenzeiten zusammensetzen, sind wichtig, um eine Rentenleistung zu erhalten. Die relevanten Wartezeiten können fünf, 35 oder 45 Jahre betragen.

Auf dem jeweiligen Rentenbescheid werden mehrere dieser Rentenzeiten auftauchen, je nach der individuellen Renten- und Erwerbsbiografie. Es ist an Ihnen zu prüfen, ob alle Zeiten vollständig und richtig erfasst wurden. Stellen Sie fest, dass eine Versicherungszeit fehlt oder fehlerhaft angegeben wurde, teilen Sie das umgehend Ihrer Rentenversicherung mit. Welche Bedeutung diese Zeiten für die Höhe der späteren Rente haben, hängt nicht zuletzt von dem geltenden Rentenrecht ab.

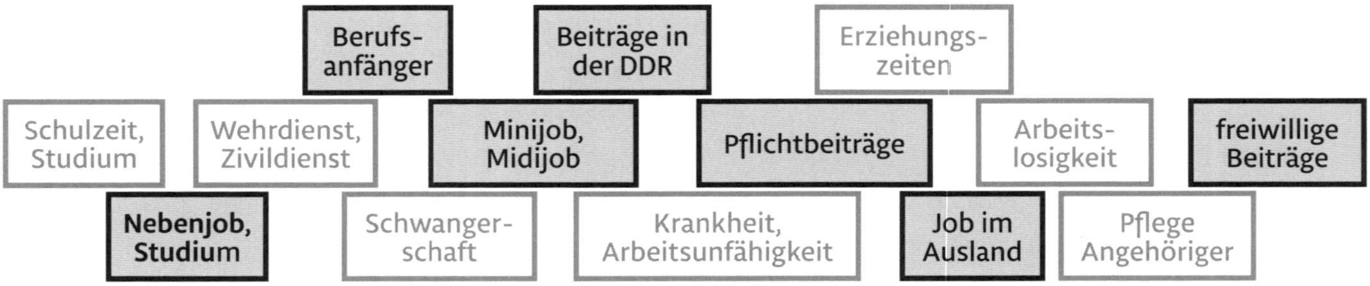

In den hervorgehobenen Zeiten wurden Beiträge geleistet.

Schulzeit, Studium

Direkt auf die Rentenhöhe haben Schulzeiten und Studium keine Auswirkung mehr, aber sie können ab dem 17. Lebensjahr und maximal acht Jahre als Anrechnungszeiten für eine Rente mit 63 Lebensjahren mit Abschlägen beitragen. Auch für eine Erwerbsminderungsrente für schwerbehinderte Menschen werden diese Zeiten als Wartezeiten angerechnet.

Fachschule

Auszubildende in einer Fachschule, die direkt in eine Berufsausbildung mündet, oder andere berufsvorbereitende Bildungsmaßnahmen zählen bis zu drei Jahren zur Rente und können sich sogar bei einer individuellen Bewertung des Gesamtrentenverlaufes rentensteigernd auswirken, als wenn in dieser Zeit Beiträge gezahlt worden wären.

Wehr- und Zivildienst, Bundesfreiwilligendienst

Seit 2011 gibt es weder Pflichtwehrdienst noch ersatzweise Zivildienst. Diese vor 2011 abgeleisteten Zeiten werden so für die Rente angerechnet, als wenn in dieser Zeit 60 Prozent an Beiträgen des Ecklohnes bezahlt worden wären. Sie rechnen sich also sowohl für die Rentenzeiten als auch für die Rentenhöhe. Ein freiwillig geleisteter Wehrdienst oder ein Freiwilliges Soziales Jahr werden ebenso behandelt.

Für alle, die den Bundesfreiwilligendienst leisten, überweist der Arbeitgeber gemäß dem Einkommen Sozialversicherungsbeiträge an die Rentenkasse.

Nebenjob im Studium

Für einen zeitlich befristeten Job in den Semesterferien können Sie die Sozialabgaben sparen und alles, was Sie brutto verdienen, behalten. Allerdings gibt es dann auch keine Rentenzeiten und keine Rentenpunkte.

Auszubildender in einem Betrieb als Berufsanfänger

Lehrjahre sind keine Herrenjahre, obwohl Auszubildende dringend gesucht werden. Rententechnisch wird die Ausbildungszeit für bis zu drei Jahre auf 0,75 Rentenpunkte und damit entsprechend auf 0,75 des Durchschnittsverdienstes aufgestockt, egal wie hoch bzw. niedrig der Verdienst ist. In drei Jahren sind das 2,25 Rentenpunkte.

Minijobs

Für Minijobs bis 450 Euro bezahlt der Arbeitgeber 15 Prozent pauschal für die Sozialabgaben und Sie die fehlenden 3,6 Prozent (bei einer Erhöhung des prozentualen Rentenbeitrages entsprechend mehr) für insgesamt 18,6 Prozent. Sie können sich auch von der Versicherungspflicht befreien lassen und die 3,6 Prozent einsparen. Das wäre aber nachteilig für die Rentenbeitragszeit und die Rentenhöhe.

Midijobs

Seit 1. 7. 2019 gilt für Midijobs die Gleitzone von 450 Euro bis 1300 Euro (früher 850 Euro). Der Arbeitgeber bezahlt für Midijobs immer die Hälfte der Sozialbeiträge, der Arbeitnehmer einen geringeren Anteil. Für die spätere Rente soll sich daraus kein Nachteil ergeben. Gewertet wird für die Rentenberechnung der volle Beitrag. Der Ausgleichsbeitrag wird von den Beitragsgeldern finanziert. Der Bund beteiligt sich an dieser Sozialleistung nicht.

Kindererziehung, Müttergeld I und II

Wer Kinder aufgezogen hat, bekommt einen Bonus bei der Rente. 1992 ist das Stichjahr. Für vor 1992 geborene Kinder werden 2,5 Rentenjahre und -punkte gutgeschrieben und für nach 1992 geborene Kinder drei Rentenjahre und -punkte. Die Kindererziehungszeiten soll der Elternteil oder die Person bekommen, die das Kind betreut hat. Das kann also die Mutter, aber auch der Vater oder die Adoptivmutter sein. Ein gesonderter Antrag ist für leibliche Eltern nicht notwendig, Adoptiv- oder Pflegemütter sollten einen formlosen Antrag stellen. 9,7 Millionen Rentnerinnen oder Rentner werden von diesem Müttergeld profitieren. Die Kosten für das Müttergeld II (Anhebung der Mütterrente I auf 2,5 Rentenpunkte und drei Rentenpunkte für ab 1992 geborene Kinder) werden von der Deutschen Rentenversicherung auf 3,8 Milliarden Euro jährlich geschätzt. Der Bund beteiligt sich mit zwei Milliarden Euro. Obwohl es eine gesamtgesellschaftliche Aufgabe ist, um der Altersarmut durch Erziehungszeiten entgegenzuwirken, wird das fehlende Geld aus der Kasse der Rentenzahler entnommen.

Voraussetzung für den Bezug des Müttergeldes sind zusammen mit den Erziehungszeiten insgesamt fünf Rentenbeitragsjahre. Bereits mit zwei Kindern werden die nötigen Zeiten ohne weitere Beiträge erreicht.

Zeiten der Arbeitslosigkeit

Für die Bezugszeit des Arbeitslosengeldes I übernimmt das Jobcenter zu 80 Prozent des letzten Gehalts den Beitrag für die Rentenversicherung. Für das Arbeitslosengeld II oder für alle, die jobsuchend ohne Leistungsbezug gemeldet sind, werden keine Beiträge entrichtet, aber die Zeit wird als Wartezeit anerkannt. Wer nach der Schule nicht gleich einen Ausbildungsplatz oder nach dem Studium einen Job bekommt, sollte sich arbeitssuchend melden. Diese Zeiten könnten später als Wartezeit wertvoll sein für eine Rente ab 63.

Krankheit, Arbeitsunfähigkeit und Rehabilitationszeiten

Bei einer längeren Krankheit bezahlt ab dem 42. Tag die gesetzliche Krankenkasse auf Basis von 80 Prozent Ihres letzten Bruttolohnes Rentenbeiträge ein und 70 Prozent des Bruttogehalts als Lohnfortzahlung, gedeckelt von der Beitragsbemessungsgrenze von derzeit rund 4600 Euro.

Sind Sie privat krankenversichert, müssen Sie, nachdem der Arbeitgeber die Zahlung der Sozialbeiträge einstellt, bei der Rentenkasse einen Antrag auf Pflichtversicherung stellen und die Rentenbeiträge selbst bezahlen. Entsprechend müssen Sie bei der privaten Krankenversicherung ein ausreichend hohes Krankentagegeld vereinbaren, damit sich kein finanzieller Engpass ergibt.

Zeiten für Pflegepersonen

Wer in häuslicher Umgebung Angehörige pflegt, für den werden von der Pflegeversicherung Rentenbeiträge einbezahlt. Daran sind einige Bedingungen geknüpft. Seit 2017 gilt, an mindestens zwei Tagen und wenigstens zehn Stunden wöchentlich muss die Pflegeleistung erbracht werden. Der Pflegebedürftige muss in Pflegegrad 2 oder höher eingestuft sein, und der Pflegende darf höchstens 30 Stunden in der Woche einer Erwerbstätigkeit nachgehen.

Beitragsbemessungsgrundlagen für Pflegepersonen im Jahr 2018				
Pflegegrad	bezogene Leistungsart	Prozentsatz der Bezugsgröße	Bemessungsgrundlage West/Monat	Bemessungsgrundlage Ost/Monat*
2	Pflegegeld Kombileistung Sachleistung	27 22,95 18,90	822,15 Euro 698,83 Euro 575,51 Euro	727,65 Euro 618,50 Euro 509,36 Euro
3	Pflegegeld Kombileistung Sachleistung	43 36,55 30,10	1309,35 Euro 1112,95 Euro 916,55 Euro	1158,85 Euro 985,02 Euro 811,20 Euro
4	Pflegegeld Kombileistung Sachleistung	70 59,50 49	2131,50 Euro 1811,78 Euro 1492,05 Euro	1886,50 Euro 1603,53 Euro 1320,55 Euro
5	Pflegegeld Kombileistung Sachleistung	100 85 70	3045,00 Euro 2588,25 Euro 2131,50 Euro	2695,00 Euro 2290,75 Euro 1886,50 Euro
Bezugsgröße (West) 2018: 3045,00 Euro monatlich Bezugsgröße (Ost) 2018: 2695,00 Euro monatlich				
* Die Bemessungsgrundlage Ost wird anschließend mit dem Faktor 1,1248 erhöht.				
Quelle: Deutsche Rentenversicherung				

Die Höhe des Rentenbeitrages aus der Pflegekasse wird anhand eines fiktiven Einkommens ermittelt, das sich am Pflegegrad und der in Anspruch genommenen Unterstützung durch Pflegedienste orientiert. Aus der Tabelle (siehe oben) wird der mögliche Rentenanspruch auf der Grundlage von 2018 deutlich. Auch wer bereits Rentner ist und Angehörige pflegt, kann seinen Rentenanspruch erhöhen.

Beitragszeiten in der DDR

Um Rentner oder zukünftige Rentner, die einen Teil ihres Erwerbslebens in der DDR verbracht haben, nicht zu benachteiligen, wird deren DDR-Gehalt mit einem entsprechenden Faktor multipliziert und rechnerisch auf West-Niveau angehoben. Von diesem höheren Einkommen wird dann der Rentenanspruch errechnet. Arbeitnehmer bekommen so für weniger Gehalt noch mehr Rentenpunkte im Vergleich zum Westen. Bis 2025 soll diese Höherbewertung stufenweise auslaufen.

Zeiten im Ausland

Wenn Sie nicht länger als 24 Monate für Ihre deutsche Firma im europäischen Ausland arbeiten, können Sie weiter im deutschen Sozialversicherungssystem versichert bleiben. Arbeiten

Fehler bei der Umsetzung der DDR-Rentenzeiten

Die Umsetzung der DDR-Renten in das Rentensystem der gesetzlichen Rentenversicherung ist häufig nicht fehlerfrei gelungen. Es gibt keine Statistiken, aber darauf spezialisierte Rentenberater berichten von einer erstaunlich hohen Fehlerquote. Es fehlen Rentenzeiten, Krankheitsabwesenheiten wurden zu Rentenausfallzeiten, die Intelligenzrente für Akademiker in der DDR wurde nicht richtig bewertet. Es lohnt sich also, diese Rentenbescheide mit DDR-Arbeitszeiten genau zu prüfen und eventuell einen Rentenberater zurate zu ziehen. Ein erster ablehnender Bescheid sollte Sie nicht entmutigen, wer gibt schon gerne Fehler zu?

Sie direkt für eine Firma im Ausland, so werden Sie dort sozialversichert werden. Zahlungen an das deutsche System in dieser Zeit sind freiwillig und keine Pflicht. Wenn Sie in mehreren Staaten gearbeitet haben und Rentenansprüche erworben haben, bekommen Sie auch mehrere Renten, die aktiv eingefordert werden müssen. Es gelten dabei das Renteneintrittsalter im jeweiligen Land sowie mögliche Mindestversicherungszeiten. Wenn der Auslandsaufenthalt nur etwa ein Jahr gedauert hat, kann der Anspruch aus dem Ausland auf die deutsche Rente übertragen werden. Das vereinfacht den Verwaltungsaufwand. Die Deutsche Rentenversicherung hat dazu mit vielen Ländern ein Sozialversicherungsabkommen geschlossen.

Altersteilzeit

Firmen bieten ihren Arbeitnehmern durch die Altersteilzeit einen sanften Ausstieg aus dem Arbeitsleben. Die häufigste Methode ist das Blockmodell, um früher in die Rente zu gehen und trotzdem bis zur Regelaltersgrenze versichert zu bleiben. In der ersten Hälfte der Altersteilzeit arbeitet der Arbeitnehmer in Vollzeit, in der zweiten Hälfte arbeitet er nicht mehr. Der Arbeitgeber übernimmt dabei den größten Teil der Sozialversicherungsbeiträge und in manchen Fällen fördert auch die Arbeitsagentur dieses Konzept zur Altersteilzeit, wenn dieses vor 2010 gestartet wurde.

Arbeiten neben der Rente

Für viele Rentner ist das ein Muss, für manche aber auch ein Wunsch, um sozial integriert zu bleiben. Nach Erreichen der Regelaltersgrenze gibt es dafür keine Beschränkungen. Ist der Job sozialversicherungspflichtig, so erwerben Sie sogar Rentenpunkte und bekommen jeweils zum 1. Juli mehr Rente. Sie müssen den Job bei der Rentenversicherung anmelden. Ein Beitrag zur Arbeitslosenversicherung fällt dann nicht mehr an.

Wer früher in Rente geht, dessen Zusatzverdienstmöglichkeiten sind eingeschränkt oder werden mit der Rente verrechnet. Wer eine Vollrente bezieht, darf abschlagsfrei bis zur Regelaltersgrenze 6300 Euro jährlich dazuverdienen. Alles was darüber hinausgeht, wird zu 40

Prozent mit der Rente verrechnet. Sind gekürzte Rente und Zusatzverdienst in der Summe mehr als das höchste Einkommen der letzten 15 Jahre, so wird der darüber liegende Betrag zu 100 Prozent an die Rentenzahlung angerechnet. Es bleibt also bei einer Rente ab 63 nur ein Minijob, und der bringt keine nennenswerten Rentenansprüche.

Es gibt auch flexible Lösungen für den Bezug einer Teilrente für die Rente ab 63 und einen höheren Zusatzverdienst. Ob sich das lohnt, muss jeweils individuell berechnet werden. Eventuell ist es dann doch günstiger, bis zur Regelaltersgrenze weiterzuarbeiten. Und Ihr sozialversicherungspflichtiges Einkommen erhöht so auch Ihre spätere Altersregelrente.

Ehrenamt während der Rente

Auch wenn Sie eine Aufwandsentschädigung für Ihren Job als Übungsleiter im Sportverein bekommen, bleibt das ohne Konsequenzen für den Rentenbezug. Eine Übungsleiterpauschale bis 2400 Euro im Jahr ist steuer- und sozialabgabenfrei und wird auch nicht auf eine Erwerbsminderungsrente, Witwenrente oder allgemeine Regelaltersrente angerechnet. Sie bleiben aktiv, tun etwas Gutes und verdienen ein Taschengeld zur Rente dazu.

Gehen Sie in den Vorstand Ihres Vereines oder einer anderen ehrenamtlichen Tätigkeit nach, so liegt die maximale Grenze für den folgenlosen Zusatzverdienst, was Steuern und Sozialabgaben betrifft, bei 720 Euro (Ehrenamtspauschale). Bei der Rente gilt immer Ihre individuelle Zusatzverdienstgrenze. Bei der Rente ab 63 sind das in der Summe aller Nebenjobs 6300 Euro. Da ist also genügend Spielraum für das Ehrenamt, ohne die Rente zu beeinträchtigen.

Anrechnungszeiten für die Rente mit 63 Jahren

Die Regelung ist sehr großzügig. Es zählen pflichtversicherte Beitragsjahre, aber auch Kindererziehungs- und Pflegezeiten, Zeiten aus dem Versorgungsausgleich aus einer Scheidung, Arbeitslosigkeit, Krankheitszeiten und Schulausbildung sowie Studium.

Ihr Berater bei der Rentenversicherung sagt Ihnen, ob Sie die 35 Jahre erfüllt haben.

Anrechnungszeiten für die Rente mit 45 Versicherungsjahren ab 65 Jahren

Es zählen dazu mindestens 18 Jahre Pflichtbeiträge, freiwillige Beiträge – aber nicht in den letzten zwei Jahren vor Rentenbeginn, wenn gleichzeitig Anrechnungszeiten wegen Arbeitslosigkeit, Kindererziehungszeiten, Wehr- oder Zivildienst, Arbeitslosigkeit I, Ersatzzeiten bei politischer Verfolgung vorliegen.

Nicht dazu zählen aber Zeiten zur Schulausbildung, Fachschule oder Studium, Arbeitslosenhilfe II und Zeiten aus einem Versorgungsausgleich bei einer Scheidung oder einem Rentensplitting.

So errechnet sich die Rente

Pflichtbeiträge, Mütterrente, Zeiten mit Arbeitslosengeld I, Berufsausbildung, Zivildienst – es gibt viele Möglichkeiten, um einen Rentenanspruch bei der gesetzlichen Rentenversicherung zu erlangen. Bei einer Kontenklärung werden sämtliche Anspruchszeiten erfasst. Die Höhe der daraus resultierenden individuellen Rente wird nach der Rentenformel berechnet. Die Rente wird jährlich dynamisch angepasst.

Was bedeuten diese einzelnen Faktoren, die Sie auch in Ihrer Renteninformation so vorfinden?

Entgeltpunkte

Entscheidend für die individuelle Rentenhöhe sind die gesammelten Entgeltpunkte. Diese gibt es für eingezahlte Beiträge als Pflichtmitglied oder als freiwilliges Mitglied, aber auch für Zeiten ohne eigene Beiträge wie Arbeitslosigkeit I, Zivildienst oder Erziehungszeiten können Punkte gesammelt werden.

Bei einem vorläufigen sozialversicherungspflichtigen Durchschnittsverdienst von rund 38 900 Euro im Westen im Jahr 2019 zahlen Arbeitgeber und Arbeitnehmer zusammen 18,6 Prozent an die Rentenkasse. Das sind gerundet 7250 Euro und entsprechen in diesem Jahr genau einem Rentenpunkt. Verdient der Arbeitnehmer im Westen das Doppelte, also rund 78 000 Euro, werden ihm dafür zwei Rentenpunkte auf seinem Rentenkonto gutgeschrieben.

Der Arbeitnehmer im Osten bekommt für seine erworbenen Entgeltpunkte noch einen Bonus, um die niedrigeren Löhne im Vergleich zum Westen auszugleichen. In 2019 ist der Multiplikator 1,0840. Um einen Rentenpunkt zu bekommen, reicht dem Erwerbstätigen im

Osten ein Jahresverdienst von rund 35 900 Euro. Bis 2025 wird der Multiplikator auf 1,0 abschmelzen und Ost- und Westrenten werden dann gleich behandelt.

Die Beitragsbemessungsgrenze der Rentenversicherung im Westen liegt 2019 bei 80 400 Euro im Jahr oder 6700 Euro im Monat, im Osten sind es 73 800 Euro im Jahr oder 6150 Euro im Monat.

Zugangsfaktor

Wollen Sie mit 63 Jahren in Rente gehen, dann müssen Sie Abschläge hinnehmen: für jeden Monat bis zur Regelaltersgrenze 0,3 Prozent. Wer drei Jahre früher seinen Ruhestand genießen möchte, hat einen Abschlag von 36 Monaten × 0,3 Prozent, also insgesamt 10,8 Prozent. Der Zugangsfaktor wäre dann 0,892 und würde so die Reduzierung der Rente markieren. Abschläge für eine Rente ab 63 kann man ab dem 50. Lebensjahr durch freiwillige, steuerlich absetzbare Zahlungen ausgleichen. Der Rentenberater kann Ihnen berechnen, wie hoch die Ausgleichszahlung ist.

Arbeiten Sie aber ein Jahr über die Regelaltersrente hinaus, so werden Ihnen 12 × 0,5 Prozent gutgeschrieben, insgesamt sechs Prozent. Ihr Zugangsfaktor wäre dann 1,06.

In der Renteninformation der Deutschen Rentenversicherung wird dieser Faktor bei 1,0 stehen. Erst wenn Sie die Rente mit 63 Jahren beantragen, kommt dieser Faktor tatsächlich zum Tragen.

Aktueller Rentenwert

Was ist ein Rentenpunkt wert? Jedes Jahr zum 1. Juli wird der Rentenwert angepasst. Seit Mitte 2019 liegt dieser für die Rente West bei 33,05 Euro und für die Rente Ost bei 31,89 Euro. Ab 1. Juli 2025 wird es nur noch einen einheitlichen Rentenwert für Ost und West geben und die allmähliche Anpassung der Renten von West und Ost ist dann abgeschlossen.

In den Jahren 2018 und 2019 ist der Rentenwert als Ausdruck der guten Konjunktur und der guten Beschäftigungslage um über drei Prozent gestiegen. Das ist mehr als der statistische Inflationswert und mehr als die Rendite von Banken und Versicherungen bei der Kapitalanlage mit Rentenpapieren. Bei abflauender Konjunktur und weniger Beitragszahlern ist mit geringeren Steigerungsraten zu rechnen.

Rentenartfaktor

Je nachdem, welche Art von Rente Sie beziehen, können Abschläge dazukommen. Für eine Altersrente liegt er bei 1,0, ebenso bei einer Rente wegen voller Erwerbsminderung, bei teilweiser Erwerbsminderung liegt er aber nur bei 0,5.

Wie viel Rente bekomme ich?

Mit dieser Rentenformel lässt sich sehr schnell überschlagen, wie viel Rente Sie bisher bekommen und wie hoch die Rente zum Renteneintritt sein wird.

Hans aus Augsburg wurde im April 1954 geboren und seine Regelaltersrente beginnt mit 65 Jahren und acht Monaten. Seine erste Rente bekommt er also im Januar 2020. Er hat bisher 45,5 Entgeltpunkte mit Stand 31. 12. 2019 erworben. Für das letzte Berufsjahr wird er weitere 1,5 Entgeltpunkte bekommen. Die Rechnung geht so:

47 Entgeltpunkte
x 1 Zugangsfaktor Regelaltersrente
x 1 Rentenartfaktor Altersrente
x 33,05 Euro Rentenwert West (Stand Juli 2019)

= 1553,35 Euro monatliche Brutto-Rente

Gabi, die Ehefrau von Hans, möchte mit ihrem Mann in Rente gehen. Sie wurde am 10. Dezember 1956 geboren und kann zum 1. Januar in die Rente mit 63 Jahren gehen. Sie hat die Bedingung für 35 Mitgliedsjahre erfüllt. Sie muss einen Abschlag auf die Rente für den vorzeitigen Rentenbeginn hinnehmen. Insgesamt geht sie zwei Jahre und zehn Monate früher in die Rente. Das bedeutet einen Abschlag von 34 Monaten x 0,3 = 10,2 Prozent. Mit Stand zum 31. 12. 2019 hat sie 29 Entgeltpunkte auf ihrem Rentenkonto und wird im letzten Berufsjahr einen weiteren Punkt hinzubekommen. Ihre Rechnung geht so:

30 Entgeltpunkte
x 0,898 Zugangsfaktor Rente mit 63 – Abzug 10,2 Prozent
x 1 Rentenartfaktor Altersrente
x 33,05 Euro Rentenwert West

= 890,37 Euro monatliche Brutto-Rente

Da Hans das Haus seiner Eltern geerbt hat und er eine Betriebsrente in Höhe von 500 Euro bekommt und Gabi im Bioladen auf 450-Euro-Basis zweimal pro Woche aushilft, haben die beiden erst einmal keine Sorgen. Da in ihrem Haus im Souterrain eine kleine Einliegerwohnung leer steht, planen sie, diese an einen Studenten zu vermieten. Zudem erwartet Gabi noch eine Erbschaft von ihrer Mutter. Nur von der gesetzlichen Rente zu leben, wäre aber für Hans und Gabi problematisch.

Renteninformation und Versicherungsverlauf der deutschen Rente

Die wichtigste Information auf dem Weg zu Ihrer persönlichen Rente als Pflichtversicherter der Deutschen Rentenversicherung ist die Renteninformation. Die Deutsche Rentenversicherung verschickt diese Informationen regelmäßig an die Versicherten mit Rentenanspruch.

Ab dem 43. Lebensjahr bekommen Versicherte einen aktuellen Versicherungsverlauf und einen Fragebogen zur Kontenklärung. Überprüfen Sie die Angaben genau und korrigieren oder ergänzen Sie diese. Sie brauchen dafür beweiskräftige Unterlagen. Wenn Sie unsicher sind, können Sie einen Berater bei der Rentenversicherung aufsuchen. Die Terminvergabe funktioniert auch online, aber Sie müssen je nach Wohnort mit einem längeren Vorlauf rechnen. Über die Website www.deutsche-rentenversicherung.de bekommen Sie alle Informationen dazu und können dort auch einen Rentenberater in Ihrer Nähe anfragen.

Ab dem 55. Lebensjahr erhalten Versicherte mit Rentenanspruch alle drei Jahre die Rentenauskunft. Sie ist ausführlicher als die Renteninformation und enthält neben dem Versicherungsverlauf auch Informationen zu den einzelnen Rentenarten und der Höhe der daraus resultierenden Rente.

Der Inhalt der Renteninformation

- Welche Daten sind für die Berechnung eingegangen? Jeweils einige Monate nach dem abgelaufenen Jahr werden die übermittelten Daten in die Renteninformation eingearbeitet. Die Renteninformation ist also nicht ganz aktuell.
- Fett hervorgehoben ist der Termin für Ihre Regelaltersgrenze. Es kann natürlich sein, dass Sie über die Rente mit 63 nachdenken. Weder der mögliche Termin noch die Abschläge sind hier aufgeführt.
- Unbedingt zu beachten ist der Hinweis, dass der Prognosewert ein Bruttowert ist, eventuell noch versteuert werden muss und Krankenkassenbeiträge abgezogen werden.
- Wer durch Krankheit oder Unfall voll erwerbsunfähig wird und weniger als drei Stunden täglich erwerbsfähig ist, ist als regelmäßiger Beitragszahler versichert und bekommt unter bestimmten Voraussetzungen eine Rente in einer Höhe, als hätte er bis zum 65. Lebensjahr in die Rente einbezahlt.
- Die Rentenanwartschaft bezeichnet den gegenwärtigen Stand Ihrer Rente ohne weitere Einzahlungen. Sie ist letztlich nichts mehr als ein Zwischenstand.
- Ernst zu nehmen ist die Prognose Ihrer zu erwartenden Regelaltersrente auf Basis der bisher geleisteten Beiträge. Zwar kommen hier noch Rentensteigerungen hinzu, die aber, konservativ gerechnet, in etwa die Inflation ausgleichen. Eine zu erwartende Lücke ist hier also zu sehen. Auf dieser Basis sollten Sie weitere Investitionen in Ihre Altersvorsorge planen.

- Beispielhaft wird die Rentensteigerung mit ein und zwei Prozent gerechnet. Jedes Jahr zum 1. Juli wird die Rente an das Lohnniveau mit einem Dämpfungsfaktor angepasst. In den letzten Jahren hat sich die Rente erfreulicherweise mit einer guten Rendite entwickelt. Bei einem langsameren Wirtschaftswachstum und höherer Belastung der Beitragszahler durch beitragsfremde Sozialleistungen kann das Wachstum auch stagnieren.
- Auf der zweiten Seite der Renteninformation können Sie sehen, wie viele Beiträge Sie schon bezahlt haben und wie viele Beiträge der Arbeitgeber sowie andere Stellen schon auf Ihr Beitragskonto einbezahlt haben.
- Die wichtigste Information auf dieser Seite ist die Summe der bereits erreichten Entgeltpunkte. Nach der Rentenformel werden die Punkte mit dem aktuellen Rentenwert multipliziert. Wenn beim Zugangsfaktor und bei der Rentenart keine Abwertung erfolgt, ergibt die Rechnung Ihre Regelaltersrente. Die Entgeltpunkte können nicht reduziert werden, aber der Rentenwert kann langsamer wachsen.

Gefahren: Inflation und Wohnen

In der Renteninformation wird zu Recht vor der Inflation gewarnt. Bislang ist die Rente deutlich stärker als die Inflation gestiegen, doch das muss nicht so bleiben. Eine ungesunde Ausweitung der Geldmenge durch die Zentralbank oder ein Heißlaufen der Wirtschaft mit einer Nachfrage nach Gütern, die die Produktionsmöglichkeiten überschreiten, sind die gängigen Erklärungsmodelle einer Inflation. Eine schwächelnde Konjunktur und schlechte Absatzergebnisse können eine Deflation auslösen. Höhere Arbeitslosigkeit und weniger Rentenbeitragszahler sowie sinkende Preise sind das Ergebnis. Auch das Platzen einer Spekulationsblase im Immobilien- oder Aktienmarkt kann eine Deflation auslösen. Warner und Optimisten geben sich bei der Beurteilung der Wirtschaftslage abwechselnd die Hand. Eine gewisse abwartende Gelassenheit scheint bei aller Brisanz dennoch die richtige Haltung zu sein.

In der gegenwärtigen Lage scheint die Inflation nicht die unmittelbare Gefahr darzustellen. Besorgniserregend ist aber der Anstieg der Wohnkosten im städtischen Bereich. Alle künftigen Rentner sollten diese Entwicklung im Auge behalten und nach einer individuellen, tragfähigen Lösung suchen. Wohneigentum ist der Königsweg oder die Mitgliedschaft in einer Wohngenossenschaft oder aber der rechtzeitige Umzug weg von den Ballungszentren in eine ländlichere Gegend mit guter Infrastruktur wie Einkaufsmöglichkeiten und Ärzten.

Rendite der gesetzlichen Rentenversicherung

Die Frage nach der Rendite der gesetzlichen Rentenversicherung kann nicht eindeutig beantwortet werden, da jeder Rentenverlauf verschieden ist. Wer viel einbezahlt hat und sehr früh stirbt, hat natürlich eine schlechtere Rendite als jemand, der 100 Jahre alt wird.

Um die Rendite zu bestimmen, gehen wir deshalb von der Standardrente aus. Unser Musterrentner hat 45 Jahre jeweils genau wie der Durchschnitt verdient und 205 100 Euro inklusive der Arbeitgeberanteile auf das Rentenkonto einbezahlt. Auch seine Lebenserwartung entspricht genau dem Durchschnitt. Hier gibt die Deutsche Rentenversicherung eine Rendite von rund drei Prozent auf das einbezahlte Geld an. Da Frauen eine höhere Lebenserwartung haben, ist deren Rendite besser, ebenso die von Verheirateten, wenn die Angehörigen eine Hinterbliebenenrente beziehen. Auf jeden Fall ist das einbezahlte Geld niemals aufgebraucht, auch wenn Sie 120 Jahre alt werden. Die Rendite wäre in diesem Fall fantastisch.

Trennung und Scheidung

Der Versorgungsausgleich bei einer Ehescheidung kann kompliziert sein, auch wenn das Prinzip ganz einfach ist. Rentenansprüche, die während der Ehe erworben wurden, werden aufgeteilt. Bei einer kurzen Ehezeit von maximal drei Jahren können beide Ehepartner darauf verzichten. Der Ausgleich betrifft alle Vorsorgeverträge: die gesetzliche und die private Rentenversicherung, die Beamtenpension, die Riester-Verträge, die Ansprüche bei einem berufsständischen Versorgungswerk und die Direktversicherung, die geteilt werden. Da dies unter Umständen kompliziert sein kann, haben die scheidungswilligen Ehepartner auch die Möglichkeit, eigene Vorstellungen beim Familiengericht einzubringen. So kann die Eigentumswohnung gegen mehrere Versicherungsverträge oder ähnliche gleichwertige Vermögenswerte getauscht werden.

Im Falle der gesetzlichen Rentenversicherung werden die Rentenpunkte gegeneinander aufgerechnet und geteilt. Dabei kann der Ehepartner, der Entgeltpunkte erhält, nach einer Rechenformel zusätzliche Versicherungszeiten für die Rente bekommen. Zusammenaddiert mit den selbst erworbenen Zeiten dürfen das nicht mehr Versicherungsjahre sein, als die Ehe gedauert hat. Dem Partner, der Entgeltpunkte ausgleichen musste, werden zwar die Rentenansprüche, nicht aber die Versicherungszeiten abgezogen.

Wer nicht verheiratet war, kann bei einer Trennung auch keinen Versorgungsausgleich bekommen. Wenn ein Partner sich um die Kinder gekümmert hat, kann eine Trennung sehr von Nachteil für ihn sein.

Tipp

Eine Ehescheidung kann Ihre Rentenansprüche merklich schmälern. Bei der gesetzlichen Rentenversicherung können Sie die durch die Scheidung verursachten Abschläge vor Eintritt der Regelaltersgrenze durch zusätzliche Beitragszahlungen ganz oder teilweise ausgleichen. Sprechen Sie dazu mit Ihrem Rentenberater bei der Rentenversicherung.

Die Renteninformation – wo finden Sie was

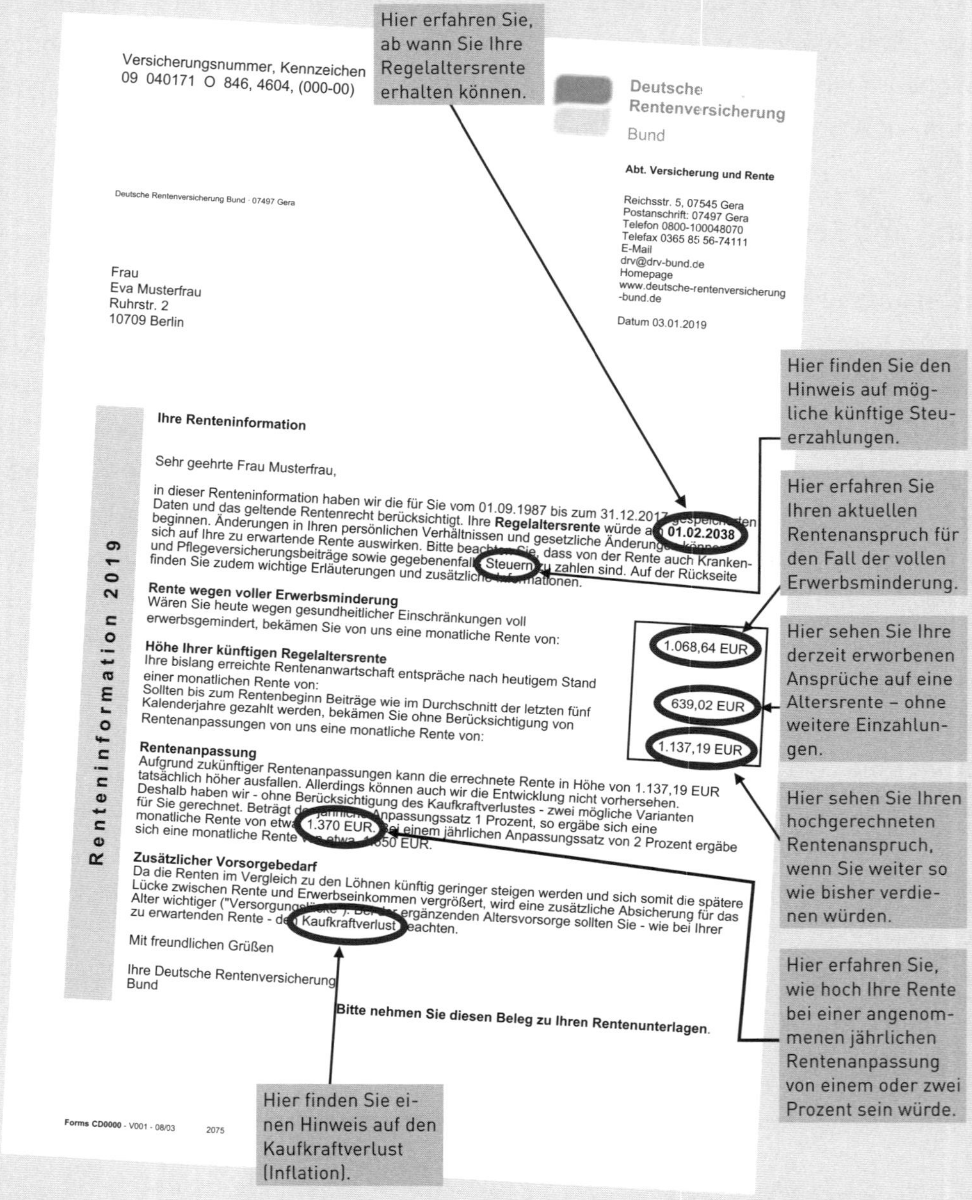
Versicherungsnummer, Kennzeichen
09 040171 O 846, 4604, (000-00)

Deutsche Rentenversicherung Bund

Abt. Versicherung und Rente

Reichsstr. 5, 07545 Gera
Postanschrift: 07497 Gera
Telefon 0800-100048070
Telefax 0365 85 56-74111
E-Mail
drv@drv-bund.de
Homepage
www.deutsche-rentenversicherung-bund.de

Deutsche Rentenversicherung Bund · 07497 Gera

Frau
Eva Musterfrau
Ruhrstr. 2
10709 Berlin

Datum 03.01.2019

Renteninformation 2019

Ihre Renteninformation

Sehr geehrte Frau Musterfrau,

in dieser Renteninformation haben wir die für Sie vom 01.09.1987 bis zum 31.12.2017 gespeicherten Daten und das geltende Rentenrecht berücksichtigt. Ihre **Regelaltersrente** würde am **01.02.2038** beginnen. Änderungen in Ihren persönlichen Verhältnissen und gesetzliche Änderungen können sich auf Ihre zu erwartende Rente auswirken. Bitte beachten Sie, dass von der Rente auch Kranken- und Pflegeversicherungsbeiträge sowie gegebenenfalls Steuern zu zahlen sind. Auf der Rückseite finden Sie zudem wichtige Erläuterungen und zusätzliche Informationen.

Rente wegen voller Erwerbsminderung
Wären Sie heute wegen gesundheitlicher Einschränkungen voll erwerbsgemindert, bekämen Sie von uns eine monatliche Rente von: 1.068,64 EUR

Höhe Ihrer künftigen Regelaltersrente
Ihre bislang erreichte Rentenanwartschaft entspräche nach heutigem Stand einer monatlichen Rente von: 639,02 EUR
Sollten bis zum Rentenbeginn Beiträge wie im Durchschnitt der letzten fünf Kalenderjahre gezahlt werden, bekämen Sie ohne Berücksichtigung von Rentenanpassungen von uns eine monatliche Rente von: 1.137,19 EUR

Rentenanpassung
Aufgrund zukünftiger Rentenanpassungen kann die errechnete Rente in Höhe von 1.137,19 EUR tatsächlich höher ausfallen. Allerdings können auch wir die Entwicklung nicht vorhersehen. Deshalb haben wir - ohne Berücksichtigung des Kaufkraftverlustes - zwei mögliche Varianten für Sie gerechnet. Beträgt der jährliche Anpassungssatz 1 Prozent, so ergäbe sich eine monatliche Rente von etwa 1.370 EUR. Bei einem jährlichen Anpassungssatz von 2 Prozent ergäbe sich eine monatliche Rente von etwa 1.650 EUR.

Zusätzlicher Vorsorgebedarf
Da die Renten im Vergleich zu den Löhnen künftig geringer steigen werden und sich somit die spätere Lücke zwischen Rente und Erwerbseinkommen vergrößert, wird eine zusätzliche Absicherung für das Alter wichtiger ("Versorgungslücke"). Bei der ergänzenden Altersvorsorge sollten Sie - wie bei Ihrer zu erwartenden Rente - den Kaufkraftverlust beachten.

Mit freundlichen Grüßen

Ihre Deutsche Rentenversicherung
Bund

Bitte nehmen Sie diesen Beleg zu Ihren Rentenunterlagen.

Forms CD0000 - V001 - 08/03 2075

Quelle: Deutsche Rentenversicherung Bund

ion 2019

Rentenbeiträge und Entgeltpunkte

Bisher haben wir für Ihr Rentenkonto folgende Beiträge erhalten:	
Von Ihnen	84.780,89 EUR
Von Ihrem/n Arbeitgeber/n	63.216,16 EUR
Von öffentlichen Kassen (z.B. Krankenkasse, Agentur für Arbeit)	2.766,86 EUR
Aus den erhaltenen Beiträgen und Ihren sonstigen Versicherungszeiten haben Sie bisher insgesamt Entgeltpunkte in folgender Höhe erworben:	30,7657

Die verschiedenen Rentenarten bei der gesetzlichen Rente

Die Regelaltersrente

Seit 2012 gibt es die Rente ab 65 Jahren nicht mehr. Als Antwort auf den demografischen Wandel und die Tatsache, dass Rentner eine immer höhere Lebenserwartung haben, wurde die Regelaltersgrenze stufenweise auf 67 Jahre angehoben. Der durchschnittliche Renteneintritt hat sich seitdem bei etwa 64 Jahren eingependelt.

Das Alter bei Rentenbeginn

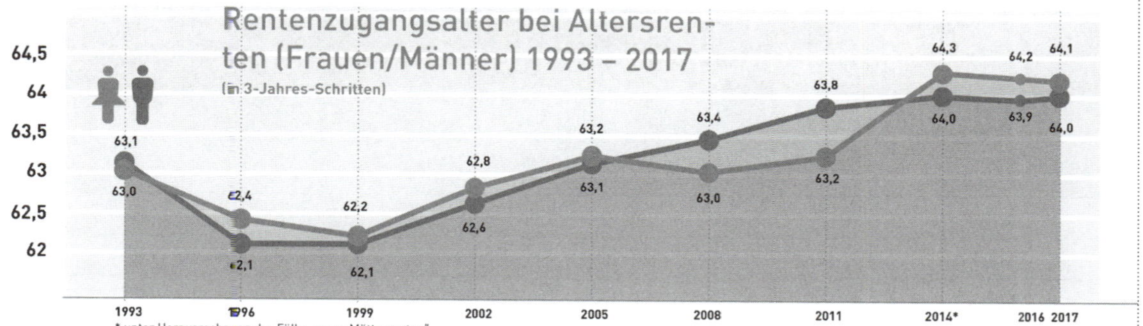

* unter Herausrechnung der Fälle „neuer Mütterrenten"

Beinahe jeder hat Anspruch auf die Regelaltersgrenze. Lediglich fünf Versicherungsjahre sind Voraussetzung. Für die vor 1947 Geborenen war das Eintrittsalter 65 Jahre. Seitdem steigt die Altersgrenze an. 1964 Geborene können erst mit 67 Jahren die Regelaltersrente beziehen.

Die Varianten der Altersrente sind besonders interessant, da Versicherte unter verschiedenen Bedingungen auch vor der Regelalterszeit in den Ruhestand gehen können. Mitglieder mit langer Erwerbsbiografie und dementsprechend vielen Beitragsjahren oder mit mindestens 50-prozentiger Körperbeschädigung können mit oder sogar ohne Abschläge die vorzeitige Rente beantragen.

Allerdings gibt es auch Beschäftigte, die gerne länger arbeiten und den Rentenbeginn hinausschieben wollen. Auch das ist möglich.

Versicherte bekommen ohne zusätzlichen Rentenbeitrag für jeden Monat, den sie über die Regelrente hinaus auf eine Rente verzichten, einen Zuschlag von 0,5 Prozent pro Monat oder sechs Prozent pro Jahr. Zahlen sie weiter Rentenbeiträge, kommen die Entgeltpunkte dazu und die Rentenansprüche erhöhen sich.

Nehmen sie die ihnen zustehende Altersrente nur in Teilen in Anspruch, so gibt es später Zuschläge für die nicht in Anspruch genommene Vollrente.

Wer sich fit fühlt und sich ausgerechnet hat, dass es mit der Rente knapp wird, und seinen Arbeitgeber überzeugen kann, noch ein Jahr länger zu arbeiten, kann diese Option ziehen. Man muss allerdings sehr alt werden, wenn sich dieses Modell rechnen soll.

Wer vor der Regelalterszeit in Rente geht, muss sich aber klarmachen, dass er nur 6300 Euro abschlagsfrei dazuverdienen kann. Man kann zwar auch nur einen Teil der Rente abrufen und hat dann höhere abschlagsfreie Zusatzverdienstmöglichkeiten. Es ist aber individuell zu prüfen, ob es nicht sinnvoller ist, gleich bis zur Regelaltersgrenze zu arbeiten.

Die Varianten der Altersrente sind besonders interessant, da Versicherte unter verschiedenen Bedingungen auch vor der Regelalterszeit in den Ruhestand gehen können. Mitglieder mit langer Erwerbsbiografie und dementsprechend vielen Beitragsjahren oder mit mindestens 50-prozentiger Körperbeschädigung können mit oder sogar ohne Abschläge die vorzeitige Rente beantragen.

Anhebung der Regelaltersgrenze auf 67

Versicherte	Anhebung	auf das Alter	
Geburtsjahr	um ... Monate	Jahr	Monat
1952	6	65	6
1953	7	65	7
1954	8	65	8
1955	9	65	9
1956	10	65	10
1957	11	65	11
1958	12	66	0
1959	14	66	2
1960	16	66	4
1961	18	66	6
1962	20	66	8
1963	22	66	10
1964	24	67	0

Die Varianten der Altersrente für einen früheren Rentenbeginn

Altersrente für besonders langjährig Versicherte
Mit 45 Beitragsjahren ohne Abschlag und je nach Jahrgang mit 63 bis 65 Jahren in Rente gehen.
Altersrente für langjährig Versicherte
Mit 35 Beitragsjahren mit (ausgleichbarem) Abschlag und 63 Jahren in vorzeitigen Ruhestand gehen.
Altersrente für schwerbehinderte Menschen
Ohne Abschlag mit 35 Beitragsjahren und 50 Prozent Behinderung je nach Jahrgang mit 63 bis 65 in Rente gehen.
Mit Abschlag mit 35 Beitragsjahren und 50 Prozent Behinderung je nach Jahrgang mit 60 bis 62 in Rente gehen.

Die Altersrente für besonders langjährig Versicherte

Bei der abschlagsfreien vorzeitigen Rente sind 45 Jahre Versicherungszeit die Voraussetzung. Anrechnungszeiten wie Schule und Studium werden hier unter anderem nicht berücksichtigt. Wer 1953 geboren wurde, konnte tatsächlich mit 63 Jahren zu vollen Bezügen in Rente gehen. Mit dem Geburtsjahr 1964 ist diese Form der Altersrente erst ab 65 Jahren möglich.

Bis zur Regelaltersgrenze weiterzuarbeiten, statt mit 45 Beitragsjahren in Rente zu gehen, lohnt sich in den meisten Einzelfällen nicht. Aber es mag dafür mehr als einen Beweggrund geben. Bei einer sozialversicherten Weiterarbeit werden weitere Entgeltpunkte erworben.

Abschlagsfreie Rente mit 45 Beitragsjahren

Versicherte Geburtsjahr	Anhebung der Altersgrenze um ... Monate	künftiger normaler Rentenbeginn	
		Jahr	Monat
1954	4	63	4
1955	6	63	6
1956	8	63	8
1957	10	63	10
1958	12	64	0
1959	14	64	2
1960	16	64	4
1961	18	64	6
1962	20	64	8
1963	22	64	10
1964	24	65	0

Die Altersrente für langjährig Versicherte

Wer 35 Beitragsjahre auf seinem Rentenkonto hat, kann tatsächlich pünktlich mit 63 Jahren in Rente gehen. Dabei werden, anders als bei der Rente für besonders langjährig Versicherte, auch Anrechnungszeiten und Berücksichtigungszeiten mitgerechnet, also Zeiten wie Schule und Studium, Arbeitslosigkeit oder Schwangerschaft.

Sogar Zeiten, die über einen Versorgungsausgleich bei einer Scheidung erworben wurden, fließen hier mit ein. Lassen Sie sich die Beitragsjahre von einem Rentenberater ausrechnen, wenn Sie nicht den Überblick haben.

Entsprechend viele Beschäftigte sind also berechtigt, diese Rente ab 63 in Anspruch zu nehmen. Der Haken? Nun, die Rente beginnt zwar mit 63 Jahren, aber für jeden Monat, den Sie vor der Regelrentenzeit in Rente gehen, muss ein Abschlag in Höhe von 0,3 Prozent in Kauf genommen werden. Und das ist nicht unerheblich. Ein Frührentner mit dem Geburtsjahr 1964 bekommt so 14,4 Prozent weniger Rente, und zwar lebenslang. Das will überlegt sein. Dieser Abschlag kann finanziell ausgeglichen werden, aber die Summe ist nicht unerheblich.

Regelungen zur Altersteilzeit mit der Regelaltersgrenze von 65 Jahren, die vor dem 1. 1. 2017 und für alle vor dem 1. 1. 1955 Geborenen vereinbart wurden, haben Bestandsschutz. Diese bleiben weiter bestehen und müssen nicht angepasst werden.

Abschlag bei der Rente mit 63 Jahren und 35 Beitragsjahren

Versicherte Geburtsjahr	Anhebung der Altersgrenze um ... Monate	künftiger normaler Rentenbeginn		Abschlag bei Rentenbeginn mit 63 in Prozent
		Jahr	Monat	
1952	6	65	6	9,0
1953	7	65	7	9,3
1954	8	65	8	9,6
1955	9	65	9	9,9
1956	10	65	10	10,2
1957	11	65	11	10,5
1958	12	66	0	10,8
1959	14	66	2	11,4
1960	16	66	4	12,0
1961	18	66	6	12,6
1962	20	66	8	13,2
1963	22	66	10	13,8
ab 1964	24	67	0	14,4

Quelle: Deutsche Rentenversicherung Bund

Tipp

Wer den Abschlag für eine Rente mit 63 Jahren bezahlt und dann doch erst mit der Regelaltersgrenze in Rente geht, bekommt die zusätzlichen Rentenentgeltpunkte gutgeschrieben und somit eine höhere Rente. Das ist die einzige Möglichkeit für Pflichtversicherte, in der Rentenversicherung zusätzliche Beiträge einzubezahlen. Wegen der guten Rendite von etwa drei Prozent ist das eine gute Wahl. Im Vergleich zu Produkten der Versicherungswirtschaft schneidet die gesetzliche Rentenversicherung gut ab, und das ohne Vermittlungsprovisionen, Verwaltungsgebühren und Kleingedrucktes.

Den Abschlag zur Rente mit 63 ausgleichen

Die Ausgleichszahlungen, um einem Rentenabschlag bei der Rente ab 63 zu entgehen, scheinen auf den ersten Blick sehr hoch. Auf der Tabelle mit gerundeten Werten stehen bei einer Bruttorente von 1200 Euro und einem um 36 Monate vorgezogenen Rentenbeginn ein Abschlag von 130 Euro und eine Ausgleichszahlung von knapp 32 000 Euro, um den Abschlag zu egalisieren. Dies entspricht einem Geburtsjahrgang von 1958, der mit 63 in Rente gehen möchte und dessen Regelaltersgrenze drei Jahre später mit 66 Jahre beginnen würde.

Legt er das Geld auf ein Konto und nimmt sich jeden Monat 130 Euro, wie lange reicht dann das Geld? 32 000 : 130 = 246,15 abgerundet 246. Das sind 246 Monate oder gut 20,5 Jahre (ohne Rentensteigerung gerechnet). Nun kann er durch das Verteilen der 32 000 Euro auf mehrere Jahre dieses Geld zum großen Teil von der Steuer abschreiben. Bei einem hohen Spitzensteu-

Abschläge und Ausgleichszahlungen (Stand Juli 2019)

Bruttorente und Ausgleichszahlung in Euro	Rentenbeginn vorgezogen um 1 Jahr	Rentenbeginn vorgezogen um 2 Jahre	Rentenbeginn vorgezogen um 3 Jahre
800 Euro/Monat – Abschlag Ausgleichszahlung	29 Euro 6541 Euro	58 Euro 13 589 Euro	87 Euro 21 206 Euro
1000 Euro/Monat – Abschlag Ausgleichszahlung	36 Euro 8176 Euro	72 Euro 16 986 Euro	108 Euro 26 507 Euro
1200 Euro/Monat – Abschlag Ausgleichszahlung	43 Euro 9811 Euro	87 Euro 20 383 Euro	130 Euro 31 808 Euro
2400 Euro/Monat – Abschlag Ausgleichszahlung	87 Euro 19 622 Euro	173 Euro 40 766 Euro	259 Euro 63 617 Euro
Berechnung: Deutsche Rentenversicherung Bund, einmaliger Vollausgleich, Werte für Rente West			

ersatz inklusive Solidaritätszuschlag werden daraus schnell nur noch 20 000 Euro oder sogar noch weniger gezahlte Beiträge, da der Rest von der Steuer zurückerstattet wird. Bei 20 000 : 130 sieht die Rechnung deutlich besser aus. Dann sind das nur noch 153 Monate oder knapp 13 Jahre. Könnte ein guter Deal sein! Wer mag, kann auch nur einen Teil des Abschlages ausgleichen. Für Ost-Rentner sieht die Rechnung derzeit wegen des bis 2024 stärker steigenden Entgeltwertes der Rentenpunkte noch günstiger aus. Die Rente muss allerdings versteuert werden.

Da Renten abschmelzend noch bis 2040 je nach Renteneintrittsjahr einen steuerfreien Anteil haben und die Steuerbelastung im Rentenalter regelmäßig geringer ist, verschlechtert sich die Rendite je nach individuellem Steuersatz. Da die gesetzliche Rente in den letzten Jahren durchschnittlich eine Steigerung von zwei bis drei Prozent erbrachte, kann die Besteuerung hier gegengerechnet werden. Bei zehn bis 15 Prozent Steuern und einem Rentenbeginn mit 63 Jahren beginnt nach 15 Jahren, also im Alter von 78, die Gewinnphase. Es ist eine Wette gegen die Lebenszeit, die sehr viele Rentner gewinnen werden.

Ein Nachteil bleibt: Der Teil der Rente, der wegfällt, weil der Versicherte bis zur Regelaltersgrenze keine weiteren Rentenbeiträge mehr bezahlt, kann nicht ausgeglichen werden.

Bei einer Rente mit 63 und Abschlägen oder einer Regelaltersrente schneiden sich die Kurven etwa bei einem Alter von etwa 81 Jahren. Vorher ist der Frührentner finanziell im Vorteil, danach der Regelalterszeit-Rentner.

Die Altersrente für schwerbehinderte Menschen

Es gibt körperlich sehr anstrengende Jobs, durch die die Gesundheit leidet. Eine chronische Erkrankung und/oder eine Behinderung können die Folge sein. Nicht alle Firmen können jedoch eine weniger belastende Arbeit anbieten. Für die gesetzlich Rentenversicherten besteht ab einem Grad der Behinderung von 50 Prozent und insgesamt 35 Beitragsjahren die Möglichkeit, je nach Jahrgang ab 63 Jahren plus einigen Monaten ohne Abschlag in den Ruhestand zu gehen. Durch die Anhebung der Renten-Altersgrenze ist der abschlagsfreie Rentenbeginn wegen Schwerbehinderung für die anstehenden Rentenjahrgänge 1957 mit 63 Jahren plus elf Monate und für den Jahrgang 1958 mit 64 Jahren.

Wer die 35 Versicherungsjahre erfüllt und zu 50 Prozent oder mehr schwerbehindert ist, kann noch einmal drei Jahre früher in den Ruhestand gehen. Für den Jahrgang 1958 also mit 61 Jahren. Allerdings wird dann je Monat ein Abschlag von 0,3 Prozent von der Rente abgerechnet. Das sind maximal 10,8 Prozent. Abschläge können ganz oder teilweise durch steuerbegünstigte Zahlungen an die Rentenkasse ausgeglichen werden. Je nach persönlichem Spitzensteuersatz und vorausschauend verteilt auf mehrere Jahresraten kann sich das lohnen.

Menschen, die mindestens 25 Jahre an einem Arbeitsplatz im Bergbau unter Tage im Einsatz waren, können noch früher in Rente gehen. Das Kapitel Bergbau ist aber in Deutschland abgeschlossen, da die letzte Zeche geschlossen wurde.

Stufenweise Anhebung der Altersgrenze auf 65 Jahre			
Geburtsjahr	Anhebung um Monate	Rentenbeginn	3 Jahre früherer Rentenbeginn mit 10,8 % Abschlag
1957	11	63 Jahre 11 Monate	60 Jahre 11 Monate
1958	12	64 Jahre	61 Jahre
1959	14	64 Jahre 2 Monate	61 Jahre 2 Monate
1960	16	64 Jahre 4 Monate	61 Jahre 4 Monate
1961	18	64 Jahre 6 Monate	61 Jahre 6 Monate
1962	20	64 Jahre 8 Monate	61 Jahre 8 Monate
1963	22	64 Jahre 10 Monate	61 Jahre 10 Monate
ab 1964	24	65 Jahre	62 Jahre

Die Rente wegen Minderung der Erwerbsfähigkeit

Für Pflichtversicherte bietet die gesetzliche Rentenversicherung ein soziales Netz, um eine Erwerbsminderung durch eine vorläufige, zeitlich begrenzte Rentenzahlung auszugleichen. Ist die Erwerbsminderung beispielsweise durch einen Arbeitsunfall eingetreten, sind nicht einmal die sonst üblichen 60 Monate Wartezeit Voraussetzung.

Um die Arbeitskraft wiederherzustellen, bietet die Rentenversicherung auch geeignete Rehabilitationsmaßnahmen an. Voraussetzung sind 15 Jahre Mitgliedschaft in der Rentenversicherung. Ziel ist es, mit dieser zeitlich begrenzten Rente dem Versicherten Zeit zu geben, um die Arbeitskraft wiederherzustellen. Die Rentenversicherung unterstützt ihn dabei.

Für die Rente wegen Erwerbsminderung gilt:

- Es wird geprüft, ob die medizinischen Voraussetzungen für eine vollständige oder teilweise Erwerbsminderung gegeben sind und ob die Versicherungszeiten erfüllt sind.
- Sie wird nur auf zunächst drei Jahre gezahlt. Die Befristung kann aber verlängert werden, wenn die Erwerbsminderung weiterbesteht.
- Vorsicht! Von der Beantragung bis zur ersten Rentenzahlung wegen teilweiser oder vollständiger Erwerbsminderung können mehrere Monate vergehen. Diese müssen Sie finanziell überbrücken.
- Wenn sich keine Besserung einstellt, kann diese Rente auch dauerhaft genehmigt werden.
- Je nach Geburtsjahr, Art der Einschränkung zur Berufsausübung oder Chancen auf eine berufliche Alternative gibt es unterschiedliche Konsequenzen, die eine individuelle Beratung notwendig machen.
- Wenn die zeitlich begrenzte Rente wegen Erwerbsminderung ausläuft, müssen Sie rechtzeitig, also mindestens vier Monate vorher, eine Verlängerung beantragen, wenn sich die Einschränkung nicht gebessert hat. Zwei Mal ist eine Verlängerung möglich.

Rehabilitation vor Erwerbsminderung

Wenn das Arbeiten wegen gesundheitlicher Probleme schwierig geworden ist, sei es wegen einer Krankheit oder wegen der Folgen eines Unfalls, übernimmt die Rentenversicherung eine entsprechende Rehabilitationsmaßnahme oder auch eine Umschulung. Voraussetzung sind 15 Jahre Mitgliedschaft in der Rentenversicherung. Reha-Maßnahmen werden aber auch von der Krankenkasse bezahlt, oft im Anschluss an einen Krankenhausaufenthalt. Bei einem Arbeitsunfall springt die gesetzliche Unfallversicherung ein. Alles nicht so einfach? Bei Fragen hilft die Reha-Servicestelle: www. reha-servicestellen.de.

Bei einer teilweisen Erwerbsminderung sind Sie noch mehr als drei Stunden am Tag belastbar. Die Rente ist nicht hoch, hat dann auch nur eine Zuschussfunktion. Ein Zusatzverdienst ist notwendig. Höchstgrenze hierfür ist das höchste rentenversicherungspflichtige Einkommen der letzten 15 Jahre vor Eintritt der Erwerbsminderung und der daraus resultierende Renten-Entgeltpunktwert. Dieser Wert wird mit Faktor 0,81 des Betrages, der derzeit nötig ist, um diese Entgeltpunkte zu erzielen, multipliziert. Das ist die Höchstverdienstgrenze. Wird diese überschritten, wird sie mit der Rente verrechnet. Lassen Sie sich bei der Berechnung von einem Rentenberater helfen.

Mit einer Erwerbsminderung ist oft ein sozialer Abstieg verbunden. Die Rente ist auch bei einer späteren Anerkennung einer vollen Erwerbsminderung nach zwei Verlängerungen für eine teilweise Erwerbsminderung nicht hoch. Und trotzdem ist sie natürlich besser als nichts. Teilzeitjobs für teilweise erwerbsgeminderte Menschen sind häufig nicht auf dem Arbeitsmarkt verfügbar.

Erwerbstätige, die vor dem 2. Januar 1961 geboren sind, haben über die Rentenversicherung eine Berufsunfähigkeitsabsicherung. Diese sichert die finanziellen Bedürfnisse aber nur in einem begrenzten Rahmen ab. Wer nach dem 1. Januar 1961 geboren ist und es sich leisten kann, kann in jungen Jahren eine private Berufsunfähigkeitsversicherung abschließen. Die Policen sind aber nicht billig und die Hürden bis zur Anerkennung einer Berufsunfähigkeit oft hoch. Da es neben einem Unfall oder einer Krebserkrankung häufig psychische Probleme sind, die zu einer Erwerbsminderung führen, sind vielfältige Gutachten nötig. Betroffene berichten regelmäßig von den Problemen bis zur Anerkennung. Auch bei einer Berufsunfähigkeitsversicherung gibt es Zusatzverdienstgrenzen, die letztlich das ganze Leben begrenzen. »Bleiben Sie gesund« ist nicht nur ein herzlich gemeinter Wunsch, sondern auch der beste Tipp.

Und wenn der Fall einer Berufsunfähigkeit doch eintritt, brauchen Sie eine gute Beratung, einen Arzt, einen Rentenberater, einen spezialisierten Anwalt oder am besten alle drei zusammen.

Die Erwerbsminderungsrente

Weniger als drei Stunden arbeitsfähig

- Sie sind voll erwerbsunfähig und haben Anspruch auf die volle Erwerbsminderungsrente.

Drei bis sechs Stunden arbeitsfähig

- Teilweise erwerbsgemindert sind Sie, wenn Sie auf absehbare Zeit noch mindestens drei, aber nicht mehr als sechs Stunden täglich arbeiten können. Egal in welchem Job. Bei Anerkennung erhalten Sie die halbe Erwerbsminderungsrente, da Sie über eine Teilzeitarbeit die andere Hälfte des Lebensunterhaltes verdienen können.
- Wenn auf dem Arbeitsmarkt kein Teilzeitjob verfügbar ist und Sie arbeitslos sind, kann es unter Umständen sein, dass Sie eine volle Erwerbsminderungsrente zugesprochen bekommen.

Sechs Stunden oder mehr arbeitsfähig

- Diese Einschränkung reicht nicht aus, um eine Erwerbsminderungsrente zu bekommen. Wenn Sie Ihren erlernten Beruf keine sechs Stunden ausüben können, aber für eine andere Tätigkeit mehr als sechs Stunden arbeitsfähig sind, so ist das ein Fall einer Berufsunfähigkeit, die nicht über die gesetzliche Rentenversicherung abgedeckt ist. Sie bekommen dann keine Erwerbsminderungsrente. Diese Versicherungsleistung müssten Sie privat über eine Berufsunfähigkeitsversicherung abdecken. Bei einer langwierigen Krebserkrankung oder psychischen Beeinträchtigung kann eine Berufsunfähigkeitsversicherung für Erwerbstätige, die nach dem 1. Januar 1961 geboren sind, sinnvoll sein.
- Sie sind vor dem 2. Januar 1961 geboren? Dann gilt für Sie eine Vertrauensschutzregelung. Wenn Sie in Ihrem erlernten oder gleichwertigen Beruf nur noch weniger als sechs Stunden arbeiten können, können Sie eine halbe Erwerbsminderungsrente bewilligt bekommen. Die Rentenversicherung prüft aber, ob Sie in einem anderen vergleichbaren Beruf noch sechs Stunden arbeiten können, ob diese Tätigkeit Ihrer Ausbildung und Ihrem Leistungspotenzial entspricht und ob diese auch für Ihre soziale Stellung zumutbar ist. Stehen ausreichend Arbeitsplätze mit dieser Qualität zur Verfügung, wird die Rentenversicherung trotz Vertrauensschutzregelung keine Erwerbsminderungsrente genehmigen.

Hinterbliebene absichern

Wenn der Ehemann oder die Ehefrau stirbt, bekommt der überlebende Ehepartner eine Witwenrente. Dies ist in vielen Fällen eine notwendige soziale Absicherung. Auch für Kinder, die noch nicht auf eigenen Füßen stehen, gibt es eine Unterstützung der Rentenversicherung, die sogenannte Waisenrente.

Voraussetzung ist eine 5-jährige Mindestversicherungszeit des Versicherten. Die Höhe der Hinterbliebenenrente ist abhängig von den Rentenansprüchen, die der Verstorbene bereits erworben hat. Die Ehe muss mindestens ein Jahr gedauert haben, nur bei einem nicht vorhersehbaren Unfall ist diese Karenzzeit für eine Hinterbliebenenrente nicht nötig.

Überlebende Ehepartner können je nach Situation zwischen 25 und 60 Prozent des Rentenanspruches des Verstorbenen als Rente bekommen und Kinder immerhin als Halbwaisen zehn oder als Vollwaisen 20 Prozent. War der Verstorbene noch keine 63 Jahre alt, werden pro Monat des vorzeitigen Rentenbeginns 0,3 Prozent abgezogen, aber nicht mehr als 10,8 Prozent. Auch wenn der Versicherte mit 50 Jahren stirbt, bleibt es beim maximalen Abzug von 10,8 Prozent.

In den ersten drei Monaten nach dem Tod, im sogenannten Sterbevierteljahr, wird die Rente des Versicherten an die Hinterbliebenen in voller Höhe weiter ausbezahlt. Danach wird die Hinterbliebenenrente mit den möglichen Einschränkungen berechnet und weitergeführt.

Die Hinterbliebenenrente für den Ehepartner

Ein entscheidender Faktor für die Höhe der Hinterbliebenenrente ist, ob der Ehepartner oder Partner aus einer eingetragenen Lebenspartnerschaft Anspruch auf die Große oder Kleine Witwenrente hat.

Große oder Kleine Witwenrente

Zunächst ist zu klären, ob der überlebende Ehepartner Anspruch auf eine Große oder Kleine Witwenrente hat.

Bis zur stufenweise Einführung der Rente mit 67 war die Altersgrenze für die Große Witwenrente 45 Jahre. Waren Witwe oder Witwer 45 Jahre oder älter, konnten sie die Witwenrente erhalten. Die neue Altersgrenze verschiebt sich seitdem je Todesjahr des Versicherten, das zur Witwenrente berechtigt, pro Jahr um einen Monat. Im Todesjahr 2020 ist die Altersgrenze 45 Jahre und neun Monate und 2021 sind es 45 Jahre und zehn Monate.

Weitere Gründe für den Anspruch auf eine Große Witwenrente neben der Altersgrenze sind: Der überlebende Ehepartner ist erwerbsgemindert oder er erzieht ein Kind, das noch keine 18 Jahre alt ist. Bei einem behinderten Kind gibt es keine Altersgrenze.

Um die Sache noch etwas komplizierter zu machen: Die Große Witwenrente kann 60 Prozent oder 55 Prozent der Rentenansprüche des Partners zuzüglich eines möglichen Kinderzuschlags betragen. Der Unterschied hat seinen Grund darin, dass es 2002 eine Neuregelung der Witwenrente gab und es deshalb ein altes und ein neues Recht gibt.

Der überlebende Partner bekommt 60 Prozent, wenn das alte günstigere Recht gilt.

Voraussetzung für altes Recht:

- wenn der Ehepartner vor dem 1. 1. 2002 gestorben ist;
- wenn der vor dem 2. 1. 1962 geborene Ehepartner nach 2002 gestorben ist, die Ehepartner aber vor dem 1. 1. 2002 geheiratet haben.

Beispiel für eine Große Witwenrente mit 60 Prozent:
Der Ehepartner ist 2018 gestorben. Das Paar hat 2000 geheiratet und einer der Partner ist 1959 geboren, also vor dem 2. 1. 1962. Es gibt aber keinen Kinderzuschlag.

Beispiel für eine Große Witwenrente mit 55 Prozent (neues Recht):
Der Ehepartner ist 2018 gestorben. Das Paar hat 2003 geheiratet und einer der Partner ist 1959 geboren. Der überlebende Ehepartner erhält dann aber einen Kinderzuschlag, wenn er Kinder unter drei Jahren erzieht. Die Große Witwenrente wird zeitlich immer unbegrenzt ausbezahlt.

Die Kleine Witwenrente

Erfüllt der überlebende Ehepartner die Voraussetzungen für die Große Witwenrente nicht – er ist jünger als die Altersgrenze und nicht erwerbsgemindert –, erhält er die Kleine Witwenrente und bekommt 25 Prozent zuzüglich eines Kinderzuschlags bis zum dritten Lebensjahr des Kindes.

Die Kinderzuschläge werden jährlich angepasst und unterscheiden sich bis zur Rentenangleichung noch geringfügig zwischen Ost und West. Zur Orientierung: Bei einer Kleinen Witwenrente sind das etwa 30 Euro für das erste Kind und etwa 15 Euro für das zweite und die weiteren Kinder, bei einer Großen Witwenrente etwa 65 Euro für das erste Kind und knapp 35 Euro für das zweite und die weiteren Kinder.

Altersgrenze für die Große Witwenrente

Todesjahr des Versicherten	Altersgrenze für Große Witwenrente
2020	45 Jahre und 9 Monate
2021	45 Jahre und 10 Monate
2022	45 Jahre und 11 Monate
ab 2024 …	Anhebung um je 2 Monate pro Jahr …
ab 2029	47 Jahre

Großer Altersunterschied der Ehepartner bei Betriebsrente

Wenn ein Partner im fortgeschrittenen Alter sich noch einmal in einen sehr viel jüngeren Partner verliebt, spielen neben den romantischen Gefühlen auch realistische Überlegungen eine Rolle. Der ältere Partner wird rein statistisch früher sterben. Wenn er eine üppige Betriebsrente bezieht und das Paar überlegt, durch eine Eheschließung diese Rente im Todesfall dem jüngeren Partner zukommen zu lassen, könnte es sein, dass dies vor Gericht ausgefochten werden muss. Die Träger der Betriebsrente berufen sich dabei auf eine Klausel in meist älteren Verträgen, dass für einen zehn bis 15 Jahre jüngeren Partner diese Rente deutlich gekürzt wird. Es gibt auch Klauseln, die einen Stopp der Zahlungen für einen 15 Jahre jüngeren Ehepartner vorsehen oder wenn der Versicherte spätestens mit 59 Jahren geheiratet hat. Die Erfolgsaussichten vor Gericht hängen natürlich von der individuellen Konstellation ab, aber die Urteile fallen oft zugunsten der Witwen oder Witwer aus.

Es sind übrigens nicht nur üppig abgesicherte Betriebsrentner großer Firmen, die sich im fortgeschrittenen Alter noch einmal in einen sehr viel jüngeren Partner verlieben: 2017 gab es in Deutschland 736 000 Paare mit einem Altersunterschied von elf bis 16 Jahren und 298 000 Paare mit einem sogar noch größeren Altersunterschied.

Die Kleine Witwenrente ist nach neuem Recht auf 24 Monate begrenzt. Wenn der überlebende Ehepartner die Voraussetzungen für das alte Recht erfüllt, wird diese unbegrenzt bezahlt.

Auch bei einem größeren Altersunterschied der beiden Ehepartner kann es also sein, dass der überlebende Ehepartner noch keine 45 bis 47 Jahre alt ist und deshalb keine Große Witwenrente möglich ist.

Wird während der Laufzeit der Kleinen Witwenrente die Altersgrenze für die Große Witwenrente erreicht, kann ein Antrag auf Umstellung eingereicht werden. Die Zahlung wird also nicht automatisch, sondern nur auf Antrag umgestellt. Dies gilt ebenso, wenn während der Laufzeit der Kleinen Witwenrente eine Erwerbsminderung eintritt, dann besteht nach einem Antrag Anspruch auf die Große Witwenrente.

Verrechnung mit eigenen Einkünften

Dass Sie allerdings die Kleine oder Große Witwenrente in voller Höhe bekommen, ist eher unwahrscheinlich. Diese Rente wird mit der eigenen Rente und dem Einkommen nach unterschiedlichen Regeln teilweise verrechnet und gekürzt. Altfälle werden unter Umständen anders bewertet.

Auch Elterngeld und Arbeitslosengeld I haben Auswirkungen auf die Witwenrente. Nach neuem Recht werden Betriebsrenten, Kapitalerträge oder Mieteinnahmen verrechnet. Witwenrentnern nach altem Recht bleibt dies erspart. Zwar gibt es für das Einkommen einen jährlich angepassten Freibetrag, der liegt aber bei derzeit deutlich unter 1000 Euro (in 2019: 845,59 Euro im Westen und 810,22 Euro im Osten). Höhere Einkünfte werden zu 40 Prozent mit der Witwenrente verrechnet.

Die Möglichkeiten sind also vielfältig, wie diese Witwenrente gekürzt werden kann, falls andere eigene Einkunftsquellen vorhanden sind.

Auf die Waisenrente wird kein Einkommen angerechnet.

Oft gestellte Fragen zur Witwenrente

Das gemeinsame Leben ist zu Ende und der überlebende Partner muss sich Gedanken über seine Zukunft machen. Daraus ergeben sich neue Konstellationen und Fragen, was dies jeweils für die Witwenrente bedeutet.

Neue Heirat Wer erneut heiratet, verliert den Anspruch auf die Witwenrente. Und nun die gute Nachricht. Sie können sich die Rentenansprüche abfinden lassen. Die Abfindung beträgt das 24-fache der Rente, die in den letzten zwölf Monaten durchschnittlich nach der Einkommensanrechnung bezahlt wurde. Eine schöne Starthilfe in das neue Glück.

Und wenn auch der zweite Partner vorzeitig stirbt, ist es unter Umständen möglich, den Anspruch auf die Witwenrente des vorletzten Partners wieder aufleben zu lassen.

Der verstorbene Partner war mehrmals verheiratet Auch die anderen Expartner haben dann Anspruch auf eine Hinterbliebenenrente. Die Dauer der Ehe begründet den Anteil an der Witwenrente.

Rentensplitting Es ist ein Rechenspiel, bei dem Sie sich beraten lassen sollten. Sie können sich bereits zu Lebzeiten, wenn beide Partner mindestens 25 Beitragsjahre erfüllt haben und ein Partner bereits die Regelaltersrente erreicht hat, bei gemeinsamer Willenserklärung die während der Ehezeit erworbenen Rentenentgeltpunkte hälftig übertragen lassen.

Nach dem Tod ist dies auch einseitig durch den überlebenden Ehepartner möglich. Voraussetzung ist:

- Entweder sind beide Partner erst nach dem 1. 1. 1962 geboren
- oder die Ehe wurde erst nach dem 31. 12. 2001 geschlossen.

Die Erfüllung der 25 Beitragsjahre lässt sich eventuell in einem individuellen Beratungsgespräch bei der Rentenversicherung klären.

Sie verzichten durch das Rentensplittung auf eine Witwenrente, erhöhen aber so den Anspruch auf eine eigene höhere Regelaltersrente.

Wer kein Einkommen hat, für den wird die Witwenrente interessanter sein. Aber wenn Sie selbst ein Arbeitsverhältnis haben und eventuell kurz vor der Regelaltersrente stehen, kann ein Rentensplitting die finanziell bessere Lösung sein.

Wenige denken an die Erziehungsrente

Geschiedene Partner, die nach der Trennung unverheiratet geblieben sind, mit Kindern im Alter bis 18 Jahren oder mit behinderten Kindern ohne Altersbegrenzung, können beim Tod des zweiten Elternteils eine Erziehungsrente beantragen. Dies ist auch für Kinder des Ehepartners und Pflegekinder möglich.

Die Erziehungsrente bezieht sich auf die eigenen Rentenansprüche und nicht auf die Rentenansprüche des Expartners. Voraussetzung ist unter anderem eine Mindestversicherungszeit von fünf Jahren, die vor dem Tod des Expartners erfüllt sein muss.

TIPP: Der Anspruch auf eine Erziehungsrente gilt auch für verwitwete Ehepartner mit Kindern. Überlegen Sie, nach dem Tod des Partners ein Rentensplitting zu beantragen, dann verlieren Sie zwar den Anspruch auf die Witwenrente, aber gewinnen die Möglichkeit – auf Basis der eigenen Rentenansprüche – für eine Erziehungsrente für noch vorhandene Kinder im Erziehungsalter. Dazu erhöht sich der Anspruch für eine spätere Regelaltersrente oder eine Rente mit 63. Dies muss aber gründlich durchgerechnet werden.

Die Erziehungsrente entspricht in der Höhe der Rente wegen voller Erwerbsminderung mit einem Abschlag für einen Bezug vor dem 65. Lebensjahr. Ein vorhandenes anderes Einkommen wird dabei angerechnet. Gibt es eine weitere zweite Rente, so wird nur die höchste bezahlt. Wegen der vielen Einschränkungen und Bedingungen ist eine individuelle Beratung unerlässlich.

Die Waisenrente

Bis zum 18. Lebensjahr und auch bei Ausbildung bis zum 27. Lebensjahr haben Halbwaisen einen Anspruch auf zehn Prozent und Vollwaisen auf 20 Prozent der Versichertenrente, auf die die Verstorbenen Anspruch gehabt hätten oder bereits bezogen haben. Bei zwei Renten gilt nur die höhere. Beim Tod der Eltern oder eines Elternteils vor dem 65. Lebensjahr wird ein Abschlag bis maximal 10,8 Prozent abgerechnet.

Ein eigenes Einkommen wird bei einer Waisenrente nicht angerechnet.

Der Antrag für die Waisenrente sollte zügig gestellt werden. Diese Rente wird aber auch rückwirkend bis zu zwölf Kalendermonate ausbezahlt.

Kontakt mit der Rentenversicherung

Viele Fragen, die sich zur gesetzlichen Rentenversicherung und zur geförderten Rentenvorsorge ergeben, können bereits mit einem Besuch der Internetpräsenz der Rentenversicherung geklärt werden: *www.deutsche-rentenversicherung.de*

Verschiedene Broschüren sind einsehbar oder liegen mit einem Klick im Warenkorb für die kostenlose Bestellung.

Alle Anträge zur Rente sind dort hinterlegt und können online ausgefüllt oder als Datei zum Ausdrucken downgeloadet werden.

Für viele Fragen zur Rente gibt es hier aktuell und verbindlich Informationen. Gesetzesänderungen werden hier schnell dokumentiert.

Es findet sich dort die Service-Telefonnummer für Auskünfte oder zur Vereinbarung für einen Beratungstermin: 0800 1000 4800

Das Telefon ist Montag bis Donnerstag von 7.30 bis 19.30 Uhr und am Freitag von 7.30 bis 15.30 Uhr besetzt. Viel Geduld ist allerdings erforderlich, bis ein freier Ansprechpartner zur Verfügung steht. Wenn Sie also schon wissen, dass Sie einen Termin vereinbaren wollen und auf der Website die Adresse für Ihre Beratungsstelle gefunden haben, ist es möglich, den Termin online zu vereinbaren. Auch hier ist die Wartezeit für einen Termin lang.

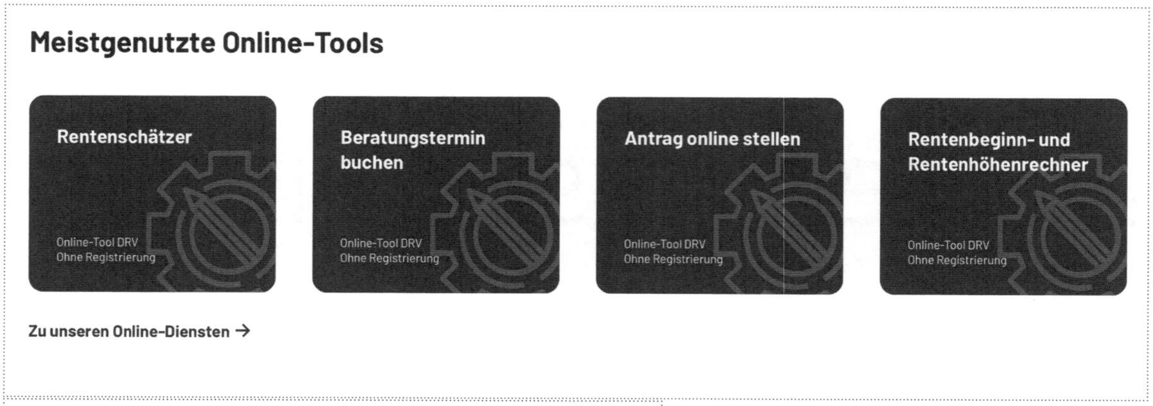

Bereits auf der Startseite der Internetseite der Deutschen Rentenversicherung finden Sie die Rubrik „Online-Tools“. Hier registrieren Sie sich nach den Anweisungen mit Ihrem neuen Personalausweis, der AusweisApp und einem geeigneten Kartenlesegerät.

Quelle: Produktbild von ReinerSCT

Online ausweisen und rechtsverbindlich Anträge stellen

Sie haben einen neuen Personalausweis mit Online-Ausweisfunktion? Dann brauchen Sie noch ein Lesegerät und die offizielle AusweisApp. Damit können Sie sich mit Ihrem Computer online auf der Website der Deutschen Rentenversicherung registrieren und Ihre Versichertenunterlagen, den Rentenverlauf sowie die Rentenprognose einsehen oder einen Beratungstermin buchen, Anträge stellen und persönliche Nachrichten schreiben.

Sind Sie mit dem Ausweis persönlich registriert, haben Sie die Möglichkeit, online ausgefüllte Formulare an die Deutsche Rentenversicherung zu senden, die Sie damit rechtsverbindlich digital unterschrieben haben. Auch schriftliche Anfragen können Sie so personalisieren.

So geht es

1 | Sie nehmen den Personalausweis, dessen Online-Funktion beim Einwohnermeldeamt freigeschaltet wurde. Sie haben dazu eine persönliche 5-stellige Pin, die Sie bei der erstmaligen Benutzung des Ausweises selbst ausgewählt haben.

2 | Für das Einlesen des Personalausweises brauchen Sie ein Ausweis-Lesegerät, das bei verschiedenen Anbietern angeboten wird.

3 | Das Lesegerät ist mit dem Computer verbunden, auf dem die kostenlose AusweisApp vom Bundesamt für Sicherheit in der Informationstechnik vorher installiert worden ist. Den offiziellen Downloadlink finden Sie hier: www.ausweisapp.bund.de. Es ist möglich, dass noch passende Treiber installiert werden müssen, die auf der Website des Anbieters des Lesegerätes oder beim Download der AusweisApp bereitgestellt werden.

4 | Sie öffnen das Programm AusweisApp. Sie öffnen dann den Browser mit der Website der Deutschen Rentenversicherung und klicken unter OnlineDienste auf der Startseite auf → mit Personalausweis .... Sie legen den Ausweis auf das Lesegerät, geben nach der Aufforderung durch die AusweisApp Ihre persönliche Pin ein – schon sind Sie registriert und haben unter den Online-Diensten Einsicht in Ihr Rentenkonto.

Sie haben dann Zugriff auf

- Ihre aktuelle Renteninformation,
- einen Überblick über die in Ihrem Konto gespeicherten Zeiten,
- Ihre bisher erworbenen Rentenansprüche,
- eine Prognose Ihrer voraussichtlichen Rente.

Nach dem gleichen System funktioniert auch die Online-Registrierung mit dem elektronischen Aufenthaltstitel oder der beim Notar erworbenen Signaturkarte (diese kostet extra und der elektronische Personalausweis ist für diese Zwecke ausreichend).

Wer sich mit Technik gut auskennt, kann statt des Lesegerätes auch ein Android-Handy mit NFC-Funktion und der entsprechenden AusweisApp für Android benutzen. Für ein Apple-iPhone mit IOS -Betriebssystem geht das noch nicht, da hier der NFC-Zugang für fremde Funktionen bislang gesperrt ist.

Ein unabhängiger Rentenberater oder Anwalt

Wenn Sie mit dem Rentenberater nicht ganz einer Meinung sind und Sie ein Problem mit Ihrem Rentenverlauf und der Berechnung Ihrer Rente haben, benötigen Sie eine unabhängige Beratung. Rentenberater lassen sich im Telefonverzeichnis finden oder unter der Website des Bundesverbandes der Rentenberater: www.rentenberater.de

Dieser Rentenberater verlangt zwar Honorar, was sich aber lohnen kann. Viele Konflikte kann er als Fürsprecher für Sie klären, ohne dass Sie gleich einen Anwalt bemühen müssen.

Ein entsprechender Fachanwalt kann in letzter Instanz aber notwendig sein, falls es zu einer gerichtlichen Klärung kommt. Mit Anwälten ist es wie mit Ärzten. Hören Sie sich bei Freunden und Bekannten nach Empfehlungen um. Der Deutsche Anwaltverein bietet unter www.anwaltauskunft.de eine Suchfunktion für entsprechend spezialisierte Anwälte an. Auch die Rechtsanwaltskammern sind hier behilflich.

Die Renten für Freiberufler und Beamte

Freiberufler wie Ärzte, Anwälte oder Steuerberater können sich von der Versicherungspflicht bei der gesetzlichen Rentenversicherung befreien lassen und zahlen stattdessen in eine kapitalgedeckte berufsständische Rentenversicherung ein. Aus ihren Einnahmen zahlen sie ohne andere Zuschüsse auf ihr Rentenkonto ein und finanzieren also selbst ihre Rente. Die Beiträge können sie wie auch gesetzlich Rentenversicherte über die Altersvorsorgefreibeträge bei der Steuer teilweise und ab 2025 ganz steuerlich geltend machen.

Die berufsständischen Versorgungswerke für Ärzte, Apotheker, Notare, Anwälte, Steuerberater und andere Freiberufler sind eine Pflichtversicherung ohne Wahlmöglichkeit.

Jahrzehntelang haben die Versorgungswerke mit tollen Renditen bei ihren Rentenprognosen geglänzt. Gerade in Zeiten mit hohen Arbeitslosenzahlen haben die Versorgungswerke gegenüber der gesetzlichen Rente sehr viel besser abgeschnitten. Die Renditen zu erwirtschaften wird aber schwieriger. Die Zinsen für normale Anleihen sind im Keller, gewinnträchtige und dennoch sichere Anlagemöglichkeiten sind rar. Die Versorgungswerke haben zu kämpfen, um weiter gute und überdurchschnittliche Renditen für ihre Mitglieder zu erwirtschaften. Zwar sind die Renten der Versorgungswerke zum größten Teil kapitalgedeckt, dennoch nimmt die Zahl der Beitragszahler im Vergleich zu den Rentenempfängern ab. Neues Kapital für Anlageprojekte wird also weniger. Die Umstellung auf Rentenpunkte und die Berücksichtigung des demografischen Faktors können die Versorgungsrente ebenfalls reduzieren.

Die Regeln für vorzeitige Rente, Erwerbsminderungsrente, Hinterbliebenenversorgung und Beitragshöhe sind in der Satzung geregelt. Ab 55 Jahren haben die Versorgungswerke oft die Möglichkeiten für weitere Beiträge gedeckelt. Wer also durch höhere Beiträge die Rente noch etwas erhöhen möchte, steht vor verschlossenen Beitragstoren. Ein zusätzliches Standbein bei der Altersvorsorge steht Freiberuflern allerdings offen: Sie können durch freiwillige Beiträge Mitglied in der gesetzlichen Rentenversicherung werden und sich eine Zusatzrente sichern.

Beamte bekommen ihre Pensionen steuerfinanziert aus den Etats von Bund, Ländern und Gemeinden. Sie brauchen während ihres Berufslebens dafür keine Abgaben leisten. Sie sind in der gesetzlichen Rentenversicherung nicht pflichtversichert. Beiträge, die Beamte aus einem früheren Angestelltenverhältnis aus der gesetzlichen Rentenversicherung beziehen könnten, werden mit der Beamtenpension verrechnet, sodass die maximal erreichbare Beamtenpension nicht überschritten wird. Sie können aber freiwilliges Mitglied in der gesetzlichen Rentenversicherung sein und nach fünf Jahren Mindestversicherungszeit Leistungen für die selbst bezahlten Beiträge aus der gesetzlichen Rentenversicherung beziehen – auch für von der Rentenkasse finanzierte gesamtpolitische Aufgaben wie Rente für Pflegeleistungen oder Mütterrente. Für diese Renten bekommt die Rentenkasse Zuschüsse aus dem Steueretat, die diese Leistungen aber nicht komplett abdecken.

Beamte sind in der Regel gut informiert über ihre Altersvorsorge, deshalb sind eher die ergänzenden Möglichkeiten für eine Zusatzrente von Interesse. Bei Beamten wird jedes Dienstjahr mit dem Faktor 1,79375 multipliziert.

Mit 40 Dienstjahren bekommen Beamte maximal 71,75 Prozent vom letzten Gehalt, zusätzlich ein 13. Monatsgehalt – das sind dann noch einmal knapp sechs Prozent mehr. Bei allen Gehaltserhöhungen steigen auch die Pensionen ungedämpft. Auch wenn nicht alle Beamten 40 Dienstjahre erreichen, ist ihre Situation sehr komfortabel.

Beamte, die vor dem 65. Lebensjahr in Pension gehen möchten, müssen mit Abschlägen von 0,3 Prozent pro Monat bis zur Regelaltersgrenze auf die Pension rechnen.

Die Erwerbsminderung wird bei Beamten »Dienstunfähigkeit« genannt. Beamte müssen sich auch dann keine großen Sorgen machen, da sie vom letzten anrechenbaren Gehalt vor der Dienstunfähigkeit 66,75 Prozent als Dienstunfähigkeitsoption bekommen.

Hinterbliebene Ehepartner der Beamten bekommen als Witwenpension 60 Prozent der Pension des Verstorbenen. Wenn der Hinterbliebene nach dem 1. Januar 1962 geboren wurde, sind es 55 Prozent. Die Beihilfevoraussetzung ist, dass die Ehe ein Jahr bestanden hat.

Auch wenn die Rentenaussichten von Beamten im Vergleich zu anderen Rentnern sehr gut sind, ist auch dieses Renten-Paradies gefährdet. Wenn es auch noch nicht diskutiert wird, kann ein demografischer dämpfender Faktor für das Wachstum der Pensionen eingeführt werden oder langfristig das Rentenniveau insgesamt abgesenkt werden, analog zur gesetzlichen Rente.

Nicht alle Pensionäre erreichen 40 Dienstjahre und machen sich Gedanken, wie sie ihre Rente durch eine zusätzliche Altersvorsorge ergänzen könnten. Vielleicht wird ihnen wegen einer Scheidung die Pension teilweise gekürzt. Es gibt viele individuelle Gründe auch für Beamte, um tätig zu werden.

Für eine zukünftige Rentenreform werden auch die Rentensysteme von Beamten und Freiberuflern mit einbezogen werden müssen. Politisch traut sich das zwar noch keine politische Partei, aber der Zwang der äußeren Verhältnisse wie demografischer Wandel und Niedrigzinspolitik wird wachsen und eine Reform erzwingen. Für Selbstständige ist bereits jetzt eine Pflichtmitgliedschaft in der gesetzlichen oder privaten Rentenversicherung vorgesehen.

Entwicklung der Pensionen

Bei den Beamtenpensionen sind die kommenden Einschränkungen bei den Ruhestandsgeldern noch nicht angekommen, doch Reformen werden nötig sein. Die Koppelung der Pensionen an das letzte Gehalt und damit an den höchsten Gehaltsstand und nicht an das Durchschnittsgehalt wird weiter überdurchschnittlich steigende Pensionen und Ausgaben produzieren. Trotz Abbau von Beamtenstellen steigen die Ausgaben für Pensionen, die fast gänzlich aus Steuermitteln von Bund, Ländern und Kommunen bezahlt werden, rapide an. Bund, Länder und Kommunen füttern derzeit in geringem Maße einen Kapitalstock, um die zukünftigen Pensionen nicht alleine aus laufenden Steuereinnahmen bezahlen zu müssen.

Gerne publiziert die Boulevardpresse Schlagzeilen wie »Unbezahlbare Renten, bald 100 Milliarden Ausgaben!«. Dass hierbei zwischen den beitragsfremden Sozialversicherungsleistungen wie Reha oder Mütterrente und den tatsächlichen Zuschüssen für Renten nicht unterschieden wird, spielt dabei offensichtlich keine Rolle. Die Schlagzeile soll Angst machen. Sie könnte aber noch drastischer ausfallen, wenn die Ausgaben für die Pensionen in der Schlagzeile auftauchten oder mit den Zuschüssen an die Deutsche Rentenversicherung zusammengerechnet würden.

Steigende Ausgaben des Staates für Pensionen bis zum Jahr 2017

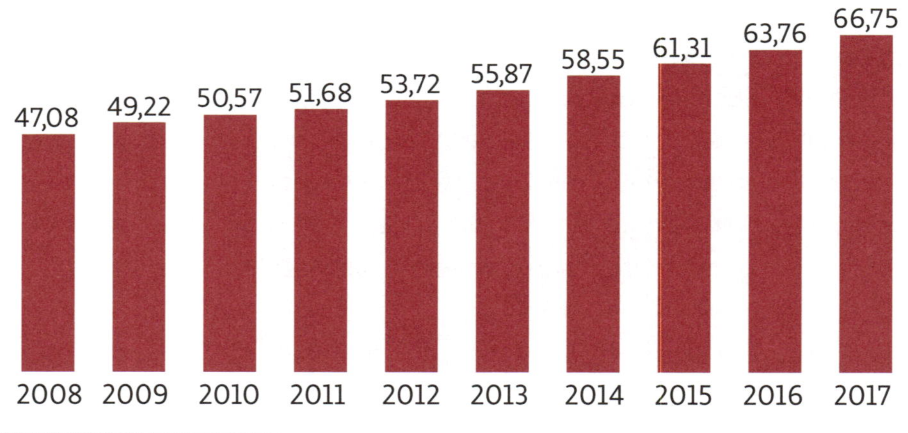

So viele Steuermittel waren für Pensionen von Beamten im Jahr 2017 nötig: 66,75 Mrd. Euro. Insgesamt gab es zu Beginn des Jahres 2017 rund 1,26 Millionen Pensionärinnen und Pensionäre des öffentlichen Dienstes bei Bund, Ländern und Kommunen. Zählt man noch die Pensionäre von Post und Bahn dazu, sind das 1,635 Millionen. Insgesamt sind derzeit rund 1,9 Millionen Beamte aktiv im Dienst. (Zahlen: Statistisches Bundesamt 2018)

Ergänzende private Altersvorsorge für Freiberufler und Beamte im Überblick

- **Gesetzliche Rentenversicherung** Freiwillige Beiträge in die gesetzliche Rentenversicherung können sich lohnen und sind für Beamte und Freiberufler möglich. Die Beiträge können innerhalb der Beitragsbemessungsgrenze von monatlich 83,70 Euro bis 1246,20 Euro (für das Jahr 2019) frei gewählt werden. Da ist sogar eine »Last minute«-Rente möglich. Im Jahr können so fast 15 000 Euro einbezahlt werden, was derzeit eine monatliche Rente von knapp 70 Euro bringt. Und wenn der Höchstbetrag für Altersvorsorgeaufwendungen (in 2019: 24 305 Euro für Alleinstehende) nicht ausgeschöpft ist, kann der Betrag sogar zum großen Teil (in 2020 zu 90 Prozent) von der Steuer abgesetzt werden. Einzahlungen für das laufende Versicherungsjahr sind bis zum 31. März des folgenden Jahres möglich. Die Einzahlung zählt dann für die Rente im einen Jahr und steuerlich für das folgende Jahr zum Zeitpunkt der Einzahlung. Die Rendite ist besser als alle Angebote aus der privaten Versicherungswirtschaft. Für privat Krankenversicherte gibt es sogar auf den Rentenbetrag 7,3 Prozent Zuschuss für die Krankenversicherung. Haben Sie Kinder erzogen, dann können Sie zusätzlich die Mütterrente bekommen. Das kann pro Kind knapp 100 Euro Rente bedeuten. Für die Zusatzrente müssen insgesamt fünf Beitragsjahre erfüllt werden. Die Erziehungszeiten zählen als Wartezeiten für den Rentenanspruch dazu. Es ist also auch mit 60 Jahren nicht zu spät für eine Investition.
- **Riester-Rente** Nur Beamte und Pflichtversicherte der gesetzlichen Rentenversicherung können die Förderung für diese zertifizierten Versicherungsprodukte wahrnehmen. Ein Riester-Rentenprodukt lohnt sich nicht für alle und sollte vorher genau kalkuliert werden.
- **Rürup-Rente** Die Rendite ist derzeit schlechter als bei der gesetzlichen Rentenversicherung. Die Beiträge für die Basis-Rentenversicherung können als Altersvorsorgeaufwendungen steuerlich geltend gemacht werden.
- **Private Altersvorsorge** Von einer Sofortrente bis zu Wohneigentum und vermieteter Immobilie sowie der eigenen Vermögensverwaltung mit einem Aktiendepot und ETFs ist alles möglich. Mehr Informationen über die Möglichkeiten für eine private Altersvorsorge finden Sie im nächsten Kapitel.

Private Rentenvorsorge geht alle an

Die gesetzliche Rente reicht nicht mehr aus, um den Lebensstandard zu sichern. Das hat vor allem folgende Gründe:

- Wegen des eingeführten Dämpfungsfaktors wird die Rente nicht mehr parallel mit den Löhnen steigen.
- Das Verhältnis der Beitragszahler zu den Rentenempfängern gerät in den kommenden Jahren in ein Ungleichgewicht.
- Die Lebenserwartung der Rentner steigt weiter an.

Eine private Rentenvorsorge geht alle an. Auch Freiberufler, die sich über berufsständische Versorgungswerke ihre Rente sichern, könnten in Schwierigkeiten geraten. Die lang andauernde Niedrigzinsphase und das Fehlen von ausreichend sicheren weiteren Anlagemöglichkeiten drücken auf die Rendite bei den kapitalgedeckten Versorgungswerken. Auch hier muss die zunehmende Lebenserwartung in die Rentenprognosen eingerechnet werden. Statt der gewohnten jährlichen Rentensteigerungen gab es plötzlich Stagnation. Und wer seine Rente mit höheren Rentenbeiträgen ausgleichen wollte, musste feststellen, dass die Versorgungswerke die Beitragshöhe ab dem 55. Lebensjahr gedeckelt haben. Was tun? Welche privaten Vorsorgemöglichkeiten bieten sich an?

Beamte können sich auf der sicheren Seite wähnen. Bislang gibt es keine Dämpfung der Pensionen. Die Vergütung mit möglichen 71,75 Prozent des letzten Bruttolohnes zuzüglich eines Weihnachtsgeldes und einer weitgehend kostenfreien Krankenversorgung mit überschaubarem Eigenanteil, der über eine private Krankenzusatzversicherung abgesichert wird, sollten für einen geruhsamen Ruhestand ausreichen. Die Frage ist natürlich, wie lange will und kann der Staat das noch garantieren? Also ist auch hier eine zusätzliche private Altersvorsorge vor allem für jüngere Beamte eine Überlegung wert. Bei einer Scheidung wird die Pension zwischen den Ehepartnern aufgeteilt. Auch dann kann eine zusätzliche Vorsorge sinnvoll sein.

Rentenversicherungspflicht für Selbstständige

Die Politik bereitet eine Pflicht zur Altersvorsorge für Selbstständige vor. Wie diese Pflicht ausgestaltet wird, lässt sich noch nicht sagen.

Viele Einzelkämpfer und Freischaffende haben das Thema Rente einfach ignoriert. Eine Pflicht für diese Personengruppe gibt es nicht, und wer nicht vorgesorgt hat, ist gezwungen, bis zum Lebensende zu arbeiten. Ohne einen rettenden Ehepartner mit Rentenanspruch geht dieser »Augen-zu-und-durch-Lebensplan« nur in den seltensten Fällen auf. Zwar stehen Selbstständigen die gesetzliche Rentenversicherung und die private Rürup-Rente als Basisversicherung offen, aber nicht immer sind die Einkommensverhältnisse ausreichend, um hier einzuzahlen. Oft ist eine Lebensversicherung vorhanden, aber diese Ablaufleistung kann nur als eine Ergänzung zum Lebensunterhalt beitragen. Grundsicherung ist dann die letzte Möglichkeit.

Wer noch Zeit hat, sollte sowohl das Angebot der gesetzlichen Rentenversicherung als auch der Rürup-Rente prüfen, über weitere vermögensbildende Maßnahmen nachdenken und schnell handeln.

Private Rentenvorsorge muss einfach sein

Private Rentenvorsorge braucht eine langjährige Laufzeit und einen langen Anlagehorizont. Wer kurzfristig Geld in die Altersvorsorge investieren möchte, ist in den Möglichkeiten eingeschränkt.

Deutschland-Fonds

Immer wieder wird diskutiert, dass der Staat einen großen kapitalgedeckten Rentenfonds mit geringen Gebühren auflegt, der in Aktien und Wachstumsprojekte investiert. Jeder, der zusätzlich privat für seine Rente vorsorgen möchte, kann daran Anteile erwerben und, ohne selbst zum Börsenprofi zu werden, am weltweiten Wirtschaftswachstum teilhaben. Auch wäre es eine gute Lösung, eine obligate Betriebsrente für alle Angestellten in diesen Fonds einzubezahlen als kapitalgedeckte Zusatzrente. Praktisch, einfach und effektiv! Die Vielzahl der Verträge, die nicht fortführbar sind, würde wegfallen.

Arbeitnehmer und Arbeitgeber, aber auch Selbstständige und Freiberufler könnten so zur Renten-Basisabsicherung einen kapitalgedeckten Rentenstock aufbauen und die Herausforderungen durch den demografischen Wandel in der umlagefinanzierten Rentenversicherung abmildern. Dieser kapitalgedeckte staatliche Rentenfonds – ein sogenannter Deutschland-Fonds – ist als politisches Projekt wünschenswert.

Die schnelle Übersicht: Basis, gefördert oder ungefördert

Machen Sie sich noch einmal klar, welche Ziele Ihnen wichtig sind. Bei der Vermögensübersicht und Bewertung Ihrer Lebenshaltungskosten haben Sie Ihren Geldbedarf kalkuliert. Etwa 60 bis 70 Prozent Ihres jetzigen Einkommens sollten Sie als Ziel anvisieren.

Einen Teil wird die Basis-Rentenversorgung decken. Zusätzliche Einnahmen sind ein Nebenjob oder Mieteinnahmen.

Basisvorsorge

Diese Altersvorsorge aus der ersten Rentensäule deckt für unterschiedliche Berufsgruppen die Basisaltersvorsorge ab. Sie kann darüber hinaus als eine ergänzende Rentenoption bei der Rentenplanung fungieren. Interessant ist das schon deshalb, weil die Beiträge aus der Basisvorsorge über die Altersvorsorgeaufwendungen steuerlich geltend gemacht werden können. Die Rentenansprüche müssen dann später versteuert werden.

Freiwillige Beiträge für die gesetzliche Rentenversicherung

Für Selbstständige, Freiberufler und Beamte Die gesetzliche Rentenversicherung ist nicht nur die Rentenversicherung für alle angestellten Erwerbstätigen, sondern ist auch offen für alle dort nicht Pflichtversicherten, die freiwillige Beiträge bis zur Bemessungsgrenze einzahlen wollen. Insgesamt müssen fünf Beitragsjahre erfüllt werden. Die Beiträge selbst reduzieren den Spitzensteuersatz.

Das sichert eine gute Rendite und der Anlagehorizont ist überschaubar. Es gibt keine Abschlussgebühren und auch kein Kleingedrucktes. Meist sind für die freiwilligen Beitragszahler schon Beitragsjahre in der Rentenversicherung gespeichert, als Angestellter in den ersten Berufsjahren oder über einen Minijob.

Auch Pflichtversicherte können über einen Trick ihre Rentenansprüche durch eine zusätzliche Zahlung an die Rentenversicherung steigern. Wer 35 Beitragsjahre hat, kann für eine Rente mit 63 die Abschläge für die vorzeitige Rente in mehreren Raten ausgleichen und so zusätzliche Rentenentgeltpunkte sammeln, wenn er dann doch bis zur Regelaltersgrenze weiterarbeitet.

Rürup-Rente

Für alle offen Sind Selbstständige nicht in der gesetzlichen Rentenversicherung pflichtversichert, bietet sich die Rürup-Rente der privaten Versicherungswirtschaft als freiwillige Basis-Rentenversicherung oder Basis-Versicherung an. Die Beiträge sind über die Altersvorsorgeaufwendungen steuerlich absetzbar. Die Mindestlaufzeit für eine Rürup-Rente sind fünf Jahre. Sie ist mit der gesetzlichen Rentenversicherung vergleichbar, fußt aber auf privater, kapitalgedeckter Basis. Eine gesetzlich vorgeschriebene Garantiesumme gibt es hier nicht. Es gibt Produkte, die mit Aktienfonds arbeiten, hier ist die Gefahr von Verlusten nicht ausgeschlossen. Eine alleinige Altersabsicherung über eine fondsgebundene Rürup-Rente ohne weitere ergänzende Absicherung kann Probleme bereiten.

Geförderte Rentenvorsorge

Als Ergänzung der Basisvorsorge in der Pflichtversicherung oder der freiwilligen Basisversicherung fördert der Gesetzgeber die Bemühungen, um eine Rentenlücke zu vermeiden.

Riester-Vorsorge

Für Pflichtversicherte der gesetzlichen Rentenversicherung und **Beamte**. Der Reiz an dieser Vorsorge sind die staatlichen Zuschüsse: Grundzulage bis 175 Euro jährlich und Kinderzulagen von 300 Euro (geboren ab 2008) oder 175 Euro für ältere Kinder. Gefördert werden bis 2100 Euro im Jahr. Wer keine Kinder hat, bekommt nur die Grundzulage, aber kann die Beiträge steuerlich geltend machen. Das Finanzamt prüft bei der Günstigerprüfung, ob Förderung oder Steuervorteil individuell besser ist, und errechnet automatisch ohne Antrag die entsprechende Steuergutschrift.

Beim Riestern gibt es viele Varianten, und man muss den Vertrag genau durchrechnen. Für die zertifizierten Versicherungsprodukte fallen Abschlussgebühren und laufende Kosten an. Das macht die Sache unübersichtlich. Online-Verträge sind günstiger. Nur bei einer langen Laufzeit fallen die Abschlussgebühren nicht überproportional ins Gewicht und trüben die Rendite nicht weiter ein. Die Begeisterung für ein Riester-Produkt hat in den letzten Jahren merklich nachgelassen.

Betriebliche Altersvorsorgung und Direktversicherung

Für Arbeitnehmer und Angestellte im öffentlichen Dienst Die Modelle für die vom Arbeitgeber begünstigte Zusatzrente sind vielfältig. Mal verpflichtet sich der Arbeitgeber zu einer Rente aus dem Betriebsvermögen oder bezahlt in eine Versorgungseinrichtung ein, die dann die Rentenzahlung übernimmt, mal setzt der Arbeitnehmer einen Teil seines unversteuerten Bruttogehalts dafür ein und der Arbeitgeber gibt seine eingesparten Sozialabgaben dazu. Bei einem Jobwechsel können Sie die betriebliche Altersversorgung nicht in jedem Fall mitnehmen. Wenn Sie eigenes Geld dafür in die Hand nehmen, kann es sein, dass Sie sehr alt werden müssen, damit sich das lohnt. Die Rentenzahlung ist steuerpflichtig und bei gesetzlich Krankenversicherten fällt der volle Krankenkassenbeitrag an. Wenn der Arbeitgeber alles bezahlt, dann ist es gut, sonst müssen Sie genau nachrechnen.

Rürup-Rente

Zum einen kann ein Rürup-Vertrag eine Basisversicherung sein, zum anderen eine private Zusatzrentenversicherung. Der Reiz ist die erhebliche Steuerersparnis für alle mit einem hohen Spitzensteuersatz. Die Rendite wird durch Abschlussgebühren und laufende Kosten geschmälert. Das Produkt der privaten Versicherungswirtschaft wird wegen der niedrigen Zinsen derzeit von der gesetzlichen Rente geschlagen. Das kann sich aber wenden.

Freiwillige Mitglieder der gesetzlichen Rentenversicherung haben die Möglichkeit, zwischen Rürup- oder gesetzlicher Rente zu wählen oder sich auch beider Möglichkeiten für eine zusätzliche Rentenvorsorge zu bedienen.

Zur Erinnerung: Pflichtmitglieder können bei den geförderten Möglichkeiten eine Betriebsrente, einen Riester-Vertrag oder eine Rürup-Versicherung abschließen. Die Beliebtheit folgt der genannten Reihenfolge.

Nicht geförderte Altersvorsorge

Mit Arbeit verdient man Geld. Wer sein Geld klug anlegt, kann ein kleines, überschaubares Vermögen realisieren, vorausgesetzt er macht nicht zu viele Fehler und hat realistische Vorstellungen. Es kann also nicht darum gehen, jeden Notgroschen in eine Rentenstrategie zu stecken. Gerade im Alter gibt es Sicherheit, wenn Geld zur Verfügung steht, das ohne Probleme schnell verfügbar ist. Der Mix zwischen gebundenem und frei verfügbarem Kapital muss also stimmen. Je nach Alter, Zeitfenster und Anlageziel können dies trotz mieser Zinsen Tages- und Festgelder, eine konservative Versicherung mit Verrentung, einfache Rentenpapiere, ein Aktiendepot mit Geldentnahme sowie eine vermietete oder eigengenutzte Immobilie sein.

Bei dieser privaten, nicht geförderten Anlage wird das bereits versteuerte und gesparte Geld verwendet. Deshalb muss beispielsweise bei einer Rentenversicherung später nur der Ertragsanteil als Rente versteuert werden.

Kapitallebens- oder Rentenversicherung

Eine Kapitallebensversicherung mit der Option für eine spätere Verrentung war einmal der Standard für die Altersversorgung. Für Verträge, die bis Ende 2004 abgeschlossen worden sind, werden keine Steuern fällig. Auch die Ablaufleistung einer Rentenversicherung fließt für diese Altverträge ungeschmälert auf das Konto des Versicherten (Bedingungen sind: zwölf

Jahre Laufzeit, mindestens fünf Jahre Beitrag bezahlt, Ablaufleistung vollständig in einer Summe ausbezahlt, 60 Prozent der Beiträge müssen Todesfallsumme ausmachen – ist regelmäßg bei Altverträgen erfüllt).

Im Vergleich zu heutigen Verhältnissen ist der damalige Garantiezins von drei bis vier Prozent eine lukrative Anlage. Es ist also eine gute Sache, wenn Sie so ein Vorsorgeschätzchen im Vertragsordner haben. Allerdings wird der Versicherer abwägen, wie viel der prognostizierten Überschussbeteiligung er für Ihren Vertrag noch auszahlen kann und will. Hier wurde schon so manche Erwartung enttäuscht. Für Verträge ab 2005 muss der halbe Gewinn versteuert werden, wenn der Vertrag mindestens zwölf Jahre gelaufen ist und erst im Alter von 60 Jahren ausbezahlt wird, bei Verträgen ab 2012 erst im Alter von 62 Jahren.

Schon wegen der geringen Rendite empfiehlt sich ein Neuabschluss einer privaten Kapitallebens- oder Rentenversicherung derzeit nicht. An eine spätere Renaissance mag niemand glauben. Eine Kündigung ist die schlechteste Lösung, ein Verkauf besser, eine Beitragsfreistellung eine Alternative.

Bei einer fondsgebundenen Lebens- oder Rentenversicherung oder einem Aktienfonds im Lebensversicherungsmantel werden die Beiträge teilweise oder ganz in Aktienfonds investiert. Prüfen Sie, welche laufenden Gebühren anfallen, oft sind diese enorm und fressen alle Gewinne auf! Grundsätzlich verspricht das mehr Rendite, birgt aber auch mehr Risiken. Ist der Aktienkurs zum Auszahlungstermin niedrig, droht ein Verlust. Natürlich fragt sich der Anleger, ob dann ein Fondssparplan bei einer Direktbank mit kostenlosem Depot nicht die bessere Variante ist – bloß ohne Abschluss- und Managementgebühren oder ohne Disagio. Und dazu mit einer besseren Transparenz und Flexibilität.

Ein lebenslanger Auszahlplan des Vermögens ist eine Versicherungsleistung und kostet zusätzliches Geld. Wegen der geringen Renditen am Kapitalmarkt werden derzeit für 10 000 Euro eingesetztes Kapital etwa 30 Euro monatliche Rente lebenslang bezahlt. Es ist zu erwarten, dass sich dieses Verhältnis bei steigenden Zinsen langfristig bessert.

Sofortrente

Angenommen, Sie haben eine größere Summe an Geld verfügbar, und die Rentenprognose könnte eine Ergänzung gebrauchen. Sie sind aber zu alt, um eine Rürup- oder Riester-Rente abzuschließen. Freiwillige Beiträge in die gesetzliche Rente sind als Pflichtmitglied nicht möglich und der Kauf einer Immobilie zum Vermieten eine Nummer zu groß. Das Geld selbst gewinnbringend anzulegen, dazu fehlt Ihnen die Erfahrung und auch die Geduld.

Warum nicht das Geld in eine Versicherung einbezahlen, die eine Rente sofort oder zum Rentenbeginn in wenigen Jahren anbietet?

Bei diesem Komfortmodell bekommt die Versicherung Ihr Geld und Sie bekommen lebenslang ohne weitere Bemühungen eine monatliche Rente.

Gesund sollten Sie sein und sehr lange leben, wenn die Rechnung aufgehen soll! Andererseits haben Sie Sicherheit, denn viele heutige Jungrentner unterschätzen die eigene Lebenserwartung gewaltig. Eine Sofortrente gibt es in verschiedenen Variationen wie Hinterbliebenenschutz oder Garantierentenzeit. Diese Optionen reduzieren die knappen Rentenzahlungen noch mehr und sind für die meisten Versicherten eher nicht empfehlenswert. Bleiben die Zinsen weiter niedrig, könnten diese Renten in Zukunft gekürzt werden.

Eigene Vermögensverwaltung mit ETFs

Die Rechnung ist einfach: Wer 100 000 Euro auf dem Konto hat und sich jeden Monat davon 330 Euro Rente ausbezahlt, kann das, ohne Zinsen zu berücksichtigen, 25 Jahre so fortsetzen, bis das Kapital abgeschmolzen ist. 330 Euro zahlen die Rentenversicherungen derzeit für etwa 100 000 Euro Versicherungssumme. Sie müssen also älter als 90 Jahre werden, sonst hat die Versicherung das bessere Los gezogen.

Die Idee ist nun, dass Sie Ihren eigenen Auszahlplan konstruieren. Kaufen Sie keine Fonds mit Ausgabenaufschlag und nur direkt an der Börse über eine Direktbank. Über eine Zeit von 15 Jahren und mehr haben gut ausgewählte ETFs, das sind Fonds, die einen Aktienindex wie den DAX nachbilden, vier und mehr Prozent jährlich erwirtschaftet. Wenn Sie also zwei Drittel Ihres Kapitals in Indexfonds stecken und mit einem Drittel des Geldes sich eine Rente ausbezahlen, können Sie bei einem guten Kursverlauf Gewinne aus Ihrem Aktiendepot auf das Auszahlkonto überweisen. Schlechte Aktienjahre müssen Sie aussitzen. Wenn alles gut läuft, erwirtschaften Sie so eine gute Rendite (ungeschmälert durch Gebühren von Versicherungen, Fondsmanagern oder Depotgebühren), die Ihnen eine lebenslange Rente finanziert. Das ist nicht jedermanns Sache, ein Mindestmaß an guten Nerven und Kenntnisse über die Aktienbörse sollte man schon haben. Aktien können immer nur ein Teil einer Anlagestrategie sein.

Immobilien

Versicherungen und Großkapital investieren regelmäßig in Grundbesitz und Immobilien. Diese Werte überdauern oft große wirtschaftliche Krisen. Bei einem Aufschwung sind Immobilien in einer guten Lage die ersten Gewinner. Natürlich gibt es auch hier große Veränderungen und Preisschwankungen, aber dennoch gilt: Wer reich ist, hat auch Immobilien.

Für Rentner sind Immobilien aus zwei Gründen interessant: zum einen als eigengenutzte Wohnung oder eigengenutztes Haus und zum anderen als Wertanlage mit regelmäßigen Mieteinnahmen. Die eigengenutzte Immobilie kann nur durch Krieg, große gesellschaftliche Umwälzungen oder Umweltkatastrophen ihren Wert verlieren oder zerstört werden. Die

Mieteinnahmen können bei einem Anlageobjekt je nach wirtschaftlicher Situation schwanken. Zudem sind für den Erhalt Investitionen nötig. Ein Anlageobjekt ist deshalb eine Ergänzung zur Altersvorsorge. Die eigengenutzte Immobilie schützt vor Mietpreisexplosionen und Entmietung und ist deshalb immer eine empfehlenswerte Strategie für den persönlichen Rentenplan, falls eine Finanzierung möglich ist. In Ballungsgebieten ist das eher keine Option.

Mietpreisexplosion Häuser und Wohnungen werden immer teurer. Dies betrifft inzwischen sowohl die Ballungsgebiete als auch die ländlichen Gegenden. Wer nicht in den eigenen vier Wänden wohnt, kann die zukünftigen Kosten kaum abschätzen. Rentner werden davon besonders betroffen sein. In Deutschland leben 58 Prozent der Haushalte zur Miete. Zum Vergleich: In Italien sind es 30 Prozent und in Spanien 20 Prozent.

Politiker in Regierungsverantwortung haben vor gar nicht allzu langer Zeit viele Sozialwohnungen zum günstigen Paketpreis an private Firmen veräußert und dieselben Politiker lamentieren nun über den Mangel an Wohnraum und die steigenden Mietpreise. Ein Rückkauf würde allerdings ein Vielfaches an Steuergeldern verschlingen.

»Deutschland ist zu Ende gebaut« war der Slogan Ende der 1990er-Jahre. Es wurde einfach zu wenig gebaut. Das Ergebnis? Einer Million verfügbarer Sozialwohnungen stehen acht Millionen Berechtigte gegenüber (SZ-Magazin vom 22. 3. 2019). Der freie Markt kann das Wohnungsproblem nicht lösen. Erschwinglichen Wohnraum wird es ohne staatliche Eingriffe nicht in ausreichender Zahl geben.

Zu viele kapitalträchtige Anleger wollen ihr Geld sicher in Immobilien in Deutschland investieren. Für sie spielen die Mondpreise offensichtlich keine Rolle. Immer wieder stehen Wohnungen leer, werden als Spekulationsobjekt gekauft oder nur als Zweitwohnungen genutzt. Gelegentlich hat man gelesen, dass mafiöse Strukturen so Schwarzgeld legalisieren.

Eine Wohnung als Genosse! Einen Ausweg aus der Misere könnte die Beteiligung an einer Wohnungsgenossenschaft sein. 2000 solcher Genossenschaften gibt es in Deutschland – meist in Großstädten –, teilweise schon seit über 100 Jahren. Derzeit liegen 2,2 Millionen Wohnungen in der Hand von Genossenschaften und es werden, wenn auch zu wenige, neue gebaut. Interessenten bewerben sich bei der Genossenschaft, bezahlen eine Einlage und bekommen dann nach einer Wartezeit lebenslang eine Wohnung mit günstiger, planbarer Miete. Genossenschaften müssen keinen Gewinn machen, und die Erträge fließen in die Instandhaltung. Für neue Genossenschaftswohnungen bekommen die Genossenschaften günstigen Baugrund von den Kommunen.

Auch hier gilt es, langfristig zu planen. Es gibt viel zu viele Bewerber, und die Wartelisten sind lang. Aber wenn es geklappt hat, müssen Sie sich um unkalkulierbare Mietsteigerungen, Luxussanierungen oder Eigenbedarfsklagen keine Sorgen mehr machen. Erkundigen Sie sich bei der Stadtverwaltung oder schauen Sie ins Telefonbuch.

Im Detail: Die Betriebsrente

Die wichtigste Rentenvorsorge für Angestellte neben der gesetzlichen Rentenversicherung als Basisversicherung ist die Betriebsrente. Der Arbeitgeber bezahlt dabei einen Teil des Bruttoverdienstes des Arbeitnehmers steuer- und sozialabgabenfrei in einen Vorsorgevertrag ein. Er spart sich dabei die Sozialabgaben auf diesen Betrag und zahlt mindestens 15 Prozent des umgewandelten Gehalts zusätzlich in den Vertrag des Arbeitnehmers ein. Dies ist seit 2019 für den Arbeitgeber Pflicht und gilt ab 2022 auch für alte Verträge. Bis zu acht Prozent der Beitragsbemessungsgrenze West der Rentenversicherung, das sind 2019 ein Jahresbetrag von 6432 Euro, können dabei steuerfrei umgewandelt werden und die Hälfte (vier Prozent der Beitragsbemessungsgrenze West) ist beitragsfrei in der Sozialversicherung.

Verdienen Sie nicht mehr als die Rentenbeitragsbemessungsgrenze (in 2019 sind das 80 400 Euro), was für die meisten zutrifft, dann reduzieren Sie durch die Bruttoverdienstumwandlung Ihre Sozialversicherungsbeiträge für die gesetzliche Rentenversicherung sowie in der Folge die gesetzliche Rente.

Probleme oder Umstände macht es, wenn Sie den Arbeitnehmer wechseln und die Betriebsrente mitnehmen wollen. Zunächst erwerben Sie eine Anwartschaft auf eine Betriebsrente und erst nach drei Jahren einen Anspruch, der unverfallbar ist. Ein neuer Arbeitgeber führt regelmäßig den alten Vertrag nicht fort und bietet eine eigene Betriebsrente an. Sie können dann nur mit eigenen Beiträgen den alten Vertrag fortführen.

Betriebsrenten sind auf Langfristigkeit angelegt und weniger auf Flexibilität. Dies gilt es zu bedenken und im Einzelfall zu klären.

Auf eine Betriebsrente müssen in der Rentenphase Steuern bezahlt werden, und der volle Krankenkassenbeitrag von etwa 14,6 Prozent plus Zusatzbeitrag und Pflegeversicherung für alle gesetzlich Krankenversicherten wird abgeführt, egal ob der Rentner Pflichtmitglied oder freiwilliges Mitglied ist.

Rentnern, die wegen einer kleinen Rente zusätzlich eine Grundsicherung, also Staatshilfe, für ihren Lebensunterhalt in Anspruch nehmen müssen, wird die Betriebsrente bis mindestens 100 Euro nicht angerechnet. Ist die Zusatzrente höher als 100 Euro, wird nur ein Teil mit der Grundsicherung verrechnet.

Die Hälfte der Betriebsrenten liegt in Deutschland gemäß den Zahlen aus der Erhebung »Alterssicherung in Deutschland« aus dem Jahr 2011 bei einem Betrag von unter 200 Euro monatlich. 22 Prozent der Männer und sieben Prozent der Frauen erhalten eine Betriebsrente von mehr als 700 Euro. Dieser Durchschnittswert wird durch die Gruppe der sehr hohen Betriebsrenten, die außertariflich bezahlte Beschäftigte und Vorstände erhalten, rechnerisch nach oben gedrückt und verfälscht den Eindruck. Der Arbeitgeber wählt die Form der betrieblichen Vorsorge. Infrage kommen:

Direktversicherung

Das ist eine Lebens- oder Rentenversicherung, die der Arbeitgeber zugunsten des Beschäftigten abschließt. Der Arbeitgeber kann einen Teil der Beiträge oder auch den ganzen Beitrag übernehmen. Bei einer Insolvenz des Arbeitgebers bleiben die Vorsorgeleistungen sicher und können bei einer Kündigung auch leicht mitgenommen oder selbst weitergeführt werden.

Pensionskasse

Eine Vorsorgeeinrichtung, die vom Arbeitgeber organisiert wird. Hinter deregulierten Pensionskassen steht eine spezielle Lebensversicherung, die unabhängig vom Arbeitgeber und deshalb auch insolvenzsicher ist. Für regulierte Pensionskassen haftet einzig der Arbeitgeber. Ist dieser zahlungsunfähig, existiert derzeit kein weiterer Insolvenzschutz.

Pensionsfonds

Eine rechtlich selbstständige Versorgungseinrichtung, die die Ansprüche des Arbeitnehmers garantiert und in der Anlageform eine große Freiheit hat. Das kann mehr Rendite bedeuten, aber auch das Risiko für Verluste. Es gab in der Vergangenheit auch Meldungen über eine finanzielle Schieflage eines Pensionsfonds. Die Auszahlung erfolgt als Altersrente oder in Form eines Auszahlungsplans.

Direktzusage

Der Arbeitgeber verpflichtet sich, seinem Arbeitnehmer im Pensionsalter eine Betriebsrente aus dem Betriebsvermögen zu bezahlen. Er bildet dazu Rückstellungen. Die Ansprüche sind über den Pensions-Sicherungs-Verein (PSVaG) gegen eine Insolvenz abgesichert. Bei einem Ausscheiden aus dem Unternehmen bleiben die Anwartschaften erhalten, können aber nicht durch eigene Beiträge oder Beiträge des neuen Arbeitgebers fortgeführt werden. Fallstrick: Eine Direktzusage an den Gesellschafter selbst kann mit der Auflösung der GmbH kollidieren.

Unterstützungskasse

Eine Versorgungseinrichtung von einem oder mehreren Unternehmen, die die Einlage gewinnbringend anlegen soll. Der Arbeitnehmer hat gegenüber der Unterstützungskasse keine Ansprüche, nur gegenüber seinem Arbeitgeber. Der Pensions-Sicherungs-Verein sichert die Einlage gegen eine Insolvenz ab. Die Anwartschaften bleiben bei einem Ausscheiden aus dem Unternehmen bestehen, können aber durch eigene Beiträge nicht fortgesetzt werden.

Im Detail: Die Riester-Rentenprodukte

Das Interesse für dieses geförderte Rentenprodukt zur privaten Absicherung im Alter und zum Ausgleich der Rentenlücke, die durch die politisch gewollte Dämpfung der Renten (Riester-Faktor, seit 2002) im Vergleich zu den Löhnen entstanden ist, hat merklich abgenommen. Zum einen sind die Förderbedingungen kompliziert und der Vorteil ist nicht leicht zu durchschauen, zum anderen sind die Niedrigzinspolitik und die Verwaltungsgebühren der Versicherungswirtschaft der Rendite für diese Produkte abträglich. Ein Ausweg besteht nur in Riester-Produkten, die in fondsgebundene Anlagemodelle investieren. Ob die Aktien weltweit weiter so üppig steigen wie in den letzten Jahren, ist allerdings die Frage.

Seit 2008 wurde die bisherige Riester-Förderung für Versicherungen und Aktienfonds noch um die für Immobilien, in Verbindung mit einem Bausparvertrag, erweitert.

Eine Auszahlung der Riester-Rente ist vor dem 62. Lebensjahr nicht möglich.

Wer darf riestern?

Alle in der gesetzlichen Rentenversicherung Pflichtversicherten sind zusammen mit ihren Ehepartnern förderberechtigt. Dazu gehören auch Auszubildende und Arbeitslose, Mini- und Midijobber, Kindererziehende, Bundesfreiwilligendienstleistende und Beamte.

Die Riester-Förderung

Um zu sehen, ob sich Ihr Riester-Vertrag lohnt, müssen Sie das Konstrukt von einem unabhängigen Fachmann durchrechnen lassen, denn auf den ersten Blick ist der Vorteil nicht zu erkennen. Für eine erste Prüfung ist es auch gut, wenn Sie sich einen Riester-Rechner im Internet ansehen. Diese Rechner werden von Versicherungen betrieben, die ein Interesse haben, Ihnen einen Riester-Vertrag zu verkaufen.

Sie können dort Ihre persönlichen Daten eingeben und bekommen ein erstes Ergebnis. Es wird dort die Förderung berechnet, nicht aber, ob das Riester-Produktangebot gut ist.

Die Förderung besteht aus Zulagen und Steuervorteilen, die bei der Jahressteuererklärung gegeneinandergerechnet werden und durch eine mögliche entsprechende Steuerrückerstattung ausgeglichen werden. Grundsätzlich lohnt sich ein Riester-Vertrag bei vielen Kindern und wenig Verdienst oder einem hohen Grenzsteuersatz. Auch wenn sich ein Riester-Vertrag durch die Förderung und Steuerbegünstigung rechnet, kommt es dann noch auf das Produkt an, ob dieses trotz der Förderung eine Rendite erwirtschaftet. Zwei Dinge sind also zu beachten:

- Wie hoch ist die Rendite durch die Förderung?
- Wie renditestark oder auch -schwach ist das Riester-Produkt selbst?

Ist Ihr Riester-Vertrag ein Groschengrab, sollten Sie den Wechsel in ein besseres Produkt in Erwägung ziehen! Ab einem Alter von 55 Jahren kann das schwierig sein, und eine Wechselgebühr kann anfallen.

Um die volle Förderung zu bekommen, müssen Sie jährlich mindestens vier Prozent des rentenversicherungspflichtigen Einkommens (meist das Bruttoeinkommen) einbezahlen. Gefördert werden maximal 2100 Euro.

Diese Zulagen werden bei einem Vertrag, den Sie vor dem 25. Lebensjahr abgeschlossen haben, bezahlt (Stand 2018):

- Grundzulage 175 Euro
- Kinderzulage (vor 2008 geboren) 185 Euro
- Kinderzulage (nach 2008 geboren) 300 Euro
- einmaliger Berufseinsteigerbonus 200 Euro

Die Kinderzulage wird gezahlt, solange Kindergeld bezogen wird, aber maximal bis zum 25. Lebensjahr. Die Zulagen werden auf die Einzahlungen angerechnet und vermindern so Ihren Eigenanteil.

So sieht eine Beispielrechnung aus:

Brutto	Kind/er (ab 2008)	4 % brutto	maximaler Förderbetrag	Zulage	minimaler Eigenanteil	maximaler Eigenanteil
40 000 Euro	1	1600 Euro	2100 Euro	475 Euro	1125 Euro	1625 Euro
40 000 Euro	2	1600 Euro	2100 Euro	775 Euro	825 Euro	1325 Euro

In der Jahressteuererklärung füllen Sie die Anlage AV aus und geben Ihre Zulagen und die gezahlten Beiträge an. Der Steuervorteil hängt von der individuellen Situation ab. Sie erhalten den Steuervorteil nach dem rechnerischen Abzug der Zulagen zurück.

So kann ein Geringverdiener mit 1000 Euro und drei Kindern (nach 2008) eine sehr gute Rendite erzielen, da dieser neben der Förderung kaum Eigenkapital einbringen muss. Für einen Durchschnittsverdiener ohne Kinder sieht die Beispielrechnung nicht so gut aus.

Jahreseinkommen	Eigenleistung nach 30 Jahren	Guthaben nach 30 Jahren	gerundete Förder-Rendite pro Jahr
12 000 Euro Geringverdiener mit 3 Kindern	4500 Euro	25 600 Euro	knapp 11 %
36 000 Euro Durchschnittsverdiener ohne Kinder	29 000 Euro	43 000 Euro	etwa 2,4 %

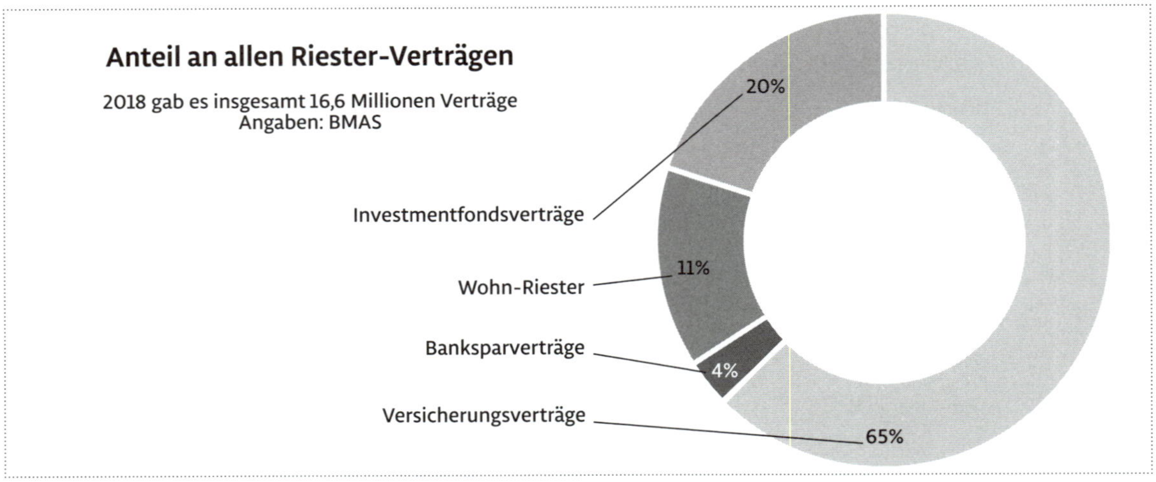

Rentenzahlungen aus Riester-Verträgen werden nachgelagert besteuert, das heißt, in der Ansparphase sind sie steuerbefreit und erst die Rentenzahlungen werden besteuert.

Wer seinen Riester-Vertrag vor dem Rentenbeginn auflösen möchte, muss alle Förderungen und Steuervorteile zurückbezahlen. Dies ist also nicht zu empfehlen. Eine Ausnahme besteht, wenn das Kapital für den Erwerb einer eigengenutzten Immobilie verwendet werden soll.

Riester-Angebote

Es gibt sehr viele Angebote an zertifizierten Riester-Verträgen. Lassen Sie sich Zeit, überstürzen Sie nichts und vergleichen Sie, welches Riester-Angebot zu Ihnen passt! Online-Produkte

Makler oder online?

Makler bekommen Provisionen für einen Abschluss. Gute Makler beraten dafür ihre Kunden individuell, haben aber oft nur einige Produkte von wenigen Anbietern in ihrem Koffer. Schlechte Makler sind ihr Geld nicht wert. Wer beim Makler kauft, sollte das Angebot unbedingt zusätzlich im Internet vergleichen und sich bei einer unabhängigen Verbraucherseite wie www.finanztip.de informieren.

Online-Plattformen und Online-Vertriebsstrategien kosten auch Geld. Vergleichsportale bilden viele, aber nicht alle Angebote ab und beraten nicht individuell. Online muss nicht immer günstiger sein, es ist einfach ein anderer Vertriebsweg. Auf den Vergleichsportalen werden auch Provisionen bezahlt. Große Anbieter wie beispielsweise HUK24 tauchen hier oft gar nicht auf und müssen deshalb extra und direkt aufgerufen werden.

Fazit: Billig sind Versicherungsprodukte nie!

Riestern, nein danke?

Vor allem, wenn man kein Besserverdiener und ohne Kinder ist und deshalb keine besonders hohe staatliche Förderung bekommt, lohnt sich das Riestern nicht. Ein eigenes kostengünstiges Depot mit breit streuenden ETFs statt eines Riester-Aktienfonds hat dagegen große Vorteile. Bei solchen Indexfonds sind die Kosten deutlich niedriger, das Risiko gleich und die Rendite nicht schlechter. Dafür gelten die vielen Riester-Regeln nicht, Sie haben keine Zwänge und bleiben flexibel.

von Direkt-Versicherern sind meist im Vorteil, da die Abschlussgebühren und Verwaltungskosten geringer sind. Aber auch Online-Anbieter haben Werbekosten!

Die entsprechenden Verbraucher- und Finanzzeitschriften bringen regelmäßig aktuelle Tests für die besten Riester-Produkte. Als Verbraucher sind Sie auf diese objektiven Tests angewiesen, um die Angebote bewerten zu können. Eine gute erste Anlaufstation finden Sie im Internet: www.finanztip.de

Haben Sie schlecht gewählt und Ihr Riester-Vertrag entwickelt sich zum Groschengrab? Ein Wechsel ist möglich! Das vorhandene Kapital wird dann komplett in das neue Produkt übertragen. Fragen Sie nach, ob die Wechselgebühr vom neuen Anbieter übernommen wird! Allerdings verweigern manche Banken den Abschluss neuer Riester-Verträge, wenn der Interessent über 55 Jahre alt ist. Die Erträge daraus sind dann wegen der geringen Restlaufzeit für die Anbieter oft nicht mehr attraktiv genug.

Zuwächse bei den Riester-Verträgen gibt es nur noch bei den fondsgebundenen Verträgen und beim Wohn-Riestern. Versicherungen und Banksparpläne sind Randerscheinungen.

Wohn-Riestern

Mit einem Wohn-Riestervertrag können Sie ein Darlehen für eine eigengenutzte Wohnimmobilie dank der Fördermittel schneller tilgen. Der Haken an der Sache? Sie müssen als Rentner den Vorteil des mietfreien Wohnens versteuern. Dazu bedarf es einer genauen Berechnung. Baufinanzierer wie die Interhyp oder Dr. Klein können dazu beraten und haben die nötigen Rechentools. Bei den enormen Immobilienpreisen wird Wohn-Riestern nur eine kleine Summe der Anschaffungskosten für eine Immobilie abdecken. Der Vertrag kann auch als Einlage für eine Wohnungsgenossenschaft verwendet werden.

Für einen Wohn-Riester-Vertrag ist ein erheblicher bürokratischer Aufwand nötig, und die Fördermittel dürfen nur für eine eigengenutzte Immobilie verwendet werden. Ist die Voraussetzung irgendwann nicht mehr gegeben, muss der Vorteil sofort versteuert werden. Das kann beispielsweise bei einer Scheidung sein, wenn das Haus verkauft werden muss. Die Vorgabe für die Selbstnutzung gilt noch ganz unrealistisch die ersten 20 Jahre des Rentenalters. Bei einem vorzeitigen Umzug in ein Altersheim und einem möglichen Verkauf gibt es ein Problem. Einmalig oder jedes Jahr müssen für die Vorteile der Förderung bis zum 85. Lebensjahr Steuern bezahlt werden. Das sind sehr viele Bestimmungen und Mühen für eine überschaubare Summe.

Riester-Bausparvertrag

Wie bei einem anderen Bausparvertrag bekommen Sie niedrige Zinsen auf Ihr Kapital, aber sichern sich bei Fälligkeit des Bausparvertrages garantiert niedrige Zinsen für Ihre Hypothek. Wir kennen die Welt nur mit niedrigen Zinsen, aber ob das immer so bleibt, weiß keiner so genau. Ein Immobilienprojekt lässt sich so gelassener planen und die Gefahr von Finanzierungslücken wird vermieden. Steigen die Zinsen nicht, war es ein schlechtes Geschäft.

Wohn-Riestern über einen Bausparvertrag erscheint nur auf den ersten Blick attraktiv. Flexibler bleibt, wer in einen fondsgebundenen Riester-Vertrag einbezahlt und dann daraus später Geld entnimmt, um einen Baukredit abzuzahlen.

Rechnen Sie es sich durch. Wer gar nicht riestert und lieber seine Kreditrate durch eine höhere Tilgung reduziert, spart Zinsen und bleibt flexibel. Wächst das Kapital nach Steuern in einem ETF schneller als die Zinsen, kann die Tilgung über einen Ansparfonds überlegt werden.

Riester-Banksparplan

Es gibt noch einen Bestand an Sparplänen mit Förderzulagen, aber durch die anhaltend niedrigen Zinsen gibt es keine Kunden mehr für neue Sparpläne. Es könnten vielleicht in einigen Jahren wieder Anbieter auftreten. Der häufigste Grund für einen Sparplan war die Tilgung eines Darlehens für eine eigengenutzte Wohnimmobilie.

Riester-Rentenversicherung

Der Riester-Klassiker. Sie bekommen Garantiezinsen und nicht garantierte Überschussbeteiligungen der Versicherungsanbieter. Die voraussichtliche Rentenzahlung wird also bereits bei Vertragsbeginn ausgewiesen.

Die Riester-Rente gibt es auch als fondsgebundene Riester-Rente mit einer lebenslangen Mindestrente. Die Anbieter können bei dieser Form die Beiträge auch in Aktienfonds anlegen. Ob das von Erfolg gekrönt ist, wird sich erst am Ende zeigen. Prüfen Sie, welche Anlagefonds hier ausgewählt wurden!

Die Verwaltungskosten und der Versicherungsanteil für die lebenslange Rente sind bei diesem Produkt sehr hoch. Lassen Sie sich diese ausweisen und genau benennen: Abschlusskosten, jährliche Verwaltungskosten, Fondskosten, Kosten während der Auszahlung. Direktvertriebsangebote sind hier oftmals günstiger, obwohl auch der Direktvertrieb Kosten verursacht, wenn auch keine Provisionen. Es ist einfach ein anderer Vertriebsweg, wo ebenfalls kritisch verglichen werden muss.

Riester-Fondssparplan

Die einzige Möglichkeit, um den gegen null tendierenden Renditen zu entgehen, sind Angebote, die das investierte Kapital in Aktienfonds anlegen. Der Sparplan ist mit Blick auf die Kostenstruktur günstiger als die fondsgebundene Rentenversicherung. Eingezahlte Beiträge und Zulagen sind auch bei dieser Riester-Sparform garantiert. Nicht garantiert ist aber die Höhe des angesparten Kapitals, sie hängt davon ab, ob sich die Aktienfonds positiv entwickeln, also ist auch ein Verlust möglich.

Ein oft gebrachtes Argument für Rentenversicherungen ist, dass für das angesparte Vermögen ein fester Rentenwert garantiert wird. Das ist aber kein wirklicher Vorteil für die Rentenversicherung statt des Fondssparplans: Schließlich kann sich jeder Riester-Sparer zu Rentenbeginn den Anbieter aussuchen, der auf das angesparte Vermögen die höchste Rente auszahlt.

Eine Verrentung von angespartem Vermögen über einen Versicherungsanbieter ist oft alternativlos, bleibt aber wegen der unbefriedigenden Konditionen weiter unbeliebt.

Im Detail: Die Rürup-Rente

Diese steuerrechtlich begünstigte Altersvorsorgerente ist zum einen Basisrente, kann aber auch eine ergänzende Zusatzrente sein. Im Gegensatz zum Riester-Modell ist die Rürup-Rente einfach zu verstehen. Sie ist für alle Interessenten ohne Einschränkung offen. Steuerlich wird sie so behandelt wie die gesetzliche Rente.

Die kapitalgedeckte Rürup-Rente ist ein zertifiziertes Versicherungsprodukt, das entweder klassisch auf Zinsbasis mit garantierter Rente oder fondsgebunden mit der Option auf eine höhere Rendite, aber ohne Garantierente angeboten wird. Eine fondsgebundene Variante sollte mindestens mit 15 Jahren Laufzeit gewählt werden. Die Gefahr von Verlusten auf das eingezahlte Kapital ist nicht ausgeschlossen.

In der mindestens fünfjährigen Ansparphase, besser ist natürlich ein wesentlich längerer Zeitraum, werden Beiträge geleistet, die innerhalb der Altersvorsorgeaufwendungen steuerlich geltend gemacht werden können. In 2019 sind das für Ledige maximal 24 350 Euro (Verheiratete das Doppelte) und davon 88 Prozent. Die Vorsorgepauschale steigt jährlich an und ist ab 2025 zu 100 Prozent steuerlich anrechenbar. Wer bereits die Altersvorsorgeaufwendungen für andere Rentenprodukte wie die bei einem berufsständischen Vorsorgewerk oder die gesetzliche Rente nutzt, sollte diese Pauschale nicht überschreiten, da sonst keine steuerliche Absetzbarkeit möglich ist.

In der Auszahlungsphase wird die Rürup-Rente vergleichbar zur gesetzlichen Rente im Gegenzug besteuert. Im Renteneintrittsjahr 2020 sind das 80 Prozent.

Rürup-Verträge lassen sich nicht kündigen, aber sie können beitragsfrei gestellt werden. Eine Übertragung des angesparten Kapitals auf einen anderen Vertrag ist meist nicht möglich oder muss gesondert beim Abschluss vereinbart werden. Das eingezahlte Vermögen lässt sich nicht beleihen oder übertragen. Die Rente ist pfändungs- und insolvenzgeschützt, und das angesparte Kapital wird nicht auf das Arbeitslosengeld II angerechnet.

Es gibt Sonderoptionen wie eine Rentengarantiezeit, dass über den Tod des Versicherten hinaus für weitere Jahre die Rente bezahlt wird oder dass Hinterbliebene im Todesfall eine Rente bekommen. Dies geht aber alles empfindlich auf Kosten der Rentenhöhe.

Vor 2012 geschlossene Verträge dürfen frühestens ab dem 60. Lebensjahr ausbezahlt werden, spätere Verträge ab dem 62. Lebensjahr. Wer einen hohen Spitzensteuersatz hat, macht bei diesem Geschäft den besten Schnitt.

Etliche Anleger in der Rürup-Rente, die zwischen gesetzlicher und freier kapitalgedeckter Rente wählen konnten, haben diese Art der Altersvorsorge gewählt, da sie angesichts des demografischen Wandels dem Umlageverfahren der gesetzlichen Rentenversicherung nicht vertraut haben. Freiberufler und vor allem Selbstständige haben so für das Alter vorgesorgt. Die bereits lang andauernde Niedrigzinsphase und Zweifel an einem verlässlichen Wirtschaftswachstum haben diesen Standpunkt teilweise wieder ins Wanken gebracht. Eine Kombination aus beiden Möglichkeiten ist derzeit wahrscheinlich die bessere Wahl. Bei entsprechend langer Laufzeit ist auch das Risiko einer fondsgebundenen Rürup-Rente absehbar und in dieser Form eine gute Ergänzung zur umlagefinanzierten gesetzlichen Rente. Dennoch muss klar sein, dass bei einer fondsgebundenen Rürup-Rentenversicherung auch ein Verlust drohen kann. Deshalb sollte nicht die ganze Rentenabsicherung auf diese eine Karte gesetzt werden.

Die Steuerersparnis in der Ansparphase ist der Vorteil der Rürup- gegenüber einer privaten, aber dafür flexiblen Rentenversicherung. Allerdings muss die Rente aus einer privaten ungeförderten Versicherung nur mit dem Ertragsanteil in der Rentenphase versteuert werden. Für die Rürup-Rente gilt wie bei der gesetzlichen Rentenversicherung ein abschmelzender Freibetrag je nach Renteneintrittsjahr. In 2020 sind 80 Prozent der Rente zu versteuern und 20 Prozent sind steuerbefreit. Bei einem Renteneintritt in 2040 ist die ganze Rente ohne Freibetrag zu versteuern.

Bei Vergleichen mit einer klassischen Rürup-Rente schneidet die gesetzliche Rentenversicherung bei der Rendite besser ab. Aber für gesetzlich Pflichtversicherte, die die Rentenzahlungen an die gesetzliche Rente nicht erhöhen können und zudem einen hohen Spitzensteuersatz haben, ist Rürup eine Option zur Ergänzung. Die geringe Mindestansparzeit bis zur Rente von fünf Jahren gibt die Möglichkeit, »last minute« noch eine größere Summe steuergünstig verteilt auf fünf Jahre zu verrenten. Wie bei allen Versicherungsprodukten sind die hohen Abschluss- und Verwaltungsgebühren zu prüfen, die bei kurzen Laufzeiten mehr ins Gewicht fallen – und Sie sollten möglichst alt werden bei Ihrer »Wette« gegen die Versicherung.

Bei der Bewertung der Rürup-Rente achten Sie auf diese Kriterien:

Klassische Rürup-Rente

- Höhe der garantierten Rente
- Effektivkosten in Prozent pro Jahr
- Wechselmöglichkeit

Fondsgebundene Rürup-Rente

- Rentenfaktor, der die Höhe der Rente bedingt
- Effektivkosten pro Jahr und sonstige Kosten
- Aktienfondsauswahl
- Kursverlauf in der Vergangenheit
- Wechselmöglichkeit

Die Sofortrente

Wer durch Erbschaft oder sonstige günstige Möglichkeiten zu Geld gekommen ist und dieses kurzfristig verrenten möchte, greift zur Sofortrente: Geld gegen garantierte lebenslange Leibrente. Wer sich nicht kümmern möchte, nichts vererben muss und gute Gene hat, die ein langes Leben in Aussicht stellen, kann diese Form der Altersrente als Ergänzung in Erwägung ziehen.

Allerdings haben Versicherungen, die eine lebenslange Altersrente ausloben, das Ganze ganz genau durchgerechnet und die Verträge so gestaltet, dass sie am Schluss als Gewinner hervorgehen werden.

Die Sicherheit und Bequemlichkeit haben also ihren Preis. Die Versicherung garantiert Ihnen eine lebenslange Rente, und wenn Sie sterben, gehört das eingezahlte Geld der Versicherung. Dritte werden dabei in der Standardversion nicht abgesichert. Falls Sie doch eine Rentengarantiezeit absichern, dann läuft die Rente über die vereinbarte Zeit weiter, auch wenn Sie vorher sterben sollten. Diese Option drückt aber gewaltig auf die Rendite. Eine Sofortrente lohnt sich dann nicht mehr wirklich. Trennen Sie also besser das Geld, das Sie zu vererben beabsichtigen, von dem Geld, das Sie in die Sofortrente stecken wollen.

Ertragsanteil der Sofortrente in Abhängigkeit vom Alter bei Renteneintritt	
Alter bei Rentenbeginn	Ertragsanteil in %
63	20
64	19
65/66	18
67	17
68	16
69/70	15

Steuer- und Sozialabgaben

Da das Kapital für die Sofortrente aus dem versteuerten Nettovermögen kommt, also nicht vorher steuerlich abgesetzt wird, muss die spätere Rente nur zu einem kleinen Teil, dem Ertragsanteil, versteuert werden.

Wie groß der Ertragsteil ist, wird zum Rentenbeginn pauschal festgelegt und hängt vom Alter bei Rentenbeginn ab. Er gilt dann für die ganze Laufzeit der Rente. Ob diese Prozente dem tatsächlichen Ertrag entsprechen, wird nicht festgestellt. Freiwillig in der gesetzlichen Krankenkasse Versicherte müssen auf diese Einnahmen die vollen Krankenkassenbeiträge leisten. Pflichtversicherte und privat Krankenversicherte sind befreit.

Die Rentenzahlung

Wie viel Rente es bei einer Sofortrente gibt, hängt von verschiedenen Faktoren ab:

- Zahlen Sie den Betrag für die Sofortrente längere Zeit vor dem Rentenauszahlungsbeginn ein, so erhöht das die Rentenhöhe etwas.
- Je älter Sie bei Rentenbeginn sind, desto höher ist die Sofortrente, da für die Versicherung statistisch gesehen die lebenslange Rente eine kürzere Laufzeit hat.
- Schließen Sie die Rente nur für sich selbst ab und verzichten auf eine Rentengarantielaufzeit oder Hinterbliebenenrente, dann vermeiden Sie empfindliche Reduzierungen der Rentenhöhe.
- Eine vorzeitige Entnahme von Kapital kann bei manchen Verträgen vereinbart werden, falls Sie zu einem Pflegefall werden und Geld brauchen.
- Es gibt bessere und weniger gute Anbieter. Ein Check bei einer Ratingagentur wie Morgen & Morgen (www.morgenundmorgen.com) gibt Hinweise, welches Unternehmen gut bewertet wird.
- Bei der Auswahl der Sofortrente sind Online-Unternehmen im Vorteil, da dort weniger Provisionen fließen, die der Rendite abträglich sind.

- Da die Versicherung an der Überschusszahlung des Unternehmens teilnimmt, können die Renten steigen. Es empfiehlt sich, die Option »dynamische oder steigende Rentenzahlung« zu wählen. Hier erhöht sich die Rente jedes Jahr und gleicht so eine vorhandene Inflation aus.

Wie das Instrument der Überschussbeteiligung aussieht und gehandhabt wird, ist bei jeder Versicherung anders. Die Europa Versicherung beteiligt ihre Kunden erst ab dem vierten Jahr umfassend an der Überschusszahlung, erst dann ist mit steigenden Renten zu rechnen. Über die weitere Entwicklung kann man heute natürlich noch nichts sagen.

Eine gute Bewertung hat in den letzten Jahren auf manchen Portalen die Sofortrente der Europa-Online-Versicherung erhalten. Der Hinweis darauf erfolgt aber nicht, weil Sie dort abschließen sollen, sondern weil die Versicherung einen ganz guten Rechner auf ihrer Internetpräsenz platziert hat, in den Sie verschiedene Varianten für Ihr persönliches Geburtsjahr, die Einzahlungssumme, den Rentenbeginn und weitere Optionen eingeben können. Das Ergebnis kann Ihnen dann als Referenzwert bei der Beurteilung anderer Angebote dienen. Auf unabhängigen Online-Portalen wie www.finanztip.de können Sie prüfen, welches Angebot den Testern jeweils am besten gefallen hat.

Manche Anbieter haben eine niedrigere Startrente, aber konstant steigende Renten in der Vergangenheit, andere beginnen mit höheren Renten, aber die Steigerung aus Überschüssen war moderater.

Beispielrechnung für eine Sofortrente

Ein Beispielangebot der Europa Versicherung für eine flexible Rente mit einem Einmalbetrag und 18 Monate späterer Rentenzahlung sieht so aus:

Geburtsdatum 1. Januar 1955, Beginn der Regelaltersrente zum 1. Januar 2020
Versicherungsbeginn zum 1. Juni 2019 und eine Einzahlung von 100 000 Euro
Beginn der Rentenzahlung mit 66 Jahren zum 1. Januar 2021

Die Startrente bei dieser Option mit Rentenbeginn 1. Januar 2021 und einer später

- steigenden Rente ist 346,50 Euro/monatlich.
- etwa gleichbleibenden Rente inklusive Überschussbeteiligungen ist 362 Euro.

Die Startrente bei einem Rentenbeginn sofort zum 1. Juni 2019 mit 64 Jahren bei einer

- steigenden Rente ist 325 Euro.
- etwa gleichbleibenden Rente inklusive Überschussbeteiligungen ist 340 Euro.

Die etwas niedrigere Rente bei einem Rentenbeginn mit 64 Jahren ist vor allem der statistisch längeren Lebenserwartung geschuldet.

Als Faustgröße können Sie bei einer Sofortrente mit Einmaleinzahlung kurz vor Rentenbeginn mit 65 Jahren derzeit für jeweils 10 000 Euro mit knapp 35 Euro Rente rechnen. Davon ist nur der Ertragsanteil zu versteuern.

Zum Vergleich bekommen Sie für etwas über 7000 Euro bei der gesetzlichen Rentenversicherung derzeit knapp 34 Euro monatliche Rente – das ist also sehr attraktiv!

Freiwillige Zahlungen, die für Pflichtversicherte nicht möglich sind, sind bei der gesetzlichen Rente aber durch die Beitragsbemessungsgrenze auf jährlich 14 950 Euro (in 2019 – der Betrag steigt jährlich an) gedeckelt.

Die Zahlungen können innerhalb der Altersvorsorgeaufwendungen steuerlich angerechnet werden, die Rente muss später zu 80 Prozent oder mehr, je nach Renteneintrittsalter, versteuert werden.

ETFs und flexibler Entnahmeplan

Der Tipp ist gut, aber man braucht Erfahrung, Zutrauen in das Wirtschaftswachstum und das nötige Kleingeld. Das Problem ist, wer wenig Geld hat, kann sich Abenteuer nicht erlauben. Wer schlechte Nerven hat, muss sich ebenfalls überlegen, ob er das möchte. Letztlich machen Versicherungen aber auch nichts anderes. Sie nehmen das Geld ihrer Kunden, verwalten es und versuchen dabei einen Gewinn zu generieren. Einen Teil der Kundengelder und Gewinne halten sie zurück und bezahlen vom Rest die garantierten Renten. Sie sind also kein Wohlfahrtsunternehmen, sondern auf Gewinn ausgerichtet. Gewinne werden dabei über Rentenpapiere, Anlagen in Immobilien und vor allem über Unternehmensanleihen, also Aktien, gemacht. Der Glaube an das langfristige Wachstum der Wirtschaft ist die Grundlage.

Das Geschäftsprinzip ist, dass Sie zu Ihrer eigenen Bank werden und sich selbst eine Rente ausbezahlen. Da schon viele Jahre nur noch Minimalzinsen bezahlt werden, bleiben nur Fonds, die am Wachstum der Weltwirtschaft partizipieren. Um Krisen zu überstehen und Verluste zu vermeiden, sollte der Anlagehorizont langfristig gewählt werden.

Das Zauberwort dabei sind Indexfonds, sogenannte ETFs oder Exchange Traded Funds. Was sind die Gründe, warum diese Anlageform so beliebt ist und beinahe kritiklos gelobt wird?

- Anteil am weltweiten Wirtschaftswachstum
- geringe Kosten bei Kauf und Verwaltung im persönlichen Online-Depot
- Durch einen monatlichen Sparplan wird der Einstiegskurs ausgeglichen.

Börsenprofis werden über die folgenden Ausführungen lächeln, aber sie sind für den einen oder anderen doch notwendig, damit er überlegen kann, ob diese Anlageform etwas für ihn ist. Statt einer Einzelaktie bilden diese ETFs eine ganze Gruppe von Aktien und deren Kursverlauf ab. Das kann der deutsche Aktienindex Dax sein oder der amerikanische Dow Jones und noch besser der weltweite Aktienindex mit einer besonderen Gewichtung wie amerikanische oder asiatische Aktien und Schwellenländer. Auch spezielle Themengebiete gibt es als ETFs wie Aktien, die in Sicherheitssysteme, in Gold oder in Aktien mit besonders hohen jährlichen Dividenden investieren.

Diese Zusammenstellungen haben unterschiedliche Renditechancen und Risiken. Als kapitalbildende ETFs für Renten werden meist klug ausgewogene Fonds mit weltweit gehandelten Aktienwerten gewählt.

Statt vieler Einzelaktien kann der Kunde mit einem Fondsanteil in kleiner Stückelung die Wachstumsaktien der ganzen Welt kaufen. Die Fondsanteile können direkt an der Börse ohne Ausgabenaufschläge gekauft und in einem kostenlosen Depot bei einer Online-Bank gelagert werden. ETFs sind technische Fonds mit geringen jährlichen Verwaltungskosten im Gegensatz zu gemanagten Fonds mit hohen Jahresgebühren für die Verwaltung und die Kosten für Umschichtungen innerhalb des Depots.

Geringe Verwaltungskosten sind wichtig, da diese bei durchschnittlichen Wachstumsgrößen von drei bis vier Prozent sonst den Gewinn aufgefressen. Fondsgebundene Lebensversicherungen sind zwar gut, könnten aber besser sein, wenn die Abschluss- und jährlichen Verwaltungsgebühren nicht so hoch wären. Service hat seinen Preis. Letztlich werden Sie mit Ihrem eigenen Depot zum eigenen Vermögensmanager und bestimmen und verfügen selbst über Ihr Vermögen.

Zu bedenken ist, dass in Zeiten niedriger Zinsen Aktien allgemein im Aufwind sind und wir nun über eine lange Zeit steigende Kurse gesehen haben. Es wird aber auch Krisen geben, die der Anleger aussitzen muss. Die hohen Kurse und Marktaussichten widersprechen sich derzeit.

Risiko und Renditechancen

In der Vergangenheit ist die Strategie aufgegangen. Die schlimmste Verlustphase des MSCI World, des Index der 14 Industriestaaten, war von September 2000 bis März 2003. Der Index verlor 54 Prozent seines Vermögens, und es brauchte 13 Jahre und sechs Monate, bis der Verlust wieder ausgeglichen war. Zwar hatte er bis 2007 einen Teil der Verluste ausgeglichen, aber der Crash 2007 verzögerte die Erholung dann auf endlos lange 13 Jahre. Über die letzten 15 Jahre vor 2019 hat der Index einen jährlichen Kursgewinn vor Steuern und Kosten von 7,9 Prozent erzielt. Trotz der großen Bankenkrise oder vielleicht gerade wegen der bereinigten Kurse gab es eine sehr lange renditestarke Zeit. Ein MSCI-ETF-Fonds ist also kein Selbstläufer, aber die Renditechancen sind möglich. Eine umfassende Anlageberatung kann ein Rentenratgeber nicht liefern. Sie lernen die Börse am besten durch praktische Übungen und ein Musterdepot verstehen. Beschäftigen Sie sich mit diesem Thema, denn es gibt auch noch andere Anlageformen, die interessant sein könnten. Und kaufen Sie nur, was Sie verstehen, überprüft und auch beobachtet haben!

Gegenwärtig sind es ETFs, die die nötige Rendite erwirtschaften. Zukünftig kann das Anlagedepot womöglich durch andere Finanzprodukte ergänzt werden, eventuell durch offene Immobilienfonds oder sichere Rentenpapiere.

Ein Depot mit ETFs für die eigene Rente

Für eine Rente, die sich aus einem Depot mit ETFs finanziert, gibt es verschiedene Modelle:

Das selbst verwaltete Depot. Sie dürfen sich nicht alleine auf den Rat von Dritten verlassen. Besuchen Sie einen Volkshochschulkurs über Vermögensbildung. Sprechen Sie mit Menschen, die glauben, etwas davon zu verstehen. Sie können sich auch bei Ihrer Bank beraten lassen, aber kaufen Sie dort nicht, weil das teuer wäre. Es gibt außerdem gute und weniger gute bezahlte, unabhängige, nicht provisionsbeteiligte Vermögensberater.

Viele Verbraucherseiten empfehlen eine Auswahl entsprechender Fonds. Online-Banken bieten Sparpläne für ETFs an und haben Angebote für den provisionsfreien Kauf.

Die Stiftung Warentest hat unter dem verniedlichenden Namen »Pantoffel-Portfolios« eine Themenseite mit passenden Fonds und Anlagepositionen zusammengestellt (test.de/pantoffel-portfolio). Die Bezeichnung »Pantoffel« sollte Vertrauen erwecken und Bequemlichkeit versinnbildlichen. Das Thema ist dennoch ernst, und Sie sollten nichts kaufen, was Sie nicht verstehen. Auch auf www.finanztip.de finden Sie geeignete Empfehlungen. Als Neuling im Aktiengeschäft müssen Sie sich aber von erfahrenen Fachleuten beraten lassen. Erst wenn Sie ein Gefühl für die Börse und Aktiengeschäfte bekommen haben, sollten Sie einsteigen.

Die langfristige Strategie Wenn Sie Kapital für einen eigenen Rentenplan aufbauen wollen und 15 und mehr Jahre Zeit haben, können Sie über einen Sparplan, der den Einstiegskurs ausgleicht, ein Vermögen aufbauen. Kurz vor der Rente lösen Sie die Gewinne auf und übertragen die liquiden Mittel auf ein Auszahlungskonto. Von dort bezahlen Sie sich die Zusatzrente.

Bei günstiger Gelegenheit verkaufen und übertragen Sie weitere Werte auf das Auszahlungskonto, von dem Sie sich die Rente auszahlen. Bei einem Vermögen von 100 000 Euro können zwei Drittel im Depot bleiben und ein Drittel auf das Auszahlungskonto gelegt werden. Bei einer durchschnittlichen Rendite von vier bis fünf Prozent können Sie sich ohne großen Kapitalverzehr eine lebenslange Rente von 300 bis 400 Euro genehmigen.

Die kurzfristige Strategie Sie haben erst kurz vor Ihrem geplanten Rentenbeginn Geldmittel für eine Verrentung bekommen. Sie müssen wie bei der langfristigen Strategie das Geld nicht

Gut zu wissen: Niedrigzinsphase

Seit Jahren verharren die Zinsen für Anleger bei der Europäischen Zentralbank (EZB) bei null Prozent, für Einlagen werden sogar Strafzölle verlangt. Die Deutsche Rentenversicherung musste sc 2017 für ihre Kapitalrücklagen 49 Millionen Euro Strafzinsen bezahlen. Ob die Zinsen wieder steigen, macht die EZB von einer steigenden Inflation abhängig. Nun könnte man meinen, dass bei der günstigen Konjunkturlage die Preise für die Produkte und so auch die Inflation und die Löhne steigen müssten. Digitalisierung und Globalisierung haben aber den Zusammenhang zwischen Wirtschaftswachstum und höheren Löhnen wie auch mehr Beschäftigten entkoppelt. Die Digitalisierung macht die Arbeitsprozesse günstiger, und es werden weniger Beschäftigte zur Herstellung benötigt. Durch die Globalisierung können Firmen bei der Produktion in Billigländer ausweichen. Beide Faktoren wirken preisdämpfend. Zudem sind die Preise durch den Online-Handel sehr gut vergleichbar, was ebenfalls die Preise bremst. Es ist sehr gut möglich, dass wir es noch lange mit einer Nullzinspolitik oder zumindest niedrigen Zinsen zu tun haben. Auch wird unsere überalternde Gesellschaft einem Wirtschaftswachstum kaum die entsprechenden Impulse geben können. Ältere Menschen legen ihr Geld auf die hohe Kante und investieren nicht. So übersteigt die Sparquote die Nachfrage nach Krediten.

Auch Immobilien sind überwiegend in der Hand der älteren Generation. 57 Prozent des Wohneigentums gehören Menschen ab 55 Jahren, referiert das Statistische Bundesamt. Ab den 2040er-Jahren, wenn die Babyboomer in den Siebzigern sind, könnte dies eine Preisbremse sein, wenn das Angebot frei werdender Häuser und Wohnungen, sei es wegen Tod oder Umzug in seniorengerechte Wohnformen, die Nachfrage übersteigt.

Die einzige Anlageform, die gegenwärtig vertretbare Renditen erzielt, sind Aktien. Um das Risiko für Verluste auszugleichen, ist aber eine große Streuung über Aktienfonds, die einen weltweiten Aktienmarkt abdecken, nötig. Werden diese in mehreren Etappen gekauft, beispielsweise über einen Sparplan, verteilt sich auch der Einstiegskurs.

Technische ETFs haben zudem den Vorteil, dass die Verwaltungskosten gering sind und diese ohne Kaufaufschläge an der Börse erworben werden können. Bei einem geringen Wachstum sind geringe laufende Kosten ein wichtiger Faktor.

Der Kritikpunkt bleibt, dass durch die Geldpolitik der EZB zu viel Geld im Umlauf ist und ebenso viel Geld wegen mangelnder Alternativen in den Aktienmarkt fließt und deshalb Kursübertreibungen möglich sind. Wer in Aktien investiert, sollte die Aktienquote nicht zu hoch ansetzen und braucht Zeit und einen langen Anlagehorizont, um Kurskorrekturen aussitzen zu können.

Pantoffel-Depot

Sicher und trotzdem renditeorientiert – das ist die Idee für dieses Depot. Nur ein Teil des Geldes liegt in kostengünstigen ETFs und der Rest in sicheren Zinsanlagen. Da Aktienkurse schwanken können, müssen Sie eine schlechte Phase aussitzen können, ohne Kursverluste zu realisieren. Das Pantoffel-Depot eignet sich auch für einen Aktiensparplan.

- Für Vorsichtige: 25 Prozent in einem weltweit anlegenden ETF-Aktienfonds (Typ: iShares Core MSCI World) und 75 Prozent in sichere Zinsanlagen wie Festgeld bei einer Bank mit Einlagensicherung oder ein Renten-ETF auf Euro-Staatsanleihen (Typ: iShares Core Euro Government Bond)
- Für risikobereite Anleger bei günstigen Konjunkturaussichten: 50 bis 75 Prozent in ETFs und 25 bis 50 Prozent in Zinsanlagen.

Die Mischung macht es. Der Aktienanteil bestimmt das Risiko, aber auch die Renditechancen. Dies muss individuell entschieden und abgewogen werden.

- Welche Aktienfonds sind die richtigen? Hier gibt es gute Erfahrungswerte, die jeweils aktuell bei www.finanztip.de, www.test.de oder anderen Verbraucherinformationsseiten besprochen werden.

ETF-Fonds, die weltweit oder europaweit investieren:

MSCI World enthält mehr als 1600 Unternehmen aus 23 Industrieländern. Der Favorit im Pantoffel-Depot.

MSCI All Country World enthält knapp 2800 Unternehmen auch aus Schwellenländern wie China, Indien und Brasilien.

FTSE All-World enthält über 3200 Unternehmen aus 48 Ländern, davon 23 Schwellenländer.

MSCI Europe enthält etwa 450 Unternehmen aus 15 europäischen Industrieländern.

Stoxx Europe 600 enthält etwa 600 Unternehmen aus 17 europäischen Ländern.

- Eröffnen Sie ein Konto bei einer gebührenfreien Direktbank. Empfehlungen dazu bei www.finanztip.de. Diese Banken bieten Sparpläne und oft gebührenfrei den Kauf von ETFs an.
- Dieses langfristig konstruierte Depot kann ohne weitere Pflege viele Jahre so bestehen bleiben. Eventuelle Gewinne in der Aktienabteilung können bei günstigen Gelegenheiten entsprechend Ihrem persönlichen Sicherheitsverständnis in sichere Zinsanleihen umgeschichtet werden.

erst erwirtschaften und können in einigen Tranchen entsprechende ETFs und andere geeignete Finanzprodukte kaufen und in Ihr Depot legen. Dort soll das Geld Rendite erwirtschaften. Bei 100 000 Euro würden Sie zwei Drittel ins Depot legen und ein Drittel auf das liquide Geldkonto, von dem Sie sich die Rente auszahlen. Bei günstiger Börsenlage können Sie Gewinne abschöpfen und auf Ihr Auszahlungskonto legen. Wenn Sie sich eine Rente von 300 Euro genehmigen und durchschnittlich fünf Prozente Rendite realisieren, wird Ihr Vermögen auf dem Depot und im Geldkonto kaum abnehmen, und Ihre lebenslange Rente ist nicht in Gefahr. Sie haben sogar Puffer, wenn es für einige Zeit schlechter läuft. Je älter Sie werden, desto mehr können Sie die Aktienquote senken. Selbst wenn Sie keine fünf Prozent Rendite mehr erzielen, behalten Sie genügend Geld für Ihre Rente zurück.

Allerdings müssen Sie einen Ertragsanteil versteuern. Durch Ihren Freibetrag und die Berechnung auf den realen Ertrag sind Sie bei Ihrem eigenen Rentenmodell bei geschickter Gewinnentnahme gegenüber der Sofortrente der Versicherung mit der Pauschalbesteuerung bessergestellt.

Die Herausforderung Sie haben etwas Arbeit mit Ihrer eigenen Rentenverwaltung, und Sie bemerken Schwankungen in Ihrem Depot. Dazu schrumpft das Geldkonto durch die Rentenzahlungen kontinuierlich. Wenn Sie das Geld einer Versicherung geben, ist es aber außerhalb Ihrer Sichtweite. Wenn Sie sich für dieses Rentenmodell entscheiden, buchen Sie bitte etwas mentale Stärke mit ein.

Provisionen, Gebühren und Kaufaufschläge Seit Anfang 2019 gelten neue EU-Regeln und ja, nicht alle EU-Regeln sind schlecht! Fondsanbieter müssen nun eine einheitliche Darstellung der Fondskosten transparent machen. Verstecken im Kleingedruckten gilt nicht mehr. Es muss deutlich sein, welche einmaligen und laufenden Kosten die Rendite schmälern.

Bei einer Rendite von drei bis vier Prozent Gewinn sind zwei und mehr Prozent laufende Kosten und Provisionen für den Vertrieb sowie Erfolgsgebühren für die Fondsmanager der Renditetod eines jeden Fonds. Kommt noch ein Ausgabenaufschlag von fünf Prozent beim Kauf des Fonds dazu, kann es gut sein, dass über oft sehr lange Zeit nur ein Verlust herauskommen kann.

Fonds kann man aber auch bei einer Direktbank oder direkt an der Börse ohne Aufschläge erwerben. Technische Fonds, die einem Index folgen und ohne Manager auskommen, sind nicht schlechter als gemanagte Fonds mit teuren Verwaltungsgebühren. Die Agentur Morningstar vergleicht Fonds, und das Ergebnis lässt sich im Internet nachlesen: www.morningstar.de

Es gibt gemanagte Fonds mit hohen Gebühren, die gut sind. Aber wenn man alle Fonds betrachtet, sind gerade bei Märkten mit weniger Wachstum die günstigen Fonds besser als die teuren. Zudem finden sich immer auch Fonds mit einer vergleichbaren Strategie und günstigeren Gebühren.

Gerade die Provisionen machen bei vielen gemanagten Fonds aus einem an sich guten Fonds einen für den Verbraucher schlechten Fonds. Die Gewinne bleiben letztlich bei der Bank und das Risiko beim Kunden. Ein technischer Fonds ohne Manager kommt mit jährlichen Gebühren von 0,1 bis 0,5 Prozent aus, und ein gemanagter Fonds zieht 1,5 bis drei Prozent Kosten vom Fondsvermögen ein. Das ist dann nicht selten mehr, als der Gewinn ausgemacht hat. Ein erfolgreicher Fonds mit niedrigen Gebühren ist der Schlüssel zum finanziellen Erfolg. Seit 2019 müssen Fonds über die Kosten im abgelaufenen Jahr informieren.

Da gibt es abenteuerliche Konstruktionen, wo ein Fonds aus Aktien gebildet wird und dann in einen Lebensversicherungsmantel gepackt wird, damit nach zwölf Jahren nur ein Teil des Ertrages versteuert werden muss. Alle diese Konstruktionen kosten aber Geld: der Fonds, der Vertrieb, der Ausgabenaufschlag und dann auch noch die Lebensversicherung mit weiteren Gebühren und Provisionen. Das müssen dann schon äußerst erfolgreiche Börsenjahre sein, damit überhaupt ein Ertrag erwirtschaftet wird, der dann steuerlich vergünstigt dem Anleger zugutekommen kann. Das Trickreiche dabei ist, dass durch den Lebensversicherungsmantel der Verkäufer kein Anlageprotokoll ausfüllen muss, obwohl eine risikoreiche Aktienanlage verkauft wird. Das öffnet natürlich einer Falschberatung Tür und Tor. Bestehen Sie bei einer Beratung in jedem Fall auf einem Anlageprotokoll.

Beginn verschiedener Renten

Zusatzrenten haben einen unterschiedlichen Beginn. Übersicht der wichtigsten Rentenarten:

Rentenart	Rentenbeginn	Auszahlungsform
Riester-Rente	für bis 2011 abgeschlossene Verträge frühestens mit 60, danach frühestens mit 62 Jahren	Rente oder 30-prozentige Kapitalzahlung das Sparguthabens und Rest als Rente
Betriebsrente: Direktzusage	nach Beendigung des Arbeitsverhältnisses	Rente oder einmalige Kapitalzahlung oder Teilkapitalzahlung und Rente
Betriebsrente: Direktversicherung, Pensionskasse, Pensionsfonds, Unterstützungskasse	für bis 2011 abgeschlossene Verträge frühestens mit 60, danach frühestens mit 62 Jahren	Rente oder einmalige Kapitalzahlung oder Teilkapitalzahlung und Rente
Zusatzversorgung für Angestellte von Bund und Ländern (VBL) sowie kommunale und kirchliche Zusatzversorgungskassen	mit Beginn der gesetzlichen Rente	Rente
private Rentenversicherung	kann flexibel vereinbart werden	Rente oder einmalige Kapitalzahlung oder Teilkapitalzahlung und Rente

Der schnelle Rentenüberblick

Es ist nicht leicht, den Überblick über die mögliche Rentenhöhe zu behalten. Informationen zu staatlicher, betrieblicher oder privater Altersvorsorge kommen zu unterschiedlichen Zeitpunkten und in manchmal schwer verständlicher Form in den Briefkasten geflattert. Die Bundesregierung plant hier zur Verbesserung ein persönliches Online-Renteninformationscockpit.

Bis dies soweit ist, übertragen Sie die Ihnen zugänglichen Zahlen in dieses Formular. Die Informationen beziehen sich auf Ihr Renteneintrittsalter und in welchem Jahr die Renteninformation eingegangen ist. Beachten Sie, dass die Zahlen manchmal eine unterschiedliche Qualität haben. Einmal sind es lebenslang gesicherte Einnahmen, die sich dynamisch steigern, dann ist es die rechnerische Verteilung eines Vermögens auf eine mögliche Lebenszeit.

Je nach Art der Krankenversicherung sind auf einige Rentenarten Krankenversicherungsbeiträge zu leisten. Das schmälert die Einnahmen.

Prognostizierte monatliche Rente im Jahr ...					
Grund, Rentenart	**20..**	**20..**	**20..**	**20..**	**20..**
gesetzliche Rente ohne Steigerung					
gesetzliche Rente mit 1-%iger Steigerung					
berufsständisches Versorgungswerk					
andere Renten (Witwenrente ...)					
Rürup-, Basisrente					
Pensionserwartung bei Beamten					
betriebliche Altersvorsorge/Betriebsrente					
Riester-Rente					
Leibrente aus priv. Rentenversicherung					
vermietete Immobilie – 20 % für Kosten					
Pacht-, Lizenzeinnahmen					
Zinseinnahmen aus Kapitalvermögen					
Rentenplan aus Vermögen, monatliche Entnahme auf 30/40 Jahre verteilt					
verrentete Lebensversicherung					
Nebenjob					
andere Einnahmen, Ausschüttungen					
Summe evtl. Einnahmen im Rentenalter					

Krankenversicherung für Rentner

Die Unterschiede bei der Krankenversicherung haben viele Rentner nicht im Blick, obwohl auch für sie im ungünstigen Fall hohe Krankenkassenbeiträge fällig werden. Es gibt drei Möglichkeiten der Krankenversicherung: Entweder wird der Rentner als Pflichtmitglied in seiner gesetzlichen Krankenkasse geführt oder er ist freiwillig in der gesetzlichen Krankenkasse versichert und somit deutlich schlechtergestellt. Oder aber er ist privat krankenversichert. Hier wird oft vor steigenden Beiträgen gewarnt.

Bei einer eher kleinen Rente ist es richtig, die gesetzliche Krankenversicherung als Pflichtversicherter zu wählen. Ein Alleinstehender mit einer zusätzlichen guten Betriebsrente muss unter Umständen hohe Krankenkassenbeiträge fürchten. Ein freiwillig gesetzlich Krankenversicherter mit zusätzlichen guten Einnahmen wie Betriebsrenten und Mieteinnahmen ist mit einer bereits lange bestehenden privaten Krankenversicherung meist bessergestellt.

Bürgerversicherung

In der politischen Diskussion steht ein Krankenversicherungssystem für alle, das die grundsätzliche Gesundheitsversorgung abdeckt. Alle Bürger sind Pflichtmitglied. Dennoch wären vermutlich darüber hinausgehende private Zusatzversicherungen möglich.
Die Vielzahl der Krankenversicherungen, die privaten Vollversicherungen und das Beihilfesystem der Beamten wären damit erledigt. Zum einen ist das wünschenswert und könnte die Kosten dämpfen, zum anderen sind die Folgen unklar: ein staatliches Gesundheitssystem und abgetrennte private Behandlungszentren?
Das gegenwärtige System mit solidarischem Kassensystem und gewinnorientierten, firmenähnlichen Klinikzentren und Versorgungszentren als Erbringer der Leistungen sowie eine überbordende Reglementierung von niedergelassenen Haus- und Fachärzten wird weitere Reformen nötig machen.
Überraschend ist – oder auch nicht, dass die kommunalen Träger von Krankenhäusern mit den Kosten kämpfen und in Aktiengesellschaften zusammengeschlossene Spezialkliniken hohe Gewinne mit den solidarischen Beiträgen erwirtschaften.

Gesetzlich pflichtkrankenversicherte Rentner

Das einzige Kriterium, um den Status für die Krankenversicherung der Rentner zu bekommen, ist die Tatsache, dass der Versicherte zu 90 Prozent in der zweiten Hälfte seines Erwerbslebens gesetzlich versichert war.

Der Vorteil für die Pflichtversicherten im Vergleich zu den freiwillig Versicherten ist, dass sie auf private Einkünfte wie Riester-Rente, Mieteinnahmen, Privatrenten oder Zinsen keine Krankenkassenbeiträge bezahlen müssen. Allerdings fallen für eine Betriebsrente auch für die Pflichtversicherten in der Krankenkasse der Rentner Sozialbeiträge für die Krankenkasse in voller Höhe an, also ohne Beteiligung der gesetzlichen Rentenversicherung.

Auch für Einmalzahlungen aus einer Lebensversicherung, die vom Arbeitgeber innerhalb einer Betriebsrente bezahlt wurden und der Arbeitgeber als Versicherungsnehmer genannt ist, werden Beiträge fällig.

Wird diese Kapitallebensversicherung auf den Arbeitnehmer umgeschrieben, ist dieser Bezugsberechtigter und bezahlt selbst die Prämien. Dann sind die privat finanzierten Erträge für pflichtversicherte Rentner sozialversicherungsfrei.

Die gesetzliche Rentenversicherung beteiligt sich mit der Hälfte an den Beiträgen zur Krankenversicherung, die sich aus der Höhe der gesetzlichen Rente ergibt. Zu den Beiträgen der Pflegeversicherung gibt es keine Zuschüsse. Die Wahl der Krankenkasse ist frei. Es gibt gesetzliche Krankenkassen mit besseren Leistungen und geringfügig günstigeren Tarifen. Verfolgen Sie die aktuellen Leistungsvergleiche in den Verbraucherzeitschriften.

Beispiel für die 9/10-Regelung der KV der Rentner			
Arbeitsbeginn mit	Rentenbeginn mit	Mitte des Erwerbslebens; beginnt mit	9/10-Regelung: mindestens gesetzl. krankenversichert
20 Jahren	65 Jahren	42 Jahren und 6 Monaten	90 % von 270 Mon. sind 243 Mon.
25 Jahren	63 Jahren	44 Jahren	90 % von 228 Mon. sind 206 Mon.
25 Jahren	65 Jahren	45 Jahren	90 % von 240 Mon. sind 216 Mon.

Wer die 9/10-Regelung knapp verpasst, hat vielleicht doch noch Chancen, als pflichtversicherter Rentner eingestuft zu werden. Seit August 2017 werden für jedes Kind pauschal drei Jahre Versicherungszeit in der gesetzlichen Krankenversicherung mehr für die zweite Erwerbshälfte angerechnet. Mit diesem Bonus könnte es also trotzdem klappen. Dazu müssen Sie sich bei der Krankenkasse beraten lassen.

Freiwillig gesetzlich krankenversicherte Rentner

Wer in der zweiten Hälfte seines Berufslebens nicht zu 9/10 in der gesetzlichen Krankenkasse versichert ist, bleibt zwar auch während der Rente in der gesetzlichen Krankenkasse, aber gilt als freiwilliges Mitglied. Da freiwillig Versicherte prinzipiell für ihr gesamtes Einkommen während der Rente bis zur Beitragsbemessungsgrenze den vollen Beitragssatz für die Sozialversicherung bezahlen müssen, kann es ein böses Erwachen geben.

So kann ein privat Krankenversicherter, wenn er als Angestellter ein Einkommen unter der Beitragsbemessungsgrenze hat, bis zum 55. Lebensjahr in die gesetzliche Krankenversicherung wechseln. Eine Gelegenheit ist dabei beispielsweise eine Kündigung und anschließender Bezug des Arbeitslosengeldes vor dem 55. Lebensjahr. Wechselt er dann aus der privaten in die gesetzliche Krankenversicherung, gibt er seine Beitragsrückstellungen in der privaten Krankenkasse auf. Im Rentenalter wird er dann je nach Umstiegszeitpunkt die 9/10-Regelung nicht erfüllen können und ist als Rentner freiwillig krankenversichert. Je nach Einkommenslage wird dann unter Umständen der volle Krankenkassenbeitrag (Beitragsbemessungsgrenze 2019: 4537,55 Euro) von derzeit über 700 Euro zuzüglich Pflegeversicherung fällig. Bei 3000 Euro Einnahmen unter anderem aus gesetzlicher Rente, Betriebsrente, Riester-Rente, Mieteinnahmen, Zinseinnahmen und Nebenjob sind das auch noch 470 Euro Krankenkassenbeitrag.

Bei freiwillig Versicherten zählt alles zum beitragspflichtigen Einkommen, was zum Lebensunterhalt dienen kann. Dazu gehören auch Einmalzahlungen aus privaten Kapitallebensversicherungen.

Die gesetzliche Rentenversicherung bezahlt auf Antrag einen Zuschuss zur freiwilligen Krankenversicherung über 7,3 Prozent der Höhe der gesetzlichen Rente. Bei 1000 Euro Rente sind das 73 Euro. Zu den Beiträgen der Pflegeversicherung gibt es keine Zuschüsse.

Privat krankenversicherte Rentner

Wer privat krankenversichert ist, hat Vorteile, wenn es um die Gesundheit geht. In jungen Jahren ist die Höhe der Beiträge oft nur die Hälfte von dem, was sie als freiwillig Versicherte in der gesetzlichen Krankenkasse bezahlen würden. Dabei sind die Leistungen weitaus umfangreicher. In der gesetzlichen Krankenkasse würde diese Absicherung nur durch weitere kostenpflichtige Zusatzversicherungen abgedeckt werden. Freilich gibt es in der privaten Krankenversicherung keine Mitversicherung der Familienmitglieder. Aber wenn der Ehepartner durch seine Berufstätigkeit eine eigene Krankenversicherung hat, ist diese Frage bereits geklärt. Kinder stehen meist auf eigenen Beinen, wenn die Eltern in den Ruhestand gehen.

Der Staat hält – politisch gewollt – die Hürde für eine private Krankenversicherung hoch. Mindestens 60 750 Euro (in 2019) muss man jährlich verdienen, wenn man in die private Kasse wechseln will. Vermutlich gibt es sonst zu viele Wechselwillige? Die Beiträge für die private Krankenversicherung sind leistungsorientiert, aber unabhängig vom Einkommen: weder von der gesetzlichen Rente, von einer Betriebsrente oder von sonstigen Einnahmen.

Im Alter steigen die Kosten für eine private Krankenversicherung aber an. Dies kann von mehreren Faktoren abhängen. Aber auch dann kann durch klugen Wechsel der Tarifgruppen und eine moderate Selbstbeteiligung der Beitragssatz deutlich gesenkt werden. Bei echten finanziellen Schwierigkeiten bleibt der leistungsreduzierte Standardtarif als Alternative – was in der Praxis große Probleme machen kann. Lassen Sie sich beraten.

Drastische Beitragssteigerung bei gesetzlichen Krankenkassen

Von derzeit 15,6 Prozent der Bruttogehälter auf 25 Prozent und damit auf ein Viertel des Bruttoverdienstes werden die Kosten bei den gesetzlichen Krankenkassen im Jahr 2060 steigen. Die Versicherungsmathematiker in der Deutschen Aktuarvereinigung weisen in einer Prognose aus dem Jahr 2019 auf diese Gefahr hin, falls die Effizienz im Gesundheitswesen nicht gesteigert wird. Der Kostentreiber ist nach Ansicht der Aktuare nicht unbedingt die zunehmende Alterung der Gesellschaft, sondern die strukturelle Einnahmeschwäche durch zu geringe Lohnsteigerungen im Vergleich zum wachsenden Bruttoinlandsprodukt (BIP).

Und um zu vereinfachen: Wenn 20 Prozent der Beschäftigten im Niedriglohnsektor ihr Einkommen finden, fehlen die nötigen Beiträge für die Gesundheitskasse. Das gleiche Dilemma betrifft natürlich auch die Pflegekasse. Von heute knapp drei Prozent steigen, prognostiziert für 2060, die Beiträge auf 8,5 Prozent. Gesunde, junge Zuwanderer würden die Situation für die Kranken- und Rentenversicherung verbessern.

Teure Überbehandlung ist ein weiterer Kostentreiber. Überflüssige Knie- und Hüftprothesen oder Herzkatheder bringen Profit. 686 Millionen Euro Gewinn haben alleine die Helios Kliniken in 2018 gemacht, nach Abzug aller Vorstandsgehälter. Im Jahr 2017 waren es 728 Millionen Euro (Quelle: statista.de). Letztlich sind das Beitragsgelder, die Krankenkassen eingesammelt haben.

Gesetzlich Versicherte sind im Vergleich zu privat Krankenversicherten bezüglich Beitragssteigerungen also nicht unbedingt bessergestellt.

Auch bei Privatkassen sind natürlich Erhöhungen zu erwarten. Zusätzliche Beiträge sind auf weitere Einnahmen wie die Betriebsrente, Nebenjobs oder vom Arbeitgeber finanzierte Lebensversicherungen bei einer privaten Krankenversicherung nicht zu leisten.

Die Aktuare kritisieren zu Recht, dass privat Versicherte bei einem Wechsel in eine andere Privatkasse nicht die vollständigen Rückstellungen mitnehmen können, was einen gesunden Wettbewerb ausschließt.

Die Leistungen entsprechen dann denen von Kassenpatienten und mit den Privilegien ist es dann natürlich vorbei.

Wer lange in der privaten Krankenversicherung Mitglied war, profitiert zusätzlich noch von den angesammelten Beitragsrückstellungen. Horrormeldungen von unbezahlbaren Versicherungsprämien im Alter entpuppen sich meist als übertriebene Schlagzeile mit tendenziellem Wahrheitsgehalt. Wer im Alter mehr als die Durchschnittsrente und eventuell noch eine gut dotierte Betriebsrente bezieht und nur die Alternative zwischen freiwillig gesetzlich krankenversichert plus Zusatzversicherungen oder privat krankenversichert hat, ist privat oft besser aufgestellt. Letztlich erhöhen sich auch jährlich die Beiträge der gesetzlichen Krankenversicherung. Zu Buche schlagen können auch selbst bezahlte Behandlungen, gerade im Bereich der Zahnmedizin, die von der privaten, nicht aber von der gesetzlichen Krankenkasse bezahlt werden.

Auf die Beiträge der privaten Krankenversicherung bezahlt die gesetzliche Rentenversicherung auf Antrag einen Zuschuss von 7,3 Prozent bezogen auf die Höhe der Rente. Zu den Beiträgen der Pflegeversicherung gibt es keine Zuschüsse.

Sonderfall Freiberufler

Für Freiberufler, die eine Rente von ihrem berufsständischen Versorgungswerk beziehen, gelten Sonderregeln. Falls sie nur eine Rente aus dem Versorgungswerk erhalten, müssen sie sich freiwillig versichern – egal, ob sie vorher in der gesetzlichen Krankenkasse pflichtversichert waren. Für alle Einkommensarten werden dann Krankenversicherungsbeiträge fällig. Sind Freiberufler privat krankenversichert, erübrigt sich das Problem.

Freiberufler können nur dann Mitglied in der Krankenversicherung der Rentner sein, wenn sie neben dem Versorgungswerk auch eine gesetzliche Rente beziehen und die 9/10-Regelung erfüllen. Sie müssen dann, wie auch andere Mitglieder der Krankenversicherung der Rentner, nur Krankenkassenbeiträge auf die gesetzliche Rente, die Altersrente des Versorgungswerks und für Erwerbseinkommen aus selbstständiger oder angestellter Tätigkeit entrichten.

Der Unterschied: Freiwillig oder pflichtversichert

Der aktuelle Beitragssatz der gesetzlichen Krankenkassen beträgt 14,6 Prozent und der reduzierte Satz 14,0 Prozent. Zusätzlich zahlen gesetzlich krankenversicherte Rentner die Hälfte des Zusatzbeitrags von durchschnittlich 0,9 Prozent (Stand: 2019), den viele Krankenkassen erheben. Die andere Hälfte des Zusatzbeitrags übernimmt seit 2019 die gesetzliche Rentenversicherung. Für den Beitrag zur gesetzlichen Pflegeversicherung von 3,05 Prozent für Rentner mit Kind und 3,30 Prozent für Rentner ohne Kind (Stand: 2019) gibt es keinen Zuschuss von der gesetzlichen Rentenversicherung.

Wer zahlt was? Freiwillig gesetzlich oder pflichtversichert

Freiwillig gesetzlich Krankenversicherte bezahlen für beinahe alle Einkommensarten bis zur Beitragsbemessungsgrenze zusätzlich den vollen Krankenkassenbeitrag.

	in der Krankenversicherung der Rentner		freiwillig gesetzlich Versicherte	
	Beitragspflicht	Beitragssatz	Beitragspflicht	Beitragssatz
gesetzliche Rente	ja	7,3 % plus Zusatzbeitrag und Pflegeversicherung	ja	14,6 %, Zuschuss über 7,3 % in Höhe der gesetzlichen Rente plus Zusatzbeitrag und Pflegeversicherung
Versorgungsbezüge Betriebsrente	ja	Rente: 14,6 % plus Zusatz und Pflege, wenn > 152,25 Euro (Bagatellgrenze), darunter beitragsfrei Einmalzahlung für Kapitallebensversicherung bezahlt vom Arbeitgeber, umgelegt auf 120 Monate und > 152,25 je Monat	ja	Rente: 14,6 % plus Zusatz und Pflege Einmalzahlung für Kapitallebensversicherung, die der Arbeitgeber finanziert hat; Auszahlung umgelegt auf 120 Monate, unabhängig von Höhe
Erwerbseinkommen	ja	Verdienst über 450 Euro/Monat, Versicherungspflicht	ja	Verdienst über 450 Euro/Monat, Versicherungspflicht
selbstständiges Einkommen	ja	Gewinn > 152,25 Euro – reduzierter Satz 14,0 % plus Zusatz und Pflegeversicherung. Vorsicht: Eine hauptberufliche selbstständige Tätigkeit kann zum Ausschluss aus der Krankenversicherung der Rentner führen.	ja	reduzierter Satz 14,0 % plus Zusatz und Pflegeversicherung
Mieteinnahmen	nein	keine Beiträge	ja	14,0 % plus Zusatz und Pflegeversicherung vom Nettogewinn (Mieteinnahmen minus Werbungskosten)
Kapitalerträge, Dividende	nein	keine Beiträge	ja	14,0 % plus Zusatz und Pflegeversicherung auf Nettoeinkünfte (Einnahmen minus Werbungskosten)
private Rentenversicherung, Riester-, Rürup-Rente	nein	keine Beiträge	ja	14,0 % plus Zusatz und Pflegeversicherung
privat finanzierte Kapitallebensversicherung	nein	keine Beiträge	ja	Auszahlung umgelegt auf 120 Monate. 14,0 % des Monatswertes plus Zusatz und Pflegeversicherung

Früher in Rente

Es ist der Traum vieler, statt bis zur Regelaltersrente, die je nach Geburtsjahrgang mit 65 bis 67 Jahren beginnt, schon mit 63 Jahren Rente zu beziehen. Manche können einfach nicht mehr arbeiten, für andere ist es der Wunsch nach einem schönen, unbeschwerten Leben. Man muss es sich leisten können, lautet die Devise. Es ist gut, sich rechtzeitig um dieses Thema zu kümmern, um die entsprechenden Weichen stellen zu können. Am Anfang stehen eine Rechenaufgabe und ein guter Plan.

Wer nicht mit einem Vermögen geboren wurde oder ein großes Erbe erwartet, muss es sich erst einmal verdienen. Wer bereits mit 55 Jahren in den Ruhestand gehen will, muss einen Job haben, in dem er sehr früh viel sparen kann. Er muss die Zeit bis zur Rente mit 63 oder zur Regelaltersgrenze durch private Mittel ausgleichen und gleichzeitig für eine Altersrente investieren.

Die Rücklagen müssen so angelegt werden, dass diese Rendite abwerfen, zudem muss immer genügend verfügbares Geld auf dem Konto sein. Die Altersrente selbst wird möglicherweise nicht reichen, den Lebensstandard zu finanzieren, also ist zusätzliches Vermögen notwendig, um auch diese Lücke zu schließen. Ein Grundproblem ist allerdings die Einschätzung der persönlichen Lebenserwartung. In zehn Jahren werden 8,3 Prozent der Bevölkerung 80 Jahre und älter sein, und die Zahl der Hundertjährigen nimmt seit Jahren rasant zu. Es ist also ratsam, nicht zu knapp zu kalkulieren.

Die früheste Möglichkeit, um regulär in Rente zu gehen, ist die Rente mit 35 Beitragsjahren und 63 Jahren, aber je nach Geburtsjahr mit entsprechenden Abschlägen von 0,3 Prozent pro Monat.

Diese Abschläge lassen sich mit Zahlungen ab dem 50. Lebensjahr und vor dem 63. Lebensjahr durch steuerbegünstigte Leistungen ausgleichen. Mit 45 Beitragsjahren ist der Renteneintritt zwischen dem 63. und 65. Lebensjahr je nach Geburtsjahr ohne Abschlag möglich.

Die Rente vor dem 63. Lebensjahr

Ein Ruhestand vor dem 63. Lebensjahr muss privat finanziert werden. Die Lebenshaltungskosten und die Krankenkassenbeiträge müssen bezahlt werden. Sozialbeiträge können ohne Einkommen nicht steuerlich geltend gemacht werden, und kein Arbeitgeber bezahlt die Hälfte der Beiträge.

Ohne Einkommen und Einbindung in ein Sozialsystem legt die gesetzliche Krankenversicherung ein sogenanntes fiktives Einkommen zugrunde, welches als Berechnungsgrundlage für den Beitrag dient. Aktuell beläuft es sich auf 1015 Euro und der Krankenkassenbeitrag beträgt 148,19 Euro zuzüglich Zusatzbeitrag und Pflegeversicherung.

Selbst bei bescheidener Lebensweise werden in Deutschland pro Jahr 20 000 bis 30 000 Euro pro Haushalt benötigt. Daher ist für den Plan einer Rente vor dem 53. Lebensjahr weniger das Gespräch mit dem Rentenberater als mit dem Coach oder dem Vermögens- und Anlageberater sinnvoll.

Eine erfolgreiche berufliche Karriere ist immer Voraussetzung dafür, dass das Startkapital für eine erfolgreiche Vermögensanlage vorhanden ist und der Plan für den frühzeitigen Berufsausstieg gelingen kann. Bücher, die diesen Weg beschreiben, heißen »Die erste Million« oder »Die finanzielle Freiheit«. Aussteiger sind das Gegenmodell. Sie gehen in jungen Jahren in ein Land mit günstigen Lebensbedingungen und minimalen Lebenshaltungskosten. Sie machen dabei oft den Fehler, Krankheit und Alter auszuklammern und somit nicht an eine Krankenversicherung oder Altersvorsorge zu denken. Konfrontiert mit der Realität, sind sie dann auf eine solidarische Gemeinschaft angewiesen.

Die Rente mit 63

Eine ernsthafte und für viele realisierbare Überlegung ist die Rente mit 63 unabhängig vom Geburtsjahr. Lediglich 35 Beitragsjahre sind die Voraussetzung. Dabei zählen sogar Kindererziehungs- und Pflegezeiten, Zeiten aus einem Versorgungsausgleich, Arbeitslosigkeit, längere Krankheit, Schulausbildung oder Studium mit dazu.

Sie sollten dafür aber Ihren Vermögensstand klären. Sie können hier die Ergebnisse aus dem Vermögens- und Rentencheck übernehmen.

Wie hoch sind Ihre Lebenshaltungskosten? Sie können jährliche oder monatliche Angaben machen. Können Sie sich die Rente leisten? Kommen Sie mit Ihrer Rente und den Zusatzeinnahmen auf 60 bis 70 Prozent Ihres letzten Gehalts? So viel Geld werden Sie in Ihrem Rentnerleben brauchen. Die Checkliste hilft dabei, nichts Wesentliches zu vergessen.

Wenn es knapp wird, sollten Sie statt einer Rente mit 63 eine Rente mit 64 Jahren beantragen, dann sind die Abschläge geringer.

Sie können ab dem 50. bis zum 63. Lebensjahr die Abschläge steuerreduzierend durch Zahlungen in Raten ausgleichen. Gehen Sie dann mit 63 Jahren in Rente, ist die Rente fast so hoch, als hätten Sie bis zur Altersregelgrenze gearbeitet. Den Teil der Rente, der wegfällt, weil Sie keine Beiträge mehr bis zur Regelaltersgrenze bezahlen, der wird durch den Abschlag nicht ausgeglichen. Arbeiten Sie bis 64 Jahre, bezahlen Sie mehr Beiträge und die Abschläge sind geringer. Für manche ein Kompromiss.

Übersicht: Einnahmen und Ausgaben als Rentner		
Positionen	**pro Jahr**	**pro Monat**
Ausgaben		
Lebenshaltungskosten		
Miete		
Krankenkasse		
Pflichtversicherung der Rentner freiwillig gesetzlich versichert private Krankenversicherung		
weitere Kosten		
Kosten für Ausgleich des Abschlags. Einmalbetrag steuergünstig verteilt auf mehrere Jahre		
Einnahmen		
gesetzl. Rentenprognose ohne Abschlag		
gesetzl. Rentenprognose mit Abschlag		
Rentenprognose abschlagsfreie Rente mit 45 Beitragsjahren, fällig ab ... Jahre ... Monate		
Rente Versorgungswerk mit Abschlag Beamtenpension mit Abschlag		
betriebliche Altersversorgung ab ...		
Riester-, Rürup-, private Rentenversicherung, fällig ab ...		
sonst. monatl. Einnahmen (bei Mieten abzügl. 20 % Instandhaltungskosten)		
Einnahmen aus 450-Euro-Job. Maximal sind bis 6300 Euro Verdienst im Jahr ohne Abzüge möglich.		
./. abzüglich Steuern		
Vermögen		
Depot mit ETFs		
Kapitallebensversicherung		
weiteres Vermögen		
Umrechnung des Vermögens auf eine Rente über 25 und 30 Jahren, die Sie sich selbst ausschütten.		
Reserve »für alle Fälle«		

Wer es genau wissen möchte, wie hoch sein persönlicher Abschlag für eine Rente mit 63 ist, sollte sich diesen bei einem Beratungstermin bei der Rentenversicherung genau ausrechnen lassen. Die Rente mit 63 ist ein Renner! Dementsprechend werden Sie bemerken, dass Sie für einen Beratungstermin etwas Geduld aufbringen müssen. Die Termine sind langfristig ausgebucht. Schauen Sie öfters in das Online-Buchungsportal. Da auch Termine frei werden, gibt es mit etwas Glück auch kurzfristige Beratungsslots.

Denken Sie daran, einmal geleistete Abschläge können Sie nicht mehr zurückfordern, falls Sie es sich doch noch anders überlegen möchten.

Musterrechnung zur Rente mit 63 und Abschlag

Wie sieht eine Musterrechnung aus? Was lohnt sich mehr, Rente mit 63 oder arbeiten bis zur Regelaltersgrenze?

Ein Rentner, Jahrgang 1958, geht mit 63 Lebensjahren 2021 in Rente und nimmt einen Abschlag von 10,8 Prozent für genau drei Jahre in Kauf.

- Bei der Rente mit 63 bekommt er drei Jahre früher Geld.
- Er bezahlt drei Jahre weniger Geld in die Rentenkasse ein.
- Er hat einen Abschlag von 10,8 Prozent auf die reguläre Altersrente.

Er hat also einen Verlust durch weniger Rentenbeiträge sowie eine geringere Rente und einen Gewinn durch drei Jahre frühere Rente.

Musterrechnung: 1900 oder 1600 Euro Rente

Bei unserer Musterrechnung gehen wir von einer Rente ab 63 über 1600 Euro aus (die ursprüngliche Altersrente war 1778 Euro – 10 Prozent Abschlag über 178 Euro = 1600 Euro).

Eine Regelaltersrente mit 66 Jahren hätte 310 Euro (1778 Euro Rente plus vier zusätzlich erworbene Entgeltpunkte mit einem Wert von etwa 130 Euro) mehr gebracht, insgesamt etwa 1910 Euro. Der Unterschied ist also deutlich.

Aber der Vorsprung von drei Jahren vorgezogener Rente ist gewaltig. Der Frührentner hat bereits 57 600 Euro Rente erhalten, bis der Regelaltersrentner den ersten Euro an Rente bezieht. Dann erhält er allerdings dauerhaft die um 310 Euro höhere Rente.

Über 18 Jahre Vorsprung für Frührentner

Es wird aus Sicht des Frührentners etwa 18,5 Jahre dauern, bis der Unterschied finanziell ausgeglichen ist. Erst mit etwa 81,5 Jahren hat der Regelaltersrentner den Frührentner eingeholt.

Der Frührentner hat aber unter Umständen drei wunderbare selbstbestimmte Jahre als Rentner verbracht. Ob sich die drei Jahre mehr Arbeit, dafür aber monatlich 310 Euro Rente mehr in der Tasche gelohnt haben, muss der Regelaltersrentner für sich selbst entscheiden.

Es ist auch eine Frage der Arbeitszufriedenheit und individuellen Einstellung. Wer es sich leisten kann, wird das Angebot annehmen: den Abschlag zu bezahlen und trotzdem bis zur Regelaltersgrenze zu arbeiten. Wenn es die Möglichkeiten am Arbeitsplatz zulassen, ist es eine gute Gelegenheit, die persönliche Rente zu erhöhen und sich später einen Nebenjob zu ersparen.

Den Abschlag zu bezahlen und mit 63 Jahren statt mit 66 oder 67 Jahren, je nach Geburtsjahr, in Rente zu gehen, ist ebenso verlockend. So lassen sich bei guter, körperlicher Fitness noch langgehegte Wünsche erfüllen.

Nebenjob und Flexi-Rente

Ein echter Nachteil bei der Rente mit 63 ist es, dass ein Nebenjob nur auf 450-Euro-Basis ohne Abschläge auf die Rente möglich ist. Denken Sie daran, dass beispielsweise Einkommen aus einer Solaranlage mit Stromeinspeisung als Arbeitseinkommen gelten. Kapitalerträge und Mieteinnahmen werden nicht angerechnet.

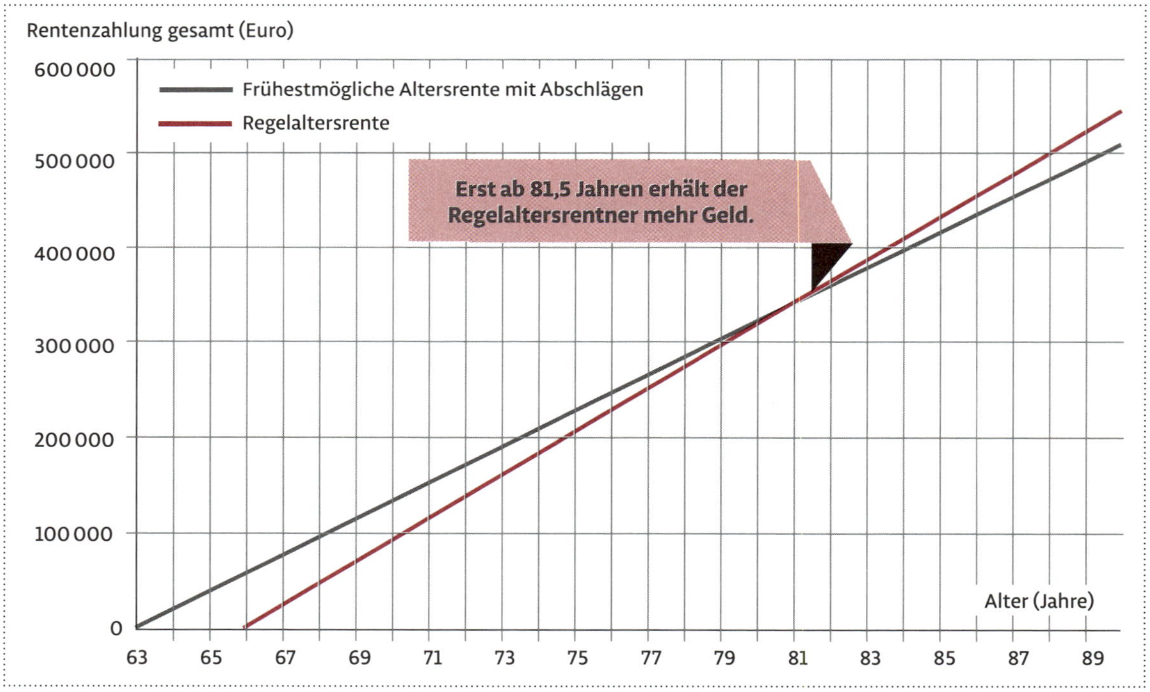

Frührentner gegen Regelaltersrentner in einer Musterrechnung. Der Regelaltersrentner erhält erst mit ca. 81,5 Jahren in der Summe mehr Geld als der Frührentner. Die Musterrechnung variiert je nach Rentenhöhe, Einzahlungen auf Entgeltkonto, vorzeitigem Rentenbeginn und Abschlagshöhe.

Zwar ist mit der Flexi-Rente auch eine halbe Rente und dafür ein deutlich höherer Zusatzverdienst möglich, in der Realität ist dies nur mit einem Altersteilzeitmodell des Arbeitgebers sinnvoll, das alle Nachteile finanziell ausgleicht. Kompliziert ist dieses Modell einer flexiblen Rente und eines Zusatzverdienstes zur Rente wegen der Abrechnung. Der Rentner muss dabei eine eigene Einkommensprognose für das kommende Jahr abgeben. Mitte des Folgejahres wird dann diese Prognose überprüft und die Teilrente anhand des tatsächlichen Einkommens verbindlich berechnet. Man hat zu tun als Flexi-Rentner! Bei Erreichen der Regelaltersgrenze hat die Rechnerei ein Ende und Sie können als Rentner unbegrenzt dazuverdienen. Wenn Sie als Selbstständiger Geld dazuverdienen, kann es aber sein, dass Sie den Status als Pflichtversicherter in der Krankenkasse verlieren und als freiwillig gesetzlich Krankenversicherter eingestuft werden. Höhere Sozialabgaben für die Krankenkasse könnten Ihnen dann den Spaß am Arbeiten vermiesen.

Rente nach 45 Beitragsjahren

Wer es schafft, vor der Regelaltersgrenze 45 Beitragsjahre in der Rentenversicherung zusammenzubekommen, sollte nicht lange überlegen und die abschlagsfreie Rente in Anspruch nehmen. Rechnen Sie trotzdem möglichst frühzeitig nach, ob die Rente reicht, denn die Rentenzahlung wird weniger sein als Ihre letzte Gehaltszahlung.

Der erlaubte Trick, vor dem 63. Lebensjahr durch steuerbegünstigte Zahlungen einen Abschlag für eine Rente mit 63 auszugleichen und dann später in Rente mit 45 Beitragsjahren zu gehen, erhöht Ihr Entgeltpunktekonto deutlich, und die Rendite ist besser als jede private Vorsorge. Das Geld müssen Sie natürlich ganz oder in Teilen zur Verfügung haben.

Wenn Sie nur wenig später als im Alter von 63 Jahren in die abschlagsfreie Rente für langjährig Versicherte gehen können, sollten Sie niemals die Rente mit 63 beantragen, auch wenn Sie dazu berechtigt sind. Sie würden nämlich viel Geld verschenken.

Wer eine kurze Zeit vor Erreichen der 45 Beitragsjahre arbeitslos geworden ist und dessen Arbeitslosengeld I ausgelaufen ist, sollte sich nicht weiter als arbeitssuchend registrieren lassen, sondern lieber selbst den Mindestbeitrag von knapp 90 Euro als freiwilliges Mitglied bei der gesetzlichen Rentenversicherung einbezahlen, um so die 45 Beitragsjahre zu erreichen. Denn Zeiten freiwilliger Beitragszahlungen werden in den letzten beiden Jahren vor Rentenbeginn nicht berücksichtigt, wenn gleichzeitig Anrechnungszeiten wegen Arbeitslosigkeit vorliegen.

Früher in Rente und dann?

Nehmen Sie sich rechtzeitig Zeit zum Träumen und teilen Sie das Leben nicht in vor und während der Rente ein. Das Alter ist keine Restlaufzeit.

Der Rentenantrag

Nein, die gesetzliche Rente kommt nicht automatisch! Es ist ein Antrag nötig, und etliche wichtige Voraussetzungen sind zu klären, egal ob und um welche Rentenart es sich handelt.

Wenn Sie bereits vorgearbeitet haben, den Versicherungsverlauf geprüft und alle fehlenden Zeiten geklärt haben, empfiehlt die gesetzliche Rentenversicherung, den Antrag drei Monate vor Rentenbeginn zu stellen. Bei Besonderheiten und Klärungsbedarf ist es gut, einige Monate vorher bereits die Unterlagen zu vervollständigen.

Der Rentenantrag kann schriftlich gestellt werden, online, wenn Sie sich mit dem elektronischen Personalausweis gesichert einloggen, oder direkt bei einem Beratungsgespräch in einem der Beratungszentren der deutschen Rentenversicherung.

Für die Anmeldung zu einer Rentenberatung sollten Sie eine Wartefrist einplanen. Die Termine sind begehrt. Termine können Sie telefonisch (kostenloses Servicetelefon 0800 1000 4800) oder online (www.deutsche-rentenversicherung.de unter: →Service → Online-Dienste → Beratungstermin buchen) vereinbaren. Geben Sie dazu die Rentenversicherungsnummer an. Bei der Online-Terminvergabe ist die Wartezeit oft ein bis zwei Monate.

Wenn es mit der Zeit knapp wird, ist das erst einmal kein Grund zur Sorge. Der Rentenantrag kann noch bis drei Monate nach dem Rentenbeginn eingereicht werden. Die Rente wird dann nachbezahlt. Wer im vierten Monat nach dem Rentenbeginn seinen Antrag einreicht, bekommt die Rente dann zum ersten Mal erst ab dem vierten Monat. Wenn es sich um die Regelaltersrente handelt, müssten aber theoretisch die verpassten drei Monate den Rentenanspruch mit je 0,5 Prozent pro Monat dauerhaft erhöhen.

Agenda für den Rentenantrag

Zwölf Monate vor Rentenbeginn

»Ist das Versicherungskonto geklärt? Sind noch Fragen offen oder haben sich Fehler und Fehlzeiten eingeschlichen? Ist die Mütterrente aufgeführt? Wurden die DDR-Rentenzeiten richtig umgesetzt? Wurden freiwillige Zahlungen dem richtigen Jahr zugeordnet? Wie steht es mit Rentenansprüchen in einem anderen Land? Wann muss die Personalabteilung über die Rentenpläne informiert werden?« Es gibt viele Fragen und Fehlerquellen, nehmen Sie sich also Zeit und vergleichen Sie die Angaben mit Ihrer Erwerbsbiografie. Die Rentenberater helfen

Ihnen dabei, Ihr Rentenkonto abzuklären und das entsprechende Rentenantragsverfahren einzuleiten. Vereinbaren Sie dazu rechtzeitig einen Beratungstermin.

Sechs Monate vor Rentenbeginn

Die Kontenklärung hat zu Ihrer Zufriedenheit geklappt? Die letzten Rentenzeiten werden erst zum Rentenbeginn nachgetragen. Sie wissen jetzt schon ziemlich genau Bescheid, wie hoch Ihre Rente sein wird. Wenn noch Fragen offen sind, ist genügend Zeit, diese zu klären. Besonders der Antrag für Renten aus anderen Ländern kann zeitaufwendig sein. Schieben Sie diesen nicht auf die lange Bank.

Werden die Verträge zu Ihrer privaten Altersvorsorge fällig? Welche Laufzeiten wurden dort jeweils vereinbart? Kümmern Sie sich um die Auszahlung. Informieren Sie auch Ihren ehemaligen Arbeitgeber, wenn Sie eine Betriebsrente erwarten. Bei privaten Rentenversicherungen haben Sie oft das Wahlrecht für eine Kapitalausschüttung oder eine Verrentung des Kapitals. Sofortrenten waren in letzter Zeit nicht die beste Wahl. Bei einer Riester-Rente können Sie bis zu 30 Prozent der angesparten Summe auf einmal entnehmen. Soll das Geld in fondsgebundene Altersanlagen, teilweise oder ganz ausgeschüttet werden? Sind die Aktienkurse dafür günstig oder ist ein Abwarten die bessere Option?

Wollen Sie den Rentenantrag mit einem Rentenberater ausfüllen, dann vereinbaren Sie jetzt den Termin dazu, damit alles drei Monate vor Rentenbeginn klappen kann.

Drei Monate vor Rentenbeginn

Sie wollen sich beim Ausfüllen des Antrages helfen lassen, dann haben Sie ja bereits einen Beratungstermin ausgemacht. Das Ausfüllen können Sie auch selbst ohne Hilfe online und auf Papier erledigen. Den Antrag finden Sie auf der Internetseite der Deutschen Rentenversicherung (www.deutsche-rentenversicherung.de unter → Formulare & Anträge → Rente). Wenn Sie den Antrag online versenden wollen, müssen Sie sich beispielsweise mit dem elektronischen Personalausweis registrieren.

Wenn sich die Situation nicht ganz so einfach darstellt, sollten Sie immer die persönliche Beratung vorziehen. Dort können Sie beispielsweise klären, ob Sie von der gesetzlichen Rentenversicherung einen Beitrag zur Krankenversicherung bekommen, wenn Sie als Beamter bereits staatliche Beihilfe bekommen.

Der Antrag braucht bis zur Erledigung erfahrungsgemäß zwei Monate. Da bis zum letzten Monat vor dem Rentenbeginn Beiträge auf das Versicherungskonto fließen, werden für die Rentenberechnung diese Beiträge hochgerechnet. Erwarten Sie am Ende Ihres Arbeitslebens noch einen besonderen Bonus, sollten Sie auf die Hochrechnung verzichten und abwarten, bis alle Informationen zu den geleisteten Beiträgen bei der Rentenversicherung eingegangen sind. Der Bonus könnte sonst versicherungstechnisch unter den Tisch fallen. So haben Sie die Sicherheit, dass auch der letzte Versicherungsbeitrag in die Rentenberechnung einfließt.

Persönliche Angaben für den Rentenantrag

Diese Fragen müssen Sie gewissenhaft und vollständig beantworten. Die Formulare helfen Ihnen dabei, nichts zu vergessen. Vieles ist bereits durch die vollständige Kontenklärung bekannt oder kann jetzt noch nachgetragen werden.

- die Angaben zur Person
- Welche Rente wollen Sie beantragen?
- Bankverbindung
- die Versicherungszeiten und zurückgelegte Wartezeiten
- Angaben zu den Kindern
- Angaben zu sonstigen Einkünften, Nebenverdiensten
- Angaben zur Kranken- und Pflegeversicherung

Diese Unterlagen brauchen Sie für den Rentenantrag:

- Ausweis und Geburtsurkunde
- die Rentenversicherungsnummer
- Angaben zur Krankenkasse und Versichertennummer
- die persönliche Steueridentifikationsnummer (steht auf dem Steuerbescheid)
- bei Sozialleistungsbezug Anschrift der zahlenden Behörde und das Aktenzeichen
- Geburtsurkunden der Kinder
- bei einer Berufsausbildung die Nachweise dazu
- Versicherungsunterlagen, wenn noch Zeiten fehlen
- liegen Zeiten als Beamter vor: Festsetzungsblatt der Versorgungsdienststelle
- Wenn Sie eine andere Person mit der Antragsstellung beauftragen, brauchen Sie die nötige formlose Vollmacht dazu.

Je nach der persönlichen Situation müssen noch weitere Unterlagen vorgelegt werden. Das kann bei Schwerbehinderten der Schwerbehindertenausweis sein, bei zuletzt Arbeitslosen der Bescheid vom Jobcenter, der Altersteilzeitvertrag und, wenn Sie neben der Rente weiterarbeiten, Angaben zur Höhe des Arbeitseinkommens. Bei einer Rente wegen Erwerbsminderung sind die ganze Dokumentation sowie die entsprechenden Unterlagen und medizinischen Gutachten nötig. Für die Witwenrente, die Erziehungsrente und die Waisenrente sind die Sterbeurkunde des Versicherten neben einigen weiteren Unterlagen wie die Verdienstbescheinigung, Heiratsurkunde oder der letzte Rentenbescheid vorzulegen.

Rente: eine wichtige Lebenszäsur

Das Leben als Rentner ist schon für viele eine große Umstellung, und es braucht einige Zeit, bis die Situation realisiert wird. Natürlich wird uns in diesen Tagen auch die Einmaligkeit und Endlichkeit unseres Lebens bewusst. Regeln Sie also Ihre persönlichen Dinge. Eine Vorsorgevollmacht und eine Patientenverfügung sind dabei besonders wichtig, auch ein Testament sollten Sie nicht allzu lange aufschieben. Sprechen Sie dazu mit Ihren Angehörigen. Gute Anregungen und entsprechende Formulare dazu können Sie in den beiden Büchern von Weltbild finden, die Sie online unter www.weltbild.de bestellen können: »Der Vorsorgeplan« und »Der Nachlassplan«.

Die erste Rente

Er kommt mit der Post, der Rentenbescheid der gesetzlichen Rentenversicherung! Nach der Kontenklärung konnten Sie schon feststellen, wie viel Entgeltpunkte Sie gesammelt haben und wie hoch Ihre Rente ausfallen wird. Im Rentenbescheid werden nun auch die beitragsfreien Zeiten bewertet, und es kann sein, dass Sie für Phasen mit geringem Lohn zusätzliche Rentenpunkte gutgeschrieben bekommen. Die Rente selbst wird Ihnen überwiesen.

Krankenversicherung

Von Ihrer Rente werden die Versicherungsbeiträge für die Krankenversicherung abgezogen. Sind Sie freiwillig gesetzlich oder privat versichert, müssen Sie prüfen, ob Sie den Beitragszuschuss der Rentenversicherung zusätzlich gutgeschrieben bekommen.

Steuern

Liegt der Anteil der steuerpflichtigen Rente über dem Freibetrag, müssen Sie am Ende des Jahres eine Steuererklärung beim Finanzamt abgeben.

Grundsicherung

Ist Ihre gesetzliche Rente sehr niedrig, enthält der Rentenbescheid den Hinweis, dass Sie Anspruch auf Grundsicherung und eventuell Wohngeld haben. Der Antrag für das Sozialamt liegt bei, dort wird auch über die Berechtigung entschieden. Liegt Ihr gesamtes Einkommen unter 838 Euro im Monat und Sie sind nicht durch einen Ehepartner oder weiteres Vermögen und Einkommen abgesichert, sollten Sie in jedem Fall den Antrag stellen.

Selbst bei einer Anhebung der Rente durch eine zukünftige Grundrente wird trotzdem eine soziale Unterstützung nötig sein, da viele Rentner mit kleinen Renten in städtischen Ballungsgebieten auf das Wohngeld angewiesen sind. 100 oder 200 Euro mehr Rente nach 35 Beitragsjahren sind dann zwar schön, aber werden nicht ausreichen, um den teuren Wohnraum zu bezahlen. Durch die Gewährung des Wohngeldes wird in vielen Fällen der Antrag auf Grundsicherung und die damit verbundenen Auflagen vermieden.

Eine Riester-Rente zählt bei der Grundsicherung nur in Teilen zum Einkommen. 100 Euro aus der Riester-Rente zählen als Freibetrag. Bekommen Sie mehr als 100 Euro, können Sie weitere 30 Prozent der Summe, die darüberliegt, zusätzlich zur Grundsicherung behalten. Beispiel: Erhalten Sie 200 Euro Riester-Rente, bleiben Ihnen die 1200 Euro plus 30 Prozent der darüberliegenden 100 Euro, also insgesamt 130 Euro zusätzlich zur Grundsicherung.

Ein Vermögen von 5000 Euro gilt als Schonvermögen und wird nicht angerechnet, ebenso ein angemessenes Hausgrundstück, auf dem Sie selbst wohnen.

Rentnerausweis

Der Ausweis muss Ihnen nicht peinlich sein. Er kann bares Geld wert sein. Am Skilift, im Museum, im Theater, im Bus und bei der Bahn bekommen Sie damit Rabatt auf den normalen Preis. Vielleicht können Sie den Wirt Ihrer Stammkneipe überreden, zum Rentnerteller auch eine günstigere Rentnerhalbe auf der Getränkekarte auszuweisen? Wäre doch eine Marketingidee?

Einspruch zum Bescheid

Dreimal den Versicherungsverlauf geprüft und jetzt ist Ihnen doch ein Fehler aufgefallen? Sie haben einen Monat Zeit für einen Widerspruch. Ist es mehr als ein Zahlendreher, lohnt sich die Einschaltung eines Experten in Rentenfragen und vielleicht sogar eines Rechtsanwalts. Häufige Fehlerquellen sind:

- mehrere Jobwechsel; wenn diese auch noch zwischen Ost und West stattgefunden haben, ist zu prüfen, ob die Umrechnung und die Höhe des Jahresverdienstes stimmen
- die Rentenzeiten in der DDR, Fehlzeiten und Aufwertungsfaktor sowie zusätzliche Intelligenzrente
- Beitragszeiten, Nebenjobs und freiwillige Beitragszahlungen
- Erziehungszeiten, Mütterrente, Pflegezeiten, vorübergehende Arbeitslosigkeit, Zeiten der Arbeitsunfähigkeit
- Scheidung und Versorgungsausgleich
- besser bewertete Berufsausbildungszeiten und Fachschulzeiten zur Berufsausbildung
- zugrunde liegende Jahreseinkommen (vor allem die nicht elektronisch erfassten Einträge lohnt es sich anzusehen)

Rente im Ausland

Es gibt mehrere Gründe, um seinen Ruhestand im Ausland zu genießen: das Klima, die Sonne, die günstigeren Lebenshaltungskosten, ein Ferienhaus in den Bergen oder am Meer, das jetzt zum Lebensmittelpunkt werden soll.

Die Deutsche Rentenversicherung bezahlt Ihre Rente in viele Länder dieser Welt. Es gibt keine Einschränkungen, wenn Sie die Rentenbeitragszeiten in Deutschland verbracht haben. Da Sie die Rentenversicherung über Ihren Wohnsitz und das Empfängerkonto informieren müssen, können Sie das Thema individuell mit den Experten besprechen.

Beschränkt oder unbeschränkt steuerpflichtig

Beim Thema Finanzamt ist entscheidend, wo Sie Ihre Rente und Alterseinkünfte versteuern.

Bei einer unbeschränkten Steuerpflicht versteuern Sie Ihre Einkünfte weiterhin in Deutschland und bewahren die Steuervorteile wie das Ehegattensplitting oder den Grundfreibetrag sowie die teilweise Besteuerung der Rente je nach Renteneintrittsjahr.

Sie müssen 90 Prozent Ihres Einkommens aus Deutschland beziehen, dann können Sie bei dem für Sie als Rentenempfänger im Ausland zuständigen Finanzamt Neubrandenburg den Antrag auf unbeschränkte Steuerpflicht stellen.

Gelten Sie aber als beschränkt steuerpflichtig, wird Ihr Einkommen im Ausland zu Ihrem Nachteil vom ersten Euro ab ohne Vergünstigungen besteuert.

Doppelbesteuerungsabkommen

Mit Spanien, Italien, Österreich, den Niederlanden, Polen und vielen weiteren Staaten hat Deutschland ein Doppelbesteuerungsabkommen geschlossen. Darüber wird geklärt, in welchem Land die Steuer zu entrichten ist; es wird so eine doppelte Besteuerung vermieden.

Es ist in fast allen Fällen günstiger, seiner Steuerpflicht in Deutschland nachzukommen und dies auch so mit dem Wohnsitz-Finanzamt und dem deutschen Finanzamt zu klären.

Portugal hat unlängst ein Steuer-Sonderangebot an Ruheständler gerichtet und Steuerfreiheit für zehn Jahre ausgelobt. Voraussetzung ist ein permanenter Wohnsitz in Portugal. Diese Steuerfreiheit lässt sich aber nur für Betriebsrenten gestalten. Die gesetzliche Rente würde weiter in Deutschland besteuert und es gibt für die gesetzlichen Rentenempfänger keine Steuervorteile.

Das richtige Finanzamt

Der Ansprechpartner für die Rentenempfänger im Ausland ist das Finanzamt Neubrandenburg. Ein Besuch auf dessen Website (www.finanzamt-rente-im-ausland.de) lohnt sich für alle auswanderwilligen Ruheständler. Dort finden sich aktuelle Informationen und alle wichtigen Formulare zum Thema »Besteuerung der Altersrente bei einem Wohnsitz im Ausland«.

Krankenkasse und Gesundheitsversorgung

Der langjährige Hausarzt und das zuverlässige Krankenhaus sind im Ausland nicht mehr verfügbar. Nicht alle Länder haben eine vergleichbar gute Gesundheitsversorgung. Das ist für viele Ruheständler ein Grund, den Auslandsaufenthalt nur als längeren Urlaub zu gestalten und den Wohnsitz doch in Deutschland zu behalten.

Auch viele ältere und erfahrene Mediziner sind ausgewandert und haben in bekannten Urlaubsenklaven eine Praxis für Urlauber und eben auch Rentner eröffnet. Sie verbinden einen vorgezogenen Ruhestand in einer schönen Umgebung mit ihrer Arbeit als Mediziner. Bei der Auswahl des künftigen Altersruhesitzes könnte die Adresse eines guten Arztes um die Ecke, der die eigene Sprache spricht, mit den kulturellen Eigenheiten vertraut ist und mit der Krankenkasse abrechnen kann, ein gutes Argument sein. Dies ist reizvoll für Urlaubsrentner, die weiter in Deutschland ihren Wohnsitz haben und dort krankenversichert sind.

Für einen längeren Aufenthalt in einem Urlaubsland außerhalb der EU, um beispielsweise zu überwintern, gibt es private Angebote für eine Auslandskrankenversicherung.

In EU-Ländern gilt für normale Urlaubsreisen auch die Europäische Versichertenkarte (auf der Rückseite der Versichertenkarte), die eine unmittelbar notwendige Behandlung innerhalb der gesetzlichen Leistungen des jeweiligen Landes beinhaltet. Ein Privatarzt wird nicht bezahlt. Falls bei einem Notfall ein Krankentransport nach Deutschland nötig wird, wird dies nur von der Zusatzversicherung bezahlt.

Privat Krankenversicherte sind auch im Ausland versichert. Meist beinhaltet dies den empfehlenswerten Kranken-Rücktransport ohne eine extra zu bezahlende Auslandskrankenversicherung aber nicht.

Krankenversicherung und fester Wohnsitz im Ausland

Bei einem festen Wohnsitz und dauerhaftem Aufenthalt im Ausland endet die Pflichtversicherung in der deutschen Kranken- und Pflegeversicherung ebenso wie die freiwillige Versicherung und die private Krankenversicherung. Auch bezahlt die Rentenversicherung keinen Zuschuss mehr für die Krankenversicherung. Auswanderer müssen deshalb die Möglichkeiten für eine Krankenversicherung im zukünftigen Aufenthaltsland prüfen.

Allgemeine Versicherungen vor der Rente

Wer sich vor Erreichen der Altersrente finanziell absichern möchte, hat zwei Versicherungstypen im Auge: die Risikolebensversicherung und die Berufsunfähigkeitsversicherung.

Risikolebensversicherung

Bei einer Risikolebensversicherung sparen Sie kein Geld an, aber Sie sichern bei einem Todesfall Ihre Hinterbliebenen ab. Niemand möchte, dass das passiert, aber gerade bei einer jungen Familie mit nur einem Ernährer und eventuell vorhandenen Immobilienschulden kann das eine verantwortungsvolle Sache sein. Auch wenn Sie nicht verheiratet sind, kann Ihr Partner als Begünstigter in die Versicherung eingetragen werden und so das Geld außerhalb des Nachlasses bekommen. Nicht verheiratete Paare sollten aber unbedingt jeweils ein Testament verfassen, um den Lebenspartner zu begünstigen.

Die Hinterbliebenenrente für Ehepartner reicht regelmäßig nicht aus, um die Existenz zu sichern, und ist eher eine Ergänzung. Denken Sie daran, die Versicherung auch rechtzeitig wieder zu kündigen, wenn diese nicht mehr gebraucht wird.

Die Versicherungspolicen sind vergleichsweise günstig und die Online-Anbieter wie Europa Versicherung oder Cosmosdirekt haben konkurrenzfähige Angebote. Sicherlich eignen sich deren Angebote beim Vergleich als Referenzwert.

Berufsunfähigkeitsversicherung (BU)

Bei dieser Versicherung scheiden sich regelmäßig die Geister. Die Prämien sind teuer und im Versicherungsfall ist es oftmals kompliziert, um an die ausgelobte Rente zu kommen.

Grundsätzlich ist jedes Mitglied in der gesetzlichen Rentenversicherung bei einer Erwerbsminderung (weniger als sechs Stunden belastbar) oder auch einer vollen Erwerbsminderung (weniger als drei Stunden belastbar) abgesichert. Wer vor dem 2. Januar 1965 geboren wurde, bekommt sogar bei einer Berufsunfähigkeit eine Rente. Das bedeutet, dass Sie bei gesundheitlichen Einschränkungen Ihren erlernten und qualifizierten Beruf weniger als sechs Stunden ausüben können und einer anderen Beschäftigung mehr als sechs Stunden nachgehen könnten. Gibt es aber keine Ihrer Qualifikation vergleichbare Arbeit, bekommen Sie dennoch die Erwerbsminderungsrente. Das Problem ist, dass die Erwerbsminderungsrente in den seltensten Fällen ausreicht, um den Lebensstandard zu halten. Die Zuverdienstmöglichkeiten sind begrenzt.

Die Berufsunfähigkeitsversicherung ist an den Job gekoppelt, und es ist nicht wesentlich, ob Sie in einem anderen Beruf oder an anderer Stelle tätig werden können.

Psychische Erkrankungen sind der häufigste Fall für eine Berufsunfähigkeit, danach folgen mit großem Abstand der Verschleiß des Bewegungsapparates und Krebs. Je risikoreicher der Job, die Vorerkrankungen und der Lebensstil sind, desto teurer ist die Prämie. Es kann auch passieren, dass der Antrag für die BU-Versicherung gleich abgelehnt wird. Wer sich entschlossen hat, eine BU-Versicherung abzuschließen, sollte darauf achten, dass der Vertrag gewissenhaft und wahrheitsgetreu ausgefüllt wird. Für die Gesundheitsfragen sollten Sie einen Arzt hinzuziehen.

Die Anbieter prüfen die Angaben im Antrag oft weniger genau, recherchieren aber im Schadensfall umso härter. Der Versicherer darf nach höchstrichterlicher Entscheidung im Nachhinein prüfen, ob ein Kunde falsche oder unvollständige Angaben gemacht hat. Mit der Annahme des Vertrages sind Sie noch nicht auf der sicheren Seite. Das Gutachten des eigenen Arztes hat für die Versicherer wenig Gewicht, stattdessen müssen Sie sich mit dem ärztlichen Gutachter der Versicherung herumschlagen.

Viele der Schadensfälle landen vor Gericht, und es ist ein erfahrener Anwalt nötig, um zu seinem Recht und seiner BU-Rente zu kommen. Eine Rechtsschutzversicherung ist im Zusammenhang mit einer BU kein schlechter Rat. Im Internet bietet www.finanztip.de eine gute Checkliste für den Abschluss einer Berufsunfähigkeitsversicherung. Es werden dort auch gute Anbieter genannt und über die Unterschiede und Fallstricke aufgeklärt: www.finanztip.de/berufsunfaehigkeitsversicherung.

Wer eine BU-Rente bezieht, muss je nach Vertrag seinen Versicherer rechtzeitig informieren, wenn er einen Nebenjob annimmt oder die Gründe für die Berufsunfähigkeit sich bessern. Auch wird der Versicherer in zeitlichen Abständen von sich aus nachfragen. So beruhigend es ist, in einer schwierigen Lage eine BU-Rente zu bekommen, so kann diese auch zu einer persönlichen Inaktivität zwingen. Die Medaille hat, wie vieles im Leben, zwei Seiten.

Rentencheck

Der Renteneintritt ist ein guter Zeitpunkt, um zu überprüfen, welche Versicherungen noch notwendig sind und welche gekündigt werden können, welche Versicherungen im Leistungsangebot noch zeitgemäß sind und vielleicht durch günstigere Angebote ersetzt werden können. Nutzen Sie Vergleichs- und Verbraucherportale wie www.finanztip.de.

Register